최동환 지음

혼돈과 파천황

지혜의나무

저　자　서　문

　　　　　　　　　　지금 이 시대를 정보화시대라고
말한다. 이는 물질적 생산력 중심의
기존 사회가 정신적 생산력 중심의
미래사회로 가는 연결고리이다.

　　　　　　　태아가 신생아로 되기직전 어머니
의 산도(産道)를 따라 나오는 짧은 순간을 혼돈이라한다. 정보화시대
야 말로 지나온 수천년간 물질위주의 사회가 정신위주의 사회로 가
는 산통(産痛)을 겪는 혼돈의 시대인 것이다. 그리고 오래동안 태아
로 있다가 산통(産痛)을 거쳐 신생아가 된　순간을 파천황(破天荒)
이라고 말할 수 있다. 보다 정확하게 말하면 파천황(破天荒)은 "전혀
새로운 세계가 열린다."는 것이며 "아무도 겪어보지 못한 새로운 세
계의 열림."이다.

　　이제 우리는 인류역사상 아무도 경험해보지 못한 혼돈의 시대에
이미 서있다. 그리고 이 혼돈의 시대는 역시 아무도 경험해보지 못
한 전혀 새로운 파천황(破天荒)의 시대를 여는 문이다.

　　예언서는 이렇게 말한다.

　　　　"가가급제 인인진사 세인해지 후유현인
　　　　家家及第 人人進士 世人偕知 後有賢人 "

　　이 예언은 "집집마다 급제요, 사람마다 진사로서, 세상 사람들이
모두가 함께 지식을 소유할 때 비로소 세상을 구할 어진 사람이 출
현한다."는 의미이다.

　　이 예언은 모든 사람들이 정신적 생산력 우위의 사회 다시 말해

혼돈과
파천황

지식사회가 되어 모두가 지식을 공유하는 시점을 설정하고있다. 이
는 명백히 정신문명의 시대를 설정하고 있는 것이다. 그리고 그때라
야 비로소 세상이 안정된다고 말하고 있다.

지금 이 시대를 사는 우리는 이 예언서의 말이 무엇을 의미하는
지 알 수 있다. 따라서 이 예언은 이미 예언이 아닌 것이다. 또 한
가지의 무시할 수 없는 대변혁은 해양 세력의 활력이 대륙 세력으
로 넘어가고 있다는 것이다. 이 부분에 대하여 우리나라 예언서는
다음과 같이 단도직입적인 예언을 하고 있다.

　　신조고역 필복이후 신인지도 대명어세
　　神祖古域 必復而後 神人之道 大明於世

이 말은 "단군왕검께서 세우신 단군조선의 옛 영토는 반드시 회복
된다. 또 단군왕검께서 전해 주신 유불선 삼교를 포함하는 우리민족
고유의 경전인 천부경(天符經), 삼일신고(三一神誥), 366 사(事), 단군
팔조교(檀君八條敎)의 가르침이 세상을 크게 밝히게 된다."는 것이다.
이 예언은 우리민족이 지리적으로는 다시금 대륙세력이 되며 동
시에 정신적으로는 인류의 정신을 이끄는 새로운 개념의 강대국이
됨을 말한다.
이 변화는 크게보아 대륙세력의 주도권이 대항해시대 이후 유럽
을 중심으로한 해양세력으로 넘어가고 그것이 다시 미국으로 넘어
갔으며 일본으로 까지 이동했다는 것과 관련이 있다. 일본으로 온
역동적인 힘이 대륙세력과 해양세력을 연결하는 우리나라로 이미
이동중이며 그힘은 다시 대륙으로 향한다는 것이다. 그리고 우리민
족은 그 대격변의 시대를 주도하면서 다시금 단군조선의 옛영토와
정신을 회복하여 이전에 결코 없었던 새로운 개념의 강대국이 된다

는 것이다.

　그리고 팔공진인은 미래의 국도(國都)가 만주
의 혼춘(渾春)과 양평(壤平)사이에 있으며 충청
도 계룡산에 국도가 들어선다는 것은 천도(天
道)를 모르는 망령된 사람들이 사람을 유혹하는
말이라 했다.

　여기서 양평은 북경 근처이다.　그리고 팔공
진인이 말하는 천도(天道)는　우리나라 모든 예
언서의 원본인 신지비사(神誌秘祠)가 말하는 단
군삼경(檀君三京)의 비밀로서 우리 민족의 만년지대계이다.

　정보화의 혁명으로 예고되는 지식사회의 도래와 해양 세력의 주
도권이 대륙 세력으로 옮아 가는 대변혁이라는 두가지 변화는 분명
히 우리 민족에게 일찌기 없었던 기회를 제공한다고 우리나라 예언
서들은 말한다.

　그러나 좋은 것은 그것이 아무리 작은 것이든 결코 공짜로 오는
법이 없다. 반드시 그 좋은 만큼의 대가를 지불해야하는 것이라는
점은 흔히 무시하고 싶어들 한다.

　예언서들은 입을 모아 말하기를 우리에게 오는 기회는 어머니가
아이들 낳을 때 처럼 엄청난 고통의 혼돈을 겪은후에라야　소유할
수 있다고 한다.　그 고통의 시작에 대하여 예언서는 이렇게 말한다.

　　청괴만정지월　백양무아지일　북변선발　남란차기
　　(青槐滿庭之月　白楊無芽之日　北變先發　南亂次起)

이 예언을 해독하면 다음과 같은 내용이 된다.
　" 나라를 셋으로 나누는 실력자(三公)가 등장한다. 그 세명의 실력

자가 자신의 파벌의 이익을 추구하는데는 최선을 다하지만 , 천하를 위한 일에는 자신의 털 한 올도 뽑지 않겠다는 이기적인 정파 싸움을 벌린다. 그 정파 싸움이 극단으로 치다를 때 먼저 북쪽에서 변란이 일어나고 , 남쪽의 어지러움이 다음으로 일어난다.”

위의 예언에서 북쪽에서 먼저 일어나는 변란은 이렇게 시작된다.

“압록심파석교상 남동피처중인성　鴨綠深波石橋上 南東避處衆人聲”

이 예언은 “압록강 깊은 곳의 돌다리 위에서 남동쪽에서 피란나온 사람들의 소리가 들려온다.”라는 내용으로 탈북자가 속출하고있는 지금의 실정에선 이미 예언이 아니라 현실이 되고있다. 또 남쪽에서 일어나는 어지러움은 놀랍게도 다음과 같은 예언이다.

“삼국정치 정재묘진지년　三國鼎峙 定在卯辰之年 “

이를 해독하면 “ 삼국(三國)이 솥의 다리처럼 대치하는 때가 묘년과 진년으로 정해졌다.”이다.

이것이 신삼국설(新三國說)로 우리나라 예언서들이 입을 모아 말하는 가장 강력한 경고성의 예언이다.

오늘날 모두가 통일의 장미빛 환상에 젖어 있지만 예언서는 무서우리만큼 싸늘하게 경고하고 있다. 그것은 먼저 우리의 내부적인 문제점들을 바라보는 것이 급한 일이라는 것이다.

예언서는 우리가 얻게될 희망찬 긍정적인 미래가 결코 공짜가 아니라는 것을 말하고 있는 것이다.

　예언서는 이처럼 긍정적인 면과 부정적인 면을 뚜렷하게 갖고있다. 이같은 예언서의 양면성을 제대로 사용할때 꺽기지 않는 희망과 자기억제를 통한 발전을 동시에 얻을 수 있다. 이를 위해서는 보편타당성을 지닌 예언의 해석과 그에 대한 예언정보의 공개가 반드시 필요하다.

　반면 예언서의 양면성을 악용할때 대중들을 마치 마약과같은 일시적인 환각상태로 빠뜨리고　결국 좌절과 파탄을 안겨준다. 이같은 경우는 아전인수격인 예언의 자의적인 해석과 예언정보의 독점이 반드시 선행된다. 대부분의 사이비종교가 갖는 병폐는 여기서 부터 시작하고 있다.

　따라서 예언정보는 원리에서부터 해설까지 낱낱이 모두 공개함으로서 보편타당성을 확보하여 예언정보의 대중화를 이루는 것이 예언정보의 오용을 막는 첩경이라 생각한다. 　그리고 우리나라의 대부분의 예언서를 망라한 가운데 일관성있는 원리로 해설을 함으로서 그 해설에 대한 공정한 설득력을 확보할 수 있을 것이다.

　부정적인 예언일수록 숨겨두면 더욱더 부정적인 방향으로 발전할 가능성이 있다. 따라서 부정적인 예언도 가능한 범위내에서 모두를 공개하여 모두가 알게하는 것이 부정적인 면을 긍정적으로 바꾸는 효과가 있을 것으로 생각한다.

　필자로서는 부정적인 예언이 갖는 부정적인 힘보다는 인간의 자유의지가 갖는 긍정적인 힘이 비교할 수 없이 크다고 생각하기 때문이다.

　필자가 공개하는 예언의 열쇠는 아직까지 전혀 알려지지 않았던 우리나라 고유의 경전들에서 유도된 이수(理數)의 원리로 해설된다.

혼돈과
파천황

우리나라 예언서의 원리는 유불선 삼교를 포함하는 우리 배달민족 고유의 경전인 천부경(天符經), 삼일신고(三一神誥), 366사(참전계경), 단군팔조교(檀君八條敎)등에서 말하는 인류의 보편적인 진리이기 때문이다. 따라서 지금까지 알려진 예언의 상식과는 전혀 다른 방향의 방법론과 전혀 다른 예언의 소식이 시작부터 끝까지 채워진다. 혹 우리나라의 예언서들이 지나족의 풍수지리 사상으로 포장되어 있다 해서 이를 풍수지리사상과 연결한다면 예언서를 해독하는 방법론 중 가장 어리석은 접근 방법을 선택한 것이다.

우리나라의 예언서에서 풍수지리 이론은 단지 아름다운 보석의 영롱한 빛을 가리고 있는 먼지와 때 이상도 이하도 아니다. 그 먼지와 때를 벗기고 나면 그 안에는 지구에 발을 붙이고 사는 민족들이 가지고 있는 정보 중 가장 오래되고 가장 심오한 경전인 천부경(天符經) 등 유불선삼교를 포함하는 배달민족 고유의 경전 원리와 사상이 숨어 있다.

이제 이미 닥친 혼돈의 시대와 다가올 파천황의 시대를 맞아 예언서에 담긴 정보는 과거와 정반대로 현실적이고 생산적인 인물들에 의하여 ˙배달민족의 상상력과 문화적 생산력을 풍요롭게 하는 중요한 지적재산이 되어 활발하게 활용되어야 한다고 믿는다.

유불선 삼교를 포함하는 배달민족 고유의 경전이 우리만의 독특한 창작이듯 그 가지인 우리나라의 예언서도 동양삼국에서 우리 민족에게만 찾아지는 독특한 창작이라는 점을 눈여겨볼 필요가있다.

그리고 우리의 경전과 마찬가지로 예언에 사용된 정보는 전세계를 뒤덮는 신화와 전설 그리고 각 종교의 경전에 이르기까지의 광범위하고 방대한 정보가 전후좌우로 거미줄처럼 연결된다. 뿐만 아니라 전세계의 고대 문명의 그 어떤 정보보다 체계적이고 논리적이며 근원적인 것이다.

따라서 예언서에 사용된 정보는 가장 한국적이므로 가장 세계적인 정보라는 전혀 새로운 관점에서 관찰할 필요가 있다고 본다.

또 지금 자라나고 있는 배달민족의 새싹들이야말로 단군조선이래 4,320년 이상의 세월 동안 갖은 어려움을 극복하며 가꾸어온 역사의 열매이며 동시에 새로운 파천황의 역사를 창조할 씨앗이다.

예언서가 긍정적이고 생산적으로 활용될 때 지금 자라나는 배달민족 새싹들의 가슴에 우리 민족이 처음 출발할 당시처럼 천하(天下)의 모든 사람들을 위해 재세이화(在世理化), 홍익인간(弘益人間)하는 역동적이고 위풍당당한 기개가 지금부터 가득히 채워질 수 있을 것이다.

22 혼돈과
파천황

목   차

이고 있다. 이 세번의 때야말로 배달민족이 환골탈태(換骨奪胎)하는 결정적인 변화를 일으킨다.

2000 년에서 2011 년까지의 기간 동안 일어나는 각종 변화를 설명한다. 이 시기는 하늘의 변화가 주를 이루며 새로운 배달민족의 기운이 다시금 보습을 드러낸다. 또 부정적인 예언인 신삼국설(新三國說)을 우리나라의 예언서가 공통적으로 말한다. 그리고 하늘에서 불덩이가 떨어진다는 소두무족(小頭無足)을 말하기도 한다.

2012 년에서 2023 년까지 땅의 변화가 일어나며 상진사의 혼란이 안정되는 시기이다. 또 마야의 구세주 케트살 코아틀과 우리나라에 출현하는 어진 인물이 출현하는 시기의 계산 결과가 같다. 그리고 일본열도의 침몰설에 대한 역리의 해석등이 설명된다.

2024 년에서 2035 년까지 우리 민족이 아리랑 고개를 넘어 기다리던 다정한 님을 만나는 시대로 홍익인간이 시작되는 시대이다.

2036 년에서 2047 년까지 홍익인간이 현실에서 정착하는 시대이다.

진사삼변의 기간 특히 2000 년에서 2011 년간에 출현하는 혼돈스러운 인물들을 내용별로 따로 분류한 예언들의 모음과 설명

제 10 부　중입론　　　　　　　　　　　　　　372 - 404 p

2000 년에서 2036 년간 진사삼변의 대격변기를 평범한 사람들이 극복하는 방법론으로 현실적 관점에서 본 천기(天機)와 지리(地利)와 인화(人和).

제 1 부   태양의 예언 법칙

모든 예언의 중심에는 태양이 있다.

- 태양 흑점의 비밀이 고대인의 정신세계에 차지하고있는 영역은 상상을 초월할 정도로 광범위하다. 고대인의 예언도 당연히 태양 흑점과 연결되어있다.

- 태양과 은하계과 지구와의 관계는 지구의 세차운동 25,920년으로 설명된다.이 숫자는 다시 12개로 나누어져 2160 년이되며 12궁이된다. 많은 예언이 이 숫자에 집중된다.

　　고대인의 정신 세계는 전지구상에서 장소를 불문하고 태양과 불가분의 관계에 있다. 마치 해바라기가 태양을 따라 움직이듯 고대 문명은 언제나 태양을 향하고 있었다 해도 과언이 아닐 것이다.

　　그렇다고 고대인들이 근거 없는 주술적인 내용으로 태양을 숭배했다고 생각하는 것은 현대인의 터무니없는 오만에 불과하다. 오히려 고대인들은 현대 과학이 이제야 관심을 두는 태양의 흑점의 변화와 태양의 세차운동 주기가 인간 사회에 미치는 영향에 대하여 지금보다 더 구체적인 정보를 가지고 생활화하고 있었음이 밝혀지고 있다.　이러한 증거는 동서의 고대 문명에서 하나하나 그 모습을 드러내고 있다.

현대 과학에서는 아이작 뉴우튼에 와서야 지구의 세차운동 기간을 25,920 년으로 계산해 냈지만 이 내용은 동서양 고대 문명에서는 상식에 속하는 지극히 보편적인 내용이라는 사실을 알 필요가 있다.

　특히 이 계산은 고대 한국인의 발명품인 바둑판과 바둑판의 원리로 설계된 건축물인 마리산 참성단의 건축구조에서 가장 극명하게 드러난다. 기묘한 것은 바로 이 바둑판의 가장 기본적인 설계 내용 중의 하나가 지구의 세차운동 기간인 25,920 년을 자체적으로 설명하도록 되어 있다는 사실이다.

　그리고 이 부분은 고대 한국인의 정신세계가 집약된 천부경(天符經)을 비롯한 여러 경전과 예언서의 내용과 불가분의 관계에 있다는 사실에 주목할 필요가 있다. 고대 한국의 경전과 고려 이후 나온 예언서들은 신지비사ㄱ (神誌秘詞)라는 단군 시대의 경전에서 직접적으로 연결된다. 그리고 이 신지비사(神誌秘詞)야말로 바둑판을 가장 절묘하게 활용한 경전이다. 또 바둑판ㄴ 은 단군조선의 시작과 함께 건설된 강화도의 마리산에 있는 참성단과 그 원리가 완전히 같다.

　그리고 우리나라의 여러 예언서는 이 바둑판의 비밀과 참성단의 비밀에서 유도되는 원리가 여러 예언의 가장 중요한 골격이 된다.

제 1 장 태양의 흑점

ㄱ 천부경의 예언론 제 1 권 154-238p 최 동환지음　도서출판 삼일
　　천부경 개정판 346-347p 최 동환해설　도서출판 삼일
ㄴ 한역 25-59p 최 동환지음　도서출판 강천

인류역사의 주된 변동은 태양 흑점의 활동의 변화에 기인한다 ?

태양의 흑점활동은 인간의 감정과
신체의 변화는 물론 생태계 전체에
지대한 영향력을 행사한다.

극지방의 빙산,가뭄과 기근 ,대 유행병,
경제및 정치의 대격변등 실로 광범위한
대자연의 변화에 태양의 흑점이 작용한다.

제 1 절 흑점과 과학

콜리스[ㄱ] (W.R.Corliss)는 그의 저서 우주의 신비(Mysteries of Universe)에서 "더 이상한 것은 태양의 흑점이 가장 컷을 때 프랑스 혁명,러시아 혁명, 두 번의 세계대전, 한국의 6,25 동란 등의 시기가 거의 일치한 때라는 것이다." 라고 말했다.

불과 수 십년 전에는 태양의 흑점의 활동이 동남아시아에서 메뚜기떼의 파괴적인 침입을 가져오게 했다고는 어떤 학자도 믿지 않았다. 태양 흑점과 지상의 생물 사이에 이런 관계는 학문적 수준에서

[ㄱ] 우리가 처음은 아니다. 109p   A. 토머스지음 전파 과학사

논의하는 것은 너무나 우스운 이야기였다.

　　그러나 과거 수 십년의 관찰 결과 메뚜기 떼의 침입과 태양의 흑점의 활동이 동시에 발생한다는 사실이 입증되었다. 현재는 메뚜기 떼가 침입하기 전에 적절한 수단을 취하고 있다. 또한 태양면상의 폭발 기간에는 평소의 4-5 배의 자살(自殺)이 일어난다고 한다.

제 1 항　흑점의 주기

　　태양의 흑점은 동서양 고대 문명에서는 그 모습이 검은 점에서 "태양안의 까마귀(烏)"라고 상징적으로 표현되어 있다. "태양안의 까마귀(烏)"는 신화로 포장되어　전세계적으로 구석구석에 놀라울 정도로 광범위하게 분포되어 있다. 뿐만아니라　지금의 현대문명의 가장 근본적인 부분에도 남모르게 숨어 있다.

　　고대인들은 태양의 흑점이 인간과 자연에 결정적인 영향을 미치고 있다는 사실에 대해 현대인들보다 훨씬 더 진지하고 중요하게 받아들인 것이다. 도대체 인간의 육안으로 어떻게 태양 흑점 크기의 변화를 관찰할 수 있었을까 ?

　　현대 과학은 1801 년에서야 비로소 존 허셸ㄱ (john herschel)에 의하여　태양의 흑점이 11 년 주기로 활동한다는 것을 발견했다. 그리고 뉴멕시코에서 호상 점토를 컴퓨터로 분석해 본 결과 또 하나의 더 긴 태양의 주기를 발견했다. 이 더 긴 주기들은 11 년 주기로 이루어지는 주기인데 11 년 주기의 정점은 약 40 년 동안　점점 더 높아지다 더 긴 주기의 정점을 이룬 다음 40-50 년 동안 점점 더 낮아졌

ㄱ 초자연 72p 라이언 왓슨 지음　인간사

다가는 사라져 버린다는 것이다.

제 2 항　인류 역사의 주요한 사회적 변동들은 변증법적
　　　　 유물론이 아니라　태양의 흑점 활동에 기인한다 ?

　현대과학자들은 지구상에 일어나는 지진과 가뭄, 기근 그리고 수
확량, 내수면의 수위, 대 유행병,각종 사회현상 등이 태양의 흑점의
활동과 일치함을 비로소 말하기 시작했다.

　치예프스키ㄱ는 대유행병, 유럽에서 일어난 디프테리아와 콜레라,
러시아의 발진티푸스, 시카고에서의 천연두의 성행은 모두 태양의
11 년 주기의 정점에서 일어났다고 주장한다. 또한 그는 1830 년에서
1930 년까지 잉글랜드에서 흑점 활동이 활발했을 때는 자유주의 정
부가 정권을 잡았고 흑점 활동이 약했을 때는 보수적인 정부가 들
어섰다는 사실을 지적한다. 구 소련의 한 역사학 교수는 시베리아에
서 40 년 동안 머물면서 이러한 류의 상관관계를 보여 주는 자료를
수집했다. 그리고 말하기를 중요한 사회적 변동들은 변증법적 유물
론이 아니라 태양의 흑점 활동에 기인한다고 했다. 구 소련의 공산
주의 학자로서는 실로 용감한 주장인 것이다.

제 3 항 흑점과 예언 법칙

　현대과학에서 경원시되는 점성술사들은 오래 전부터 행성이 배열
되는 위치에 관심을 가져왔다. 특히 예언 분야에서 이 부분은 중요

ㄱ 상게서　101p

하다. 가장 잘 알려진 예로 노스트라다무스의 예언과 그랜드 크로스를 들수있다. 1999 년에 태양계의 항성들이 우주에서 십자 모양을 이루는 때를 인류의 종말로 설정한 것이다.

그런데 묘하게도 최근에 와서는 이 부분을 과학자들이 뒷받침 하고 나섰다. 존 넬 슨[ㄱ] (Jhon Nelson)은 태양의 흑점 활동이 두개 이상의 행성이 일직선상에 있거나 직각 방향을 이루고 있거나 태양과 180 도를 이루고 있을 때 활발하다는 사실을 발견했다.

그는 행성들의 위치가 태양의 자장에 영향을 미치고 일정한 천체의 배열은 강력한 태양의 흑점 활동과 일치 함으로서 지구상의 생물에 영향을 준다는 것을 밝혔다. 그는 이 방법으로 태양의 흑점 활동에 대한 예측의 정확도를 93%까지 끌어들여 흑점 활동이 주는 전파 방해에 요긴하게 활용했다.

또한 1996 년 8 월 북경에서 열린 30 회 국제 지질 학회에서 중국과 일본의 학자들은 고대 지중해의 에게해 문명이나 로마제국의 멸망 ,중국 남북조시대의 난세, 프랑스대혁명 등 인류 역사상에 나타난 대사건은 모두 태양계 행성 운행상태의 이상이 가져온 결과라고 주장했다.

예를 들면 기원전 2 세기와 1 세기 사이에 아프리카 북부를 덮친 지속적인 가뭄은 이 지역 일대에서 꽃피웠던 고대 에게해 문명의 쇠퇴를 가져왔다는 것이다. 서기 5 세기 이후에는 유럽과 아시아 각 지역의 유목민들이 기후의 급랭으로 대거 남하하면서 로마제국의 붕괴를 유도했고 이때 중국에서도 동진(東晉)16 국과 남북조의 전란기가 도래했다는 것이다. 또 17 세기에도 유럽 지역에서의 수년간에

[ㄱ] 상게서 **79p**

걸친 대흉작이 프랑스 혁명의 한 원인이 되었다는 것이다. 그리고 이들 시기가 태양계의 9 대행성이 모두 서로 일정한 각도를 유지하면서 상응 작용을 했던 시기라고 주장했다. 그리고 그 일정한 각도는 태양의 흑점활동에 영향을 미친다는 것이 1999 년과 2001 년의 거대한 우주쇼가 심상치 않은 것임을 말해준다.

　이제 과학은 자신도 모르게 태양계의 별들의 변화가 땅의 변화에 영향을 미치고 나아가 인간들에게 영향을 준다는 사실에 도달하고 있다. 바로 이 내용이 고대 예언가들이 사용한 예언법칙에 가장 중요한 기본법칙이다.

제 2 절　예언의 기본법칙

제 1 항　음부경(陰符經)

　예언의 기본법칙에 대한 이해를 돕기 위해 천부경의 예언론 제 1 권에서 자세히 설명한바 있는 음부경(陰符經)의 예언 법칙 중 일부 내용을 다시 한번 단계적으로 살펴보자.

[예언법칙 제 1 단계] ˥ 천발살기 이성역숙　　(天發殺機 移星宿)

　하늘이 살기를 발할 때 일정하게 움직이는 별들이 장차 교란하여 질서를 잃고 그 자리를 옮긴다.

[예언법칙 제 2 단계]　지발살기 용사기륙 (地發殺機 龍蛇起陸)

　땅이 살기를 발할 때 용(辰)과 뱀(巳)이 가만있지 않고 그 굴에서

˥ 천부경의 예언론 제 1 권 79 - 97p 최 동환 지음　　79 - 97p

나와 움직인다.

[예언법칙 제 3 단계]   인발살기 천지반복 (人發殺機 天地反覆)

인간이 살기를 발할 때 각자가 욕심을 채우려 하니 서로 반목하고 다투어 천지가 뒤집힌다.

[예언법칙 제 4 단계]   천인합발 만변정기 (天人合發 萬變定基)

하늘과 인간이 함께 발동하여 만가지 변화를 주도하여 근본과 기초를 정한다.

음부경(陰符經)에서 밝혀지는 네가지 단계는 예언의 기본법칙임과 동시에 역사의 기본법칙이기도하다. 현대과학은 이제 겨우 이 기본법칙에 접근하고 있는 도중이라는 사실을 알 수 있다.

이 내용을 태양의 흑점과 관련해서 간단히 정리 해보자.

우선 하늘이 살기를 발하면 별들이 그 질서를 잃고 자리를 옮긴다. 그때 그 변화된 자리가 두개 이상의 행성이 일직선상에 있거나 직각 방향을 이루고 있거나 태양과 180 도를 이루는 등 영향을 줄수 있는 위치에 있다면 태양의 흑점은 변화를 촉발한다. 그 변화는 다시 땅의 살기를 촉발시킨다. 이는 지진, 가뭄, 내수면의 수위 저하, 메뚜기 떼의 내습, 곡물 수확량의 감소, 대유행병의 습격 등의 원인이 되는 것이다. 이러한 환경 변화는 인간 사회에 충격을 던지고 부족해진 물자를 차지하기 위한 다툼으로 발달한다. 그것이 곧 인간이 살기를 발하는 것이다. 인간이 살기를 발한 결과는 곧 프랑스 혁명, 러시아 혁명, 1.2 차 세계대전, 6.25 동란과 같은 대규모의 전쟁이나 혁명이 된다는 것이다. 그리고 마지막으로 하나님과 인간이 하나가 되어 이 혼란을 수습하여 새로운 근본과 기초를 세운다는 것이다.

바로 이러한 현상을 우리는 인류의 크고 작은 역사를 지배한 가장 큰 법칙임을 어렵지 않게 찾아낼 수 있을 것이다. 우리가 예언서에서 알고 자하는 미래의 변화도 과거의 역사와 마찬가지의 법칙안에 있음을 깨닫는다면 이미 예언서를 이해하고 그 정보를 활용하기 위한 첫번째 문을 통과 한 것이다.

그리고 이제부터 설명할 고대 신화의 "태양신의 사자"란 곧 우주의 절대자와 인간이 하나가 되어 혼돈을 수습하고 새로운 근본과 기초를 세우는 주체이다. 이 태양신과 그의 사자에 대한 신화는 고대 세계에서는 전지구적으로 나타나는 불가사의함이 있다. 그리고 그 중심에는 우리 민족의 고대 정신문명이 자리하고 있다.

제 3 절   흑점과 고대 문명

태양 가운데의 세발달린 까마귀
三足烏(日中之鳥)

만주 집안의
각저총
(角抵塚)
벽화

혼돈과
파천황

태양의 흑점은 고대 문명에서는 새로 표현된다. 그 중에서도 가장 오래되고 널리 사용되는 표현은 흑점의 색깔이 검다는 점에서 "태양 안의 까마귀"로 표현되었다.

동서의 고대 문명의 각종 신화에는 태양신의 사자로서 까마귀가 상징되어 있다. 특히 흑점을 상징하는 까마귀는 알타이어족이 스쳐 지나간 유라시아의 광대한 지역에 오랜 역사를 통해 강하게 그 자취를 남겼다. 그리고 이 내용은 오늘날의 여러 중요한 종교의 교리에 막대한 영향을 주고 있음이 밝혀졌다.

물론 본서의 주제에도 그 영향은 심대하다. 우리는 이 부분을 이해 함으로서 여러 중요한 종교의 알려지지 않은 비밀스러운 내용과 예언의 핵심을 단번에 관통할 수 있다.

제 1 항   태양신의 사자

태양 안의 까마귀라는 태양신 또는 태양신의 사자는 전세계를 덮다시피하며 각종 신화와 경전에 영향을 주었고 그것은 현대인에 까지 알게 모르게 큰 영향력을 행사하고있다.

[1] 북유럽의 오딘(Odin)신

커크 다글러스와 토니 커티스 주연의 영화 '바이킹'에서 잘 소개된 바 있는 북유럽의 오딘ㄱ (Odin)신은 9 세기부터 12 세기 사람에 걸쳐 생겨난 단편적인 신화들을 12 세기 사람인 스톨슨(Stutleson)이 모아 엮은

ㄱ 알타이 신화 339p 박 시인지음 청노루

에다(Edda)에 나타나 있다. 이 오딘(Odin)신은 두 어께에 각각 후긴 (Hugin)과 무닌(Munin)이라는 두 마리의 까마귀가 있어서 이 세상에 있는 모든 것을 보고 와서 일러주기 때문에 오딘(Odin)신은 모르는 것이 없었다고 한다. 이 내용에서 말하는 두 마리의 까마귀는 오딘 (Odin)신이 태양신임을 알려 주는 증거인 것이다.

그리고 이 오딘(Odin)신의 신화는 고트(Goth)족과 훈족(Hun)과 덴 마아크의 신화에 중대한 영향을 준다. 그리고 영국에 지대한 영향을 남기면서 그 후 국제어가 된 영어를 쓰는 현대인들이 그 사실을 모 르는 채 매일같이 이 고대인의 태양신을 말하고 있다.

즉 앵글로 섹슨 족의 영국어 수요일은 Wednesday 는 오딘 신의 날 이라는 뜻이다. 또 화요일 Thursday 는 오딘 신의 아들의 날이며 금 요일 Friday 는 오딘 신의 부인 프리그의 날이라는 뜻이다.

[2]   바이블

바이블에서 천사(天使)를 의미하는 말인 그룹ᄀ(cherub,cherubin). 세 럽(seraph, seraphim)의 어원은 히브리어의 그룹(k'rub,k'rubin)이며 이는 인도 신화의 가루빈 (garubin), 가루다 (garuda 色日鳥)이며 법화경의 가루덴두라(garudendura), 몽고말의 가루다(garuda   鳳), 거루더(凰)와 어원이 같다. 이 모두 태양의 흑점을 상징하는 까마귀인 것이다.

우리말 큰사전에 의하면 '가리'는 오리, 노랑부리저어새 등의 새이 름에 사용되어있다. 왜가리의 '가리'역시 같은 말일 것이다. 결국 바 이블의 천사를 뜻하는 그룹(cherub,cherubin)은 세계를 돌아 우리말 '가리'가 됨을 살펴볼 수 있다.

바이블에 처음으로 소개되는 날짐승은 까마귀이다. 창세기에서 "노

ᄀ 상게서   389p

아가 홍수 이후 40일이 지나자 그 방주의 창을 열고 까마귀를 내어 놓으매 까마귀가 물이 땅에서 마르기까지 날아 왕래 하였더라 "라고 했다. 노아는 비둘기를 까마귀 다음에 날려보낸다. 그리고 비둘기는 까마귀와 달리 접촉할 곳을 찾지 못하고 방주로 되돌아온다.

잘 알려진 바와 같이 이 대홍수의 전설은 바빌론이나 중앙아시아 에도 나타난다. 바빌론의 전설에서 우트나피시팀(Utnapishtim)은 노아 와 똑같은 역할을 한다. 그리고 그는 비둘기, 제비, 까마귀를 차례로 날려보내는데 비둘기, 제비는 방주로 되돌아오고 까마귀만 돌아오지 않았다. 그것을 보고 물이 멎고 땅이 드러난 것을 알았다는 것이다. 다시 말해 태양신의 활동이 시작되었음을 말하는 것이다. 여기서도 까마귀는 태양신의 사자로서 길 안내자의 역할을 수행하고 있다.

대홍수의 전설 중 가장 원본으로 생각되는 것은 알타이 지방의 전 설이다. 이 전설에는 하나님 탱그리(Tengri)가 등장한다. 최 남선은 탱그리를 단군(檀君)과 같은 말이라고 했다. 그리고 노아 대신 나마 라는 사람이 등장한다. 나마ᄀ가 방주를 타고 비가 그친 후 세 마리 의 새를 날려보내는데 모두 까마귀였다. 첫날은 큰 까마귀, 두쨋날 은 중간 까마귀, 세쨋날은 작은 까마귀이다.이들은 모두 돌아오지 않았다 그리고 다음에 비둘기를 날려보낸다.그때 비둘기가 자작나무 잎을 물고 돌아온다는 이야기이다.

이 모든 신화들에서 근본적으로 숨어 있는 비밀은 홍수가 났을 때 태양이 구름에 사라졌다가 홍수가 끝나고 다시 태양이 나타났다 는 사실을 태양을 상징하는 까마귀로 표현한 것이다.

ᄀ 상게서 372p

[3] 태양신 미스라⌐ (Mithra)

고대 페르시아의 조로아스터교에서 유래된 태양신의 동맹자 또는 태양신 자신이라는 미스라 신의 안내자는 까마귀로 상징된다. 여기서 미스라는 고대 페르시아의 영토였던 인도 북부로가서 미륵이 된다. 종말론과 사회 구원이라는 주제에 중요한 역할을 차지하는 미륵의 원형이 여기서 찾아지는 것이다.

그리고 이는 기독교에도 영향을 준다. 그리고 크리스마스가 12월 25일인 것도 주리안 달력에서 동지의 날로서 동지는 곧 태양신인 미스라가 다시 태어나는 날인 것이다. 즉 미스라와 같은 어원인 메시아를 기독교에서는 크리스트로 설정했음을 알 수 있는 것이다. 이 내용은 366 사(事)⌐ 에서 도 설명한바 있다. 이 모든 내용의 중심에 태양신의 사자 까마귀가 있고 당연하게도 태양의 흑점이 있다.

[4] ⌐ 캄차카와 알래스카 카나다, 그린랜드 등에 살고 있는 에스키모족의 신화에는 큰 까마귀가 조물주로 상징된다. 태양신의 사자 까마귀 다시 말해 흑점은 유라시아 대륙 구석구석과 아메리카 대륙에까지 신화의 중심이며 그 여파는 현대의 종교에까지도 알게 모르게 깊게 관련되어 있다.

또한 태양신을 상징하는 까마귀는 만주나 시베리아 또는 한반도의 솟대 위의 새나 새 무당 등에서도 나타나며 동이족의 분파였던 은나라의 신화에서 현조(玄鳥) 등으로 나타나며 이것이 알타이 지방

⌐ 상게서   390p

ㄴ 366 사(참전계경) '화엄사상과 미륵사상' 119-124p 최 동환 삼일

⌐ 알타이신화 418p   박시인지음 청 노루

에서 천둥새(thumder bird)가되며 유럽에서는 그리핀이 되고 동양에서는 봉(鳳)이 되었다.

제 **2**항   한국 역사에서의   태양신의 사자

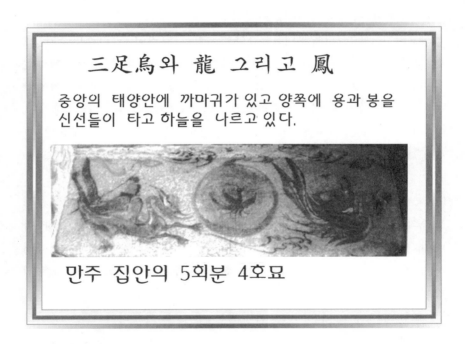

三足烏와 龍 그리고 鳳

중앙의 태양안에 까마귀가 있고 양쪽에 용과 봉을
신선들이 타고 하늘을 나르고 있다.

만주 집안의 5회분 4호묘

[1] 태양의 민족

우리에게 배달민족이라는 이름은 **6000** 년 전 한웅 할아버지께서 배달국을 세움으로부터 유래된다. 한웅 할아버지는 다른 이름으로 대일왕(大日王)으로 불리웠다. 이는 곧 태양의 왕이라는 내용이 된다. 또 배달이라는 이름은 태양의 밝은 빛을 상징하는 '밝달'이라는 말의 이두문이다.

결국 배달이라는 이름은 그 이전 9000 년 전 우리 민족 최초의 국가인 한국(桓國)의 '한'이라는 이름과 같은 말이다. 단군조선 역시 단군은 곧 텡그리이며 텡그리는 '한'과 그 개념이 같다.

　　우리민족의 근본 뿌리인 이 모든 어휘가 말하고자 하는 중심내용은 태양의 밝음을 상징한다. 따라서 우리 민족은 유달리 태양 빛인 흰색을 숭상해 왔다.

[2]　'감'

　　우리 민족에게서 밝은 태양의 빛을 상징하는 '배달' 즉 '밝달' 못지 않게 중요한 개념이 하나 더 있다. 그것은 곧 '감' 또는 '검'이다. 이 말은 신(神), 천신(天神), 신령(神靈)을 상징한다.

　　또 이 개념은 일본으로 건너가 '가미'가 된다. 그런데 '감'은 까맣다는 의미이다. 왜 흰빛을 숭상하는 우리 민족에게 까맣다는 의미의 '감'이 신(神)을 상징하는가 ? 한국 고대 정신사의 불가사의한 문제점인 이 부분에 태양의 흑점이라는 내용을 대입하면 모든 내용이 하나로 정리되며 명쾌하게 설명된다.

　　" 샤머니즘ㄱ을 설명하는 퉁구스어의 샴(sam)은 터어키 ,몽고어의 kam(gam)과 같은 어원으로서 몽고어 kam 은 알타이어의 gam 이다. 이 말은 한국말 gum(검), gom(熊), goon(君), gam(監)이며 일본말 gami(神)과 같다."

　　유라시아 대륙에 광범위하게 영향을 미쳤던 샤머니즘의 주체가 곧 '감'인 것을 알 수 있는 것이다. 학자들은 '밝'을 밝은 빛으로 해

ㄱ 한국 고대미술 문화사론 박 용숙 - 한밝 문명론 김상일 182p 에서 재인용

석하여 하늘을 상징한다고 말하며 '감'을 그와 대비 개념인 땅으로 해석해 왔다. 그러나 이 부분은 다시 생각해 볼 필요가 있다.

'감'은 곧 가한(可汗)이며 칸(khan)이며 한국말 '한'과 같은 말이라고 보면 이는 곧 태양을 상징하는 말이다. 즉 밝음을 상징하는 '한'과 검다는 의미의 '감'이 동시에 태양을 상징한다는 것을 알 수 있다.

여기서 '감'이 곧 태양의 흑점이라는 사실을 안다면 이 모든 수수께끼가 한번에 풀리는 것이다. 또 까맣다는 '감'이 곧 까만새인 '까마귀'로 형상화되며 태양신 또는 태양신의 사자가 되면서 전세계적인 태양신 사상의 중심이된다. 그리고 이 모든 내용이 고대 한국에서 출발했음을 알 수 있게 한다.

또한 한단고기에 의하면 "왕검ㄱ은 속어로 대감이다."라고했다. 여기서 '왕검'의 '왕'은 클 대(大)이며 이는 곧 우리말 '한'과 같은 말임을 알수있다. 따라서 '왕검'이란 곧 '한검'과 같은 말이며 이것이 곧 후세에 '임금'이라는 어휘로 변했음도 생각해낼 수 있다. 이 모두가 곧 흑점인 '태양안의 까마귀'를 상징함도 알수있다.

제 3 항 태양신의 사자(使者)들

전세계에 광범위하게 분포되어있는 태양신 또는 태양신의 사자 까마귀의 신화는 우리 민족에게서는 이미 6000 년 전부터 이 내용들의 근본 원리가 천부경, 삼일신고, 366 사(참전계경),단군팔조교등 십 수 권의 세련되기 이를데없는 경전으로 체계화되어 있다.

우리의 배달문명이 인류문명의 모태라는 사실은 여기서도 그 근

ㄱ 한단고기 삼한관경본기 **194p** 임승국 번역,주해 정신세계사

거가 확연한 것이다.

　[1] 신지비사(神誌秘詞)

　천부경의 예언론과 관련이 깊은 단군 시대의 서효사(誓效詞), 다시
말해 신지비사(神誌秘詞)의 첫머리는 우리 고대국가의 중요한 부분
을 설명한다. 즉 "아침의 햇빛을 먼저 받는 땅에 삼신(三神)께서 밝
게 강림하셨도다¬ (朝光先受地 三神赫世臨)"라는 내용이다.
이 말은 곧 조선(朝鮮)이라는 말이 아침의 햇빛을 먼저 받는 나라라
는 설명을 하고 있다. 단군(檀君)이라는 말도 '밝달감'이며 이는 '한
검'으로서 태양신인 것이다.그리고 이 말은 다시 탱그리(Tengri)로서
역시 알타이 지방의 전설에서 까마귀를 부리는 태양신임을 알 수
있었다.

　[2] 부여의 천왕랑,고구려의 조의 ,백제의 수사,신라의 화랑

　부여의 시조 해모수 할아버지를 천왕랑(天王郞)이라 칭했다 한다.
그리고 해모수할아버지는 까마귀 깃털이 달린 모자 '오우관(烏羽冠)'
을 쓰셨다고 기록되어있다ㄴ. 고구려의 무용총 벽화에 그려진 무사
들의 까마귀 깃털모자는 바로 부여의 해모수할아버지의 모습을 그
대로 본받은 것임을 알수있다. 그리고 해모수할아버지는 곧 왕검할
아버지의 상징인 태양안의 까마귀를 본받았음도 알 수 있다.

¬ 천부경 개정판 삼일 최 동환 해설 346p
ㄴ 한단고기 125p 임승국 번역,주해 정신세계사

만주 집안의
무용총 벽화에
나타난 고구려 무사가
머리에 쓴
오우관(烏羽冠)

[3] 단군조선 후예 국가의 건국 설화

고구려의 주몽 할아버지께서 고구려를 세우실 때 오이(烏伊), 오
위(烏違)가 보필했다는 내용에서 오(烏)는 까마귀로서 12세기 북동
유럽의 오딘신의 어깨에 앉아 오딘 신을 안내하는 두 마리 까마귀
의 형식의 원류이다ㄱ.

이 내용은 백제의 시조 온조를 보필한 오간(烏干)이라는 신하와
다시 박혁거세가 신라를 세울 때 보필했다는 대오(大烏), 소오(小烏)

_____

ㄱ 알타이 신화 박 시인지음 청노루 400p

와 자연스럽게 연결된다. 이 내용은 태양신인 단군의 후계자로서 고구려의 고 주몽 할아버지가 설정되었음을 말하며 두 명의 신하가 태양신의 사자로 상징되었음을 알 수 있는 것이다.

그리고 이 내용은 다시 바다를 건너가 일본에 출현한다. 그 대표적인 내용이 일본에 가서 왕과 왕비가 된 신라의 연오랑(延烏朗)과 세오녀(細烏女)ᄀ 이다. 이들의 이름은 모두 까마귀 오(烏)로 상징된다. 또 이들이 일본에 건너간 후 신라에는 해와 달이 빛을 잃고 암흑 세상이 되었다고 한다. 이 내용은 이들이 신라에서 태양신의 사자였음을 상징적으로 말하는 것이며 그 내용이 그대로 일본에 전해진 것을 말한다.

또 일본의 신무 천황이 나라를 세우려고 이동 중에 길안내를 한 야다가라스(頭八咫烏)는 곧 태양 속에 있다는 까마귀이다. 이는 고구려, 백제, 신라의 건국에 나오는 태양신의 사자 까마귀의 형식을 그대로 복사한 것이다. 이들 모두는 태양신 단군의 후계자임을 스스로 천명하고 있음을 알 수 있다.

[4] 고구려의 조의 선인

뿐만 아니라 고구려에는 조의 선인이라는 공동체가 있었고 이들이 고구려를 이끄는 지배 엘리트들이었다. 여기서 조의라는 말은 곧 검은 옷이라는 말이다. 이 역시 태양의 흑점을 상징하는 까마귀인 것이다. 그리고 이들이 달리는 말에서 활을 쏘며 호랑이와 사슴을 사냥하는 만주 집안의 무용총 벽화의 호쾌한 그림에서 보이는 모

ᄀ 삼국유사 제 1 권 연오랑,세오녀. 알타이 신화 박 시인 186p

자에도 역시 까마귀의 깃털이 달려 있다. 이는 부여의 오우관(烏羽冠)인 것이다.

만주 집안의 무용총 벽화에 나타난 고구려 무사가 머리에쓴 오우관(烏羽冠)

[5] 세발 달린 까마귀

만주의 집안에 있는 고구려의 고분인 오회분 4 호묘, 5 호묘, 각저총, 사신총등의 벽화ㄱ 에는 태양의 한가운데에 세발 달린 까마귀가 그려져 있다. 그리고 그 까마귀의 발이 셋임으로 해서 삼신(三神)의 사자임을 상징함으로 해서 더욱더 자세하게 우리 고대국가의 정신 세

ㄱ 집안 고구려 벽화 조선일보사 1970 년

계를 그리고 있다

이 고고학적 발견은 고대 한국인의 국가인 단군조선 등과 고구려의 상징인 태양과 태양신의 사자 까마귀의 신화를 완전하게 뒷받침하는 것이다.

뿐만 아니라 전세계의 여러 단군 민족의 분파들의 신화를 한꺼번에 만주의 집안으로 집합시킨다. 그리고 전세계의 태양신과 까마귀의 신화는 천부경, 삼일신고, 366 사라는 6000 년 전부터 전해지는 우리 배달민족의 경전 안에 들어오면서 더 이상 신화가 아닌 것이다.

또 만주 집안의 오회분 4 호 묘에는 태양 안의 까마귀의 좌우로 용과 봉이 그려져 있다. 이는 고대 세계의 왕권의 상징인 용과 봉의 중심에 태양신이 있다는 중요한 사실을 말해 준다.

[6]   현묘지도(玄妙之道)

삼국사기 최 치원전에서 "우리나라에 유불선 삼교를 포함하는 현묘지도(玄妙之道)가 있었다" 라는 유명한 문구에서 현묘지도(玄妙之道)라는 말이 나온다. 현(玄)은 검다는 말이고 묘(妙)는 묘하다는 말이다. 달리 해석될 자료가 없던 이 문구가 세발 달린 까마귀가 상징하는 태양의 중심과 만날 때 비로소 의미가 주어진다.

우리 민족의 광명사상(光明思想)의 밝음을 상징하는 태양과 그 가운데에 살고 있다는 세발 달린 까마귀 즉 흑점이 하나의 개념으로 묶어진다. 그리고 그 흑점의 변화가 가져다 주는 묘한 변화를 현묘(玄妙)로 볼 수 있을 것이다.

태양의 밝음이라는 불변의 개념과 흑점이라는 필변하는 개념이 존재함을 말한다. 즉 현묘지도란 우주 삼라만상에는 불변하는 거대한 개념이 있고 그 불변하는 범위 안에 필변하는 여러 가지 것이

존재함을 의미한다. 다시 말하면 거대한 공간 안에 시간이라는 변화
가 있다는 것이다.

이를 천부경으로 설명한다면 시작도 없고 끝도 없는 거대한 공간
안에 태극과 64괘의 변화가 주어진다는 것이다. 이는 곧 '우로보로
스'라는 자기의 꼬리를 물고 있는 뱀으로 형상화되어 고대 세계에서
전세계에 걸쳐 광범위하게 분포하는 그림으로 설명된다.

즉 자연계에서 시간을 가장 잘 설명하는 동물인 뱀이 시작인 머
리가 끝인 꼬리를 물고 있음으로 해서 시작도 끝도 없는 공간적인
세계를 상징한다. 그리고 그 안에 태양과 달 그리고 각 동물들은 시
간을 상징한다.

이는 시작도 끝도 없
는 공간 안에 시간이
존재함을 말한다. 이
것은 태양이라는 불변
의 공간 안에 흑점이라는 필변의 시간이 있음을 상징하는 현묘지도
와 같은 내용으로 생각 할 수 있다.

[7] 우리나라의 예언서

지금까지 정리한 고대인의 신화와 경전, 역사등에서 보여주는 정
신세계는 우리나라 예언서를 이해하기 위해 필수불가결한 중요한
내용들이다. 우리나라의 예언서들은 단 한구절이라도 제대로 해석하
기 위해서는 이같은 방대한 자료들이 반드시 필요하다.

이번에는 예언서의 내용으로 직접 들어가 지금까지 알아본 내용들
이 예언을 이해하는데 얼마나 중요한가를 직접 알아보자.

❂   도선비기(道詵秘記)   ❂

> 시왈 철기 삼천 자천래 오의오관 주동서
> 詩曰 鐵騎 三千 自天來 烏衣烏冠 走東西

시(詩)에 이르기를 철갑을 한 기마병 3천명이 하늘로부터 내려올 것이니 검은 옷(烏衣)에 검은 관(烏冠)을 쓴 사람들이 동서로 치달을 것이다.

이 예언은 우리나라 예언서에 담긴 정보가 전세계의 신화와 경전에 사용된 정보와 같은 선 상의 것임을 말해준다. 또 우리나라 예언서가 우리의 정통 역사서와 얼마나 관계가 깊나를 잘 말해 준다.  여러 역사서 중에서도 특히 한단고기를 읽지 않고 는 도저히 접근 조차 할 수 없는 예언인 것이다.

여기까지 오는 동안 다루어본 여러민족의 신화와 경전 그리고 역사등을 이해했다면 까마귀옷과 까마귀관 즉 오의오관(烏衣烏冠)이 의미하는 바가 무엇인지 알 수 있을 것이다.

한단고기에 의하면 까마귀 색의 검은 옷 오의(烏衣)와 까마귀 깃털을 꽂은 모자 오우관(烏羽冠)을 쓴 사람은 우리 역사에서 부여의 천왕랑(天王郎)이며 이를 본받고자 한 고구려의 조의 선인, 백제의 수사, 신라의 화랑들이다.

이는 우리의 고유한 단군 정신으로 무장한 태양신의 사자들이다. 그리고 이 내용은 동서의 고대세계에 놀랍도록 널리 알려진 태양 안의 까마귀 다시말해 태양의 흑점(黑點)을 상징하는 내용임을 알 수 있다.

만주
집안의
무용총
벽화에
나타난
고구려
무사가
머리에쓴
오우관
(烏羽冠)

그러나 하늘에서 내려오는 철기삼천(鐵騎三千)은 또 무엇인가 ? 이에 대한 보다 자세한 해석의 단서를 한단고기의 삼성기 하편에서 찾아보자.

"한국 말기에 안파견이 밑으로 삼위와 태백을 내려다보시며 가히 홍익인 간 할만한 곳이로다 하시며 누구를 시킬까 물어보니 오가(五加) 모두가 말하

기를 한웅(桓雄)이 있어 용맹함과 어진 지혜를 함께 갖추었으니 그를 태백산
에 보내시어 이를 다스리게 함이 좋겠읍니다 하니 마침내 천부인(天符印) 세
개를 주어 말씀하시기를 사람과 물건의 할 바가 이미 다 이루어졌도다 . 그
대 수고로움을 아끼지 말고 무리 삼천(三千)을 이끌고 가 하늘의 뜻을 열고
가르침을 세워 세상에 있으면서 만세의 자손들에게 큰 모범이 될지어다."

라고 하셨다는 내용에서 하늘에서 내려온 철기삼천(鐵騎三千)이란
곧 한웅 할아버지께서 태백산에서 개천(開天)을 이루신 때 하늘에서
내려온 삼천(三千)명의 천병(天兵)의 재림을 말하고 있음을 알 수 있
다. 바로 이 내용이 현존하는 예언서인 도선비기에 그대로 나타나
있는 것이다.   도선 비기에 난데없이 나타난 '시왈(詩曰)'이라는 문
구는 곧 과거 우리의 역사서와 경전의 내용을 응용한 예언서 원본
을 인용하고 있음을 쉽게 알 수 있다.

　이 문장은 현존하는 도선비기안에 문맥의 앞뒤가 연결되지 않는
가운데 난데없이 시왈(詩曰)이란 말로 시작하며 불쑥 삽입되어 있다.
그러나 이 예언의 원래 내용은 지나간 역사의 사실이 다가올 미래
에 다시 재현된다는 예언의 기본 법칙을 말하고 있다.

　다시말해 씨앗이 열매가 되듯 역사속의 우리 민족의 무한한 근본
(無盡本)인 삼성(三聖) 한인, 한웅, 한인 할아버지와 같은 인물이 미
래에 다시 출현하여 움직이지 않는 근본(不動本)이 되며 그를 따르
는 삼 천명의 낭도(郎徒)가 과거와 같이 미래에도 출현하여 세상을
구원한다는 내용임을 알 수 있는 것이다.

　이와같이 간단한 한 구절의 예언 내용이라 해도 보편타당성을 갖
추어 설명하기 위해서는 전세계의 신화와 경전 그리고 역사라는 엄
청난 분량의 정보를 필요로 한다. 그리고 그 정보마저도 아무런 실
마리가 없는 허허벌판 한가운데에서 찾아내야만 한다.

도선비기의 예언의 경우는 운이 좋아서 실마리를 풀 수 있는 경우
로서 예언서 전체에서 그야말로 극히 일부분에 해당하는 경우다.

　나머지 대대수는 천부경(天符經), 삼일신고(三一神誥), 366사(참전
계경), 단군팔조교(檀君八條敎), 신지비사(神誌秘詞)등의 우리민족 고
유의 경전에 대한 이해가 필수 불가결한 조건이 된다.

　물론 대충 말장난으로 예언의 내용을 얼버무리려고 한다면 이러
한 복잡한 과정은 전혀 필요 없다. 단지 목청만 몹시 크면 된다. 그
리고 백전불굴의 완강한 어거지만 뒷받침 된다면 그 어떤 난해한
예언도 아주 쉽고 간단하게 해결할 수 있다.

　또 예언서의 원리에 대해 전혀 무지한 상태라 해도 단지 '예언은
미신이다 !' 라는 일반적인 선입관만 있다면 그야말로 복날 개 패듯
예언서를 마구 두들겨도 누구 한 사람 뭐라고 할 사람 없다.

　오히려 우리 사회가 그동안 요구해 온 규격에 잘 맞추어 살아온
모범생으로 칭송 받을 수 있는 것이다. 물론 그 규격은 붕어빵의 틀
과 같은 일률적인 것이어서 이미 와있는 창의력의 시대에도 쓸모가
있는 것인지는 모르겠지만 .

　이번에는 주로 우리민족 고유의 경전원리로 구성된 예언을 살펴
보자. 이같은 예언이 가장 보편적인 경우이다.

❂ 　격암유록 말운론(末運論) 　❂

| 백석지화 일중군 능지삼신 구세주 우명재인 궁을선 |
| 白石之化 日中君 能知三神 求世主 牛鳴在人 弓乙仙 |

　흰 돌이 변화하여 태양 가운데 있는 임금이 된다. 능히 삼신

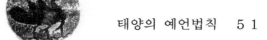

(三神)이 구세주인지 아는 사람은 삼일신고(三一神誥)를 읽는 곳에 있는 궁을선이다.

　이 예언서의 예언도 동서양의 고대 세계의 신화와 우리의 역사가 복합적으로 사용되어 있는 좋은 실례이다.　그리고 한편으로는 삼일신고(三一神誥)와 천부경(天符經)이라는 우리 민족 최대의 경전의 원리가 해석의 열쇠가 되는 좋은 예이다.

　여기까지 읽은 독자라면 예언서에 명시된 태양 가운데 있는 임금(日中之君)이 태양안의 흑점이며 그것이 태양 안의 까마귀로 표현되어 고대 세계의 동서양을 지배한 문명의 핵심적인 내용임을 이해할 수 있을 것이다.

　그리고 그 태양 안의 임금이 곧 삼신(三神)이라고 했다. 이 부분은 동서 고대문명에서 말하는 태양신을 삼신(三神)이라고 표현했다.　이 내용은 다음과 같이 우리나라 모든 예언서의 원본이되는 신지비사(神誌秘詞)의 첫문장에서 확인이 되는 내용이다.

　" 아침의 햇빛을 먼저받는 땅에서 삼신(三神)께서 밝게 세상에 강림하셨도다 (朝光先受地 三神赫世臨)."

　그리고 이를 능히 아는 사람이 소울음 소리나는 곳에 있는 궁을선(弓乙仙)이라 했다.

　여기서 소 울음소리는 소(牛)+ 울음(口)+소리(言)이다. 이를 합성하면 고(誥)라는 단어가 된다.　우리의 고대국가에서는 천부경(天符經)을 천경(天經)이라 하고, 삼일신고(三一神誥)를 신고(神誥)라 했다. 여기서 신고(神誥)를 줄이면 고(誥)이다.

　따라서 태양 안의 임금(日中之君)이 삼신(三神)이라는 것을 아는 사람은 삼일신고(三一神誥)를 읽는 소리가 나는 곳에 있는 사람이라고 했다.

또 우리의 고대국가에서 태양 안의 임금은 곧 한인, 한웅, 단군 할아버지이며 이 세분을 삼성(三聖)이라 칭했다. 그리고 민간에서는 삼신(三神)이라고 칭했다. 이 내용이 가장 잘 설명되고 있는 경전이 바로 삼일신고(三一神誥)이다.

여기서 예로든 격암유록의 예언은 동서양의 고대 세계의 신화와 우리의 오염되지 않은 역사와 삼일신고(三一神誥)라는 중요한 경전을 하나로 집합시키고 있다. 다시 말해 이들 자료 중 하나만 빠져도 조합이 되지 않는 모자이크나 퍼즐과 같이 무슨 의미의 예언인지 알 수 없게된다.

그러나 여기서 끝나면 얼마나 좋을까마는 정말로 복잡한 문제는 이제부터가 시작이다.

격암유록은 백석지화(白石之化)가 곧 태양 안의 임금(日中之君)이라고 했다. 여기서 백석지화(白石之化)라는 암호문이 다시 등장한다.

이 암호문은 천부경(天符經)이라는 배달민족 최고의 경전에서 설명되는 도형인 일적십거도(一積十鉅圖)로 만이 설명될 수 있다. 물론 이 부분도 말 장난을 하자면 해석하는 사람의 숫자 만큼의 각기 다른 해석이 나올 수 있을 것이다.

일적십거도(一積十鉅圖)는 우리 배달민족의 고유한 경전의 원리에서 가장 중요한 골격을 이룬다. 그리고 그 경전들을 응용한 우리나라 예언서에서도 당연히 가장 중요한 골격을 이룬다.

이 부분은 우리가 예언에서 사용되는 많은 실례는 본서를 읽어나가다보면 자연히 알게끔 충분한 보충설명이 되어 있으므로 여기서는 생략한다. 여기서는 백석(白石)이 일적십거도(一積十鉅圖)의 흑점 45 와 백점 55 사이의 10 개의 흰 돌이라고만 설명하자.

이 흰 돌(白石) 10 개가 곧 혼돈의 중심으로서 질서의 세계를 창조하는 주체(主體)이다. 이를 십승(十勝)이라고 하는 것이다. 그리고 다

른 이름으로는 태양 안의 임금(日中之君)이며 일중지조(日中之鳥)이다. 이를 아는 사람이 곧 궁을선(弓乙仙)이라 했다. 여기서 궁을(弓乙)은 역시 천부경의 일적십거도(一積十鉅圖)로 설명된다. 그리고 궁을(弓乙) 역시 본서에서 충분한 분량으로 설명되고 있다. 간략히 말하면 궁궁(弓弓)은 64 괘로 상징되는 필변(必變)의 법칙이다. 다시 말해 시시각각으로 변화하는 시간의 법칙이며 을을(乙乙)은 태극으로 상징되는 불변(不變)의 법칙이라고만 하자.

궁을선(弓乙仙)이란 천부경(天符經), 삼일신고(三一神誥), 366 사(事)를 비롯한 여러 한국 경전에서 설명되는 필변(必變)과 불변(不變)의 법칙을 알고 있는 인물을 말하는 것이다.

예언의 암호가 풀리는 과정은 이렇게 간단치 않다. 예언의 암호는 안 풀릴 땐 마치 체증과 같이 답답하지만 풀리고 나면 참으로 흥미진진한 것이다.

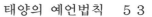

예언을 이해한다는 것은 마치 정복된 적이 없는 높고 가파른 산(山)이나 극지(極地)를 탐험하는 것 못지않은 성취감을 준다. 단지 다른 것은 몸을 사용하는 것이 아니라 두뇌를 사용한다는 차이뿐이다. 하지만 그 즐거움은 굳이 몸을 수고롭게 하는 탐험보다 오히려 더 흥미 있다.

왜냐하면 경전과 역사서는 까마득한 과거에 인류가 지능을 갖기 시작할 때부터 축적된 살아있는 지식들로 가득차 있는 신비로운 보물 창고이다. 예언서의 저자들은 경전과 역사서라는 보물 창고에서 보물들을 자신의 그릇에 담아 책으로 엮어 내는 작업을 한 사람들이다.

경전과 역사서를 이해한다면 그들이 만든 예언의 암호를 푸는 홍미진진한 일을 마음껏 즐길 수 있다.

　그리고 풀려진 예언의 암호를 토대로 미래에 벌어질 무궁무진한 일들을 손금 보듯 알 수 있다면 그 부수적인 즐거움도 또한 만만치 않은 즐거움일 것이다.

제 2 장   12 궁

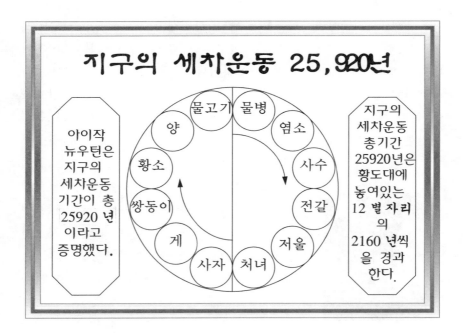

　행성들은 모두 동일한 평면 위에서 태양 주위를 돈다. 그래서 우리는 지구를 한바퀴 도는 동일한 띠를 따라 머리 위로 지나가는 행성들을 보게 된다. 황도ㄱ(黃道)라고 불리우는 이 띠를 12 개의 구역으

ㄱ 초자연 라이얼 왓슨 인간사 116P

로 나누어 편의상 적절한 이름을 붙인 것이 곧 12궁이다.

따라서 이 12궁은 지구와 태양과 은하계의 별들의 상관관계에 의하여 결정된다고 할 수 있는 것이다.

ㄱ 묘한 것은 그 별자리의 모양에 붙인 이름이 바빌로니아, 이집트, 그리이스와 중국이 같거나 비슷하다는 점이다. 즉 중국의 12궁중에서 양의 표식은 바빌로니아의 12궁의 백양궁과 똑같다. 중국의 황소의 표식은 서유럽에서는 금우궁(金牛宮)이다. 중국의 말은 바빌로니아 이집트의 인마궁(人馬宮)이다.

더 기묘한 것은 동양과 중앙아메리카의 아스텍 문명이다. 아스텍 문명에서는 악어, 뱀, 토끼, 개, 원숭이의 날이 있다 .동양의 한국과 중국과 티베트의 달력에도 용, 뱀, 토끼, 개, 원숭이의 날이 있다. 고대 세계에 전혀 교류가 있어 보이지 않는 지역들간에 하나의 정보에 대해 이같은 공통 인식이 있었던 것이다.

인류의 역사와 함께 전세계적으로 사용해 온 12궁이라는 개념은 아이작 뉴우튼에 의하여 지구의 세차 운동기간은 25,920년이며 이 기간 동안 12궁의 별자리가 각각 2160년씩 할당된다는 것이 증명되었다. (2160×12=25,920)

12궁의 각 별자리에는 각기 전설과 신화 그리고 점성술이라는 신비주의로 두껍게 포장되어 있다. 그러나 그 전설과 신화와 점성술의 핵심에는 천문학이라는 과학이 숨어 있는 것이다. 그리고 인류가 오랜 세월 동안 관찰 함으로서 얻어낸 무시할 수 없는 중요한 경험적인 내용들이 숨어 있는 것이다.

제 1 절 지구의 세차운동 기간 **25920**년과 바둑판

ㄱ 우리가 처음은 아니다. A. 토마스 106 P

바둑판이 세계에서 가장 오래된 컴퓨터라는 것은 필자의 일관된
주장이다. 특히 바둑판에서 지구의 세차운동 기간 25,920년이 간단
명료하게 ·계산되어 나올 때 바둑판은 천문학에 있어서 대단히 유용
한 컴퓨터라는 점이 설명된다.

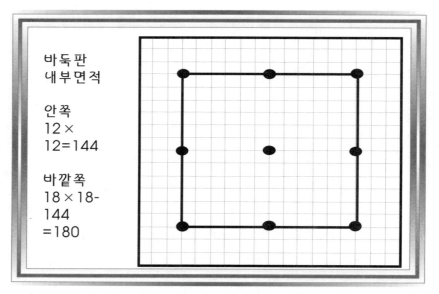

바둑판
내부면적

안쪽
12 ×
12=144

바깥쪽
18×18-
144
=180

바둑판의 원리는 단군조선 시작과 함께 건설한 강화도 마리산의
참성단에 그대로 응용되었다. 뿐만 아니라 단군조선에서 전해지는
대부분의 경전이 바둑판의 원리에 의해 설계되었다. 그리고 이 내용
은 우리나라 예언서의 중요한 바탕 원리가 되는 것이다.
    즉 바둑판에 대한 단군조선이래의 일련의 학문적 성과를 바탕으
로 해서 만들어진 예언이 다수 존재한다. 현재 전해지는 단군조선이
래의 경전과 예언서의 정보를 종합하여 전세계의 예언과 현대 과학
의 성과와 연결시켜 단순화하면 예언의 전체적인 윤곽을 쉽게 그려
낼 수 있다.

그리고 그 작업에서 얻어낸 잣대는 우리나라 예언서들의 가장 큰 설계원리를 알게해준다. 따라서 이 설계원리로 예언서의 저자들이 무엇을 어떻게 묘사했는지를 감상할 수 있게하는 도구를 모두가 공유할 수 있는 것이다.

그동안 이같은 도구를 극소수의 예언서 저자들이 전해주지 않고 세상을 떠났기 때문에 혹세무민하는 사람들이 혼란기에 창궐함으로서 당하는 손실은 역사이래 막대한 것이었다. 그러나 그 혹세무민하는 사람들도 모르기는 마찬가지였다. 말하자면 눈먼 소경이 눈먼 소경에게 예언을 설명하며 혹세무민 한것이 그동안 부지기수로 많았으며 그가운데 수많은 선의의 피해자가 나왔다는 것이다.

제 1 항 바둑판과 25920 년

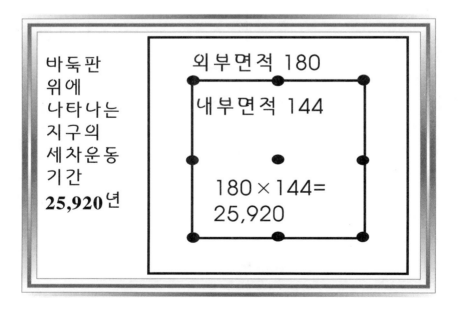

바둑판 위에 나타나는 지구의 세차운동 기간 25,920년

외부면적 180

내부면적 144

$180 \times 144 = 25,920$

바둑판의 내부는 9 개의 화점(花點)에 의하여 구분된다. 그 안은 가로 세로가 각각 12 로서 총 12×12= 144 의 면적이 구해진다. 바둑판은 총 넓이가 18×18=324 이다. 그 총넓이에서 내부 면적을 빼면 외부의 넓이가 구해진다. 즉 324 - 144=180 이되는 것이다.

여기서 내부 면적 144 와 외부 면적 180 을 곱하면 25,920 이라는 의미심장한 숫자가 구해진다. 바로 이 숫자가 아이작 뉴우튼이 계산

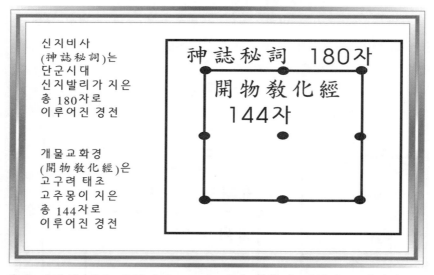

신지비사
(神誌秘詞)는
단군시대
신지발리가 지은
총 180자로
이루어진 경전

개물교화경
(開物敎化經)은
고구려 태조
고주몽이 지은
총 144자로
이루어진 경전

神誌秘詞　180자

開物敎化經
144자

해낸 지구의 세차 운동기간 25,920 년과 정확히 일치하는 것이다.

바둑판과 지구의 세차운동과의 관계는 단군조선과 고구려에서 제작한 경전 자체에 그 내용을 나타난다. 우리나라에서 만들어진 모든 예언서의 원본이라고 말할 수 있는 단군조선 제 6 세 단군 달문님의 재위시 신지(神誌) 벼슬에 있었던 발리(發理)님이 제작한 서효사ㄱ(誓效詞) 다시 말해 신지비사(神誌秘詞)에서 가장 잘 나타나 있

ㄱ 천부경의 예언론 제 1 천 154-238p 최 동환 도서출판 삼일

다. 신지비사는 총 180 개의 글자로서 제작되어 바둑판의 외부를 채우게끔 절묘한 설계 방법이 숨어 있다.

이 방법은 고구려에 그대로 전해져서 고구려의 시조 고 주몽 할아버지가 고구려를 세우면서 조칙 형태로 전한 개물교화경「(開物敎化經)에 그대로 다시 적용되었다. 이 경전은 총 144 개의 글자로 이루어져 신비비사가 공간으로 비워 둔 바둑판의 중앙 144 개의 공간을 글자로 채우게끔 구성되어 있다.

이 같은 방법은 단군조선의 건립시 왕검 할아버지께서 조칙 형태로 전한 단군팔조교ㄴ(檀君八條敎)역시 바둑판 위에 설계되었다는 사실에서 연유하며 그 후 3 세 단군 가륵 할아버지의 중일경ㄷ(中一經)역시 바둑판 위에 놓이도록 설계되어 있다.

또 역시 단군조선 창업시 세운 건축물인 마리산 참성단과 직접적으로 연관이 있다. 참성단의 구조 원리는 바둑판을 그대로 옮겨 놓은 것이기 때문이다. 이 부분은 또한 예언서의 골격을 이루는 중요한 내용임이 밝혀진다. 참성단에 담긴 이같은 원리는 우리나라 예언서에 폭넓게 사용되어있다. 이부분은 다시 단원을 나누어 구체적인 예언서의 예문과 함께 설명된다. 이같이 일직선상에 나열되는 연관성은 바둑판과 마리산 참성단과 여러 경전과 정감록, 격암유록등의

ㄱ 천부경 개정판 347-348p 최 동환 도서출판 삼일

　천부경의 예언론 제 1 권 154-238p 최 동환 삼일

ㄴ 천부경 개정판 340-342p 최 동환 도서출판 삼일

　천부경의 예언론 56-77p 최 동환 도서출판 삼일

ㄷ 삼일신고 182-231p　　　최 동환 하남출판사

　천부경 개정판 342-345p 최 동환 도서출판 삼일

60　　혼돈과
　　　　파천황

예언서들을 하나로 꿰뚫는 것으로서 본서의 주제인 예언을 설명하
는데 있어서 없어서는 안되는 중요한 도구인 것이다.

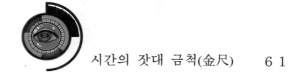

제 2 부 시간의 잣대 금척(金尺)

제 1 장 금척(金尺)의 유래

금척(金尺)이란 우리 배달민족 최대의 경전 천부경(天符經)에서 설명되는 우주삼라만상의 이치와 변화를 재는 잣대이다. 따라서 김시습ㄱ(金時習)은 금척(金尺)을 천부지수(天符之數)라 했다.

금척(金尺)은 우리나라의 각 왕조가 시작될때 왕권의 상징으로 사용되었다. 그리고 우리나라 뿐 아니라 바이블에 까지 이 개념이 등장하여 이 또한 동서 고대세계의 보편적인 지식이었음을 알게한다.

신라의 박혁거세ㄴ는 금척(金尺)의 이치에 따라 하늘과 땅이 시작된 처음의 근본(天地始原之本)의 이치에 근거(證理)하여 남태백(南太白) 즉 남한의 태백산에 천부소도(天符小都)를 세웠다고 한다. 여기서 기록상 처음으로 왕권의 상징으로 등장한다.

조선태조 이성계는 금척(金尺)을 꿈에서 받았다는 이른바 몽금척(夢金尺)을 유포해 이씨조선이 하늘로부터 천명을 받았다는 명분을 주장하는 일에 사용하였다.

ㄱ 부도지 박제상지음 김은수옮김 기린원.

　한역 부도지와 금척 최동환지음 도서출판 강천 175P

ㄴ 한역 박혁거세와 태백산 천부소도 329-331p 최 동환지음

　　　　　　　　　　도서출판 강천

여기서 금척(金尺)에 대한 신라인의 인식을 알게하는 내용이 다음과같이 부도지(符都誌)에 실려있다.

"신라의 왕이 황금으로된 자(金尺)을 하나 얻었는데 사람이 죽거나 병들거나 했을때 금척(金尺)으로 몸을 재면 죽은 사람은 살아나고 , 병든사람은 일어나므로 나라의 보배가 되었다."

이 내용에서 알 수 있는 것은 금척(金尺)이 우리나라 각 왕조에서는 왕권의 상징으로 사용되었고 민간에서는 마치 도깨비방망이처럼 원하는 것은 모두 이루어지는 신비로운 물건으로 알려졌다는 것이다.

또 바이블(BIBLE)의 요한계시록에서 하늘에서 내려오는 궁전의 칫수를 재는 도구로서 'THE GOLDEN MEASURING ROD ⌐ '라 하여 문자 그대로 금척(金尺)으로 번역되는 개념을 말하고있다. 이것은 천부경의 곤지책도(坤之策圖)를 말하는 것이며 동시에 역경(易經)과 수서율력지(隨書律歷志)등의 곤지책을 말하는 동서양 고대세계의 보편적인 정보임을 천부경개정판에서 설명했다. 그리고 이부분에서 바이블의 '666'의 개념도 설명되었다.

우리나라 예언서에서 말하는 칠십이재해인금척(七十二才海印金尺) 이란 바로 이같은 역사적 배경을 가진 금척(金尺)을 직접적으로 논하고 있어 우리나라 예언서가 갖는 깊은 이론적 배경을 말한다.

여기서 칠십이재해인금척(七十二才海印金尺)은 '432' 라는 동서양 고대세계의 보편적인 정보가 담긴 내용이다. 432 라는 숫자는 동서양의 고대 문명에서 공통적으로 다루어진 시간의 잣대이다. 이 잣대는 72×60 갑자=4320 년이라는 내용으로 곧 칠십이재해인금척(七十二

⌐ 천부경 개정판 건지책,곤지책 213P-227P 최동환 해설   삼일

才海印金尺)의 비밀이된다.

우리나라 예언서에는 이 숫자가 예언의 시작과 끝의 모든 부분의 골격을 이루고 있다.

이 부분에 대한 깊은 설명에 들어가기 전에 우선 칠십이재해인금 척(七十二才海印金尺)에 대한 대표적인 예언내용부터 살펴보자.

❈   격암유록 궁을도가(弓乙圖歌)   ❈

칠십이재해인금척 무궁조화천호만세
七十二才海印金尺 無窮造化天呼萬歲

해인금척(海印金尺) 즉 천부경의 일적십거도에서 출현하는 칠십이수에서 나오는 무궁한 조화여! 하늘을 향해 만세로다.

이 예언의 내용에는 칠십이재 해인금척(七十二才 海印金尺)이라는 문구가 직접 거론된다. 이 말은 60 갑자×72 =4320 년이라는 것이며 단군조선 이후 4320 년이라는 예언의 시간 단위를 설명한다.

그리고 그 시간의 단위가 끝나고 새로운 시작이 될 때 하늘을 향해 만세를 부를 만큼 무궁한 조화가 생겨난다는 것이다.

여기서 해인(海印)과 금척(金尺)은 동격으로 사용되었다. 해인(海印)이란 "우주의 일체를 깨닫아 아는 지혜"라는 불교적 용어이다. 과연 이 어휘는 천부경(天符經)을 의미하는 금척(金尺)을 설명하는 내용으로 충분하다.

금척(金尺)은 그 의미에 더하여 새로운 시대를 여는 주체세력의 정당성을 확보하는 상징으로서 우리나라의 각왕조의 태조들이 사용하였다. 그리고 72 라는 숫자는 단군조선이래 4320 년이라는 시간의 단위가 끝나고 새로운 시대가 시작됨을 말한다.

이 새로운 시대는 바이블의 요한 계시록에서 직역하면 금척(金尺)이 되는 말인 'THE GOLDEN MEASURING ROD' 가 말하는 새 시대 새땅을 상징하기도한다.

이 예언서의 저자는 이같은 복합적인 의미를 간단하게 '칠십이재해인금척'이라는 8 글자로 설명하되 조금도 부족함이 없다.

제 2 장   예언의 열쇠 432 의 비밀

우리나라 예언서의 골격이 되는 칠십이재해인금척(七十二才海印金尺)의 4320 년이라는 숫자가 동서양 고대인들의 정신세계에 차지하는 위치는 그야말로 막중하다.

이 숫자는 432 라는 암호로 고대의 동서양 신관들에 의해 실로 광범위하게 사용되어있다.

우선 이 432 라는 숫자는 태양과 은하계와 지구의 복합적인 운동을 설명하는 지구의 세차운동 주기 25,920 년과 불가분의 관계가 있다.

⌐ 고대 슈메르인의 도시였던 니파르와 싯파르의 신전 도서관에 보존된 나눗셈과 곱셈에 관한 표는 모두 지구의 세차운동주기 25,920 년을 둘로 나눈 값인 15,960 이라는 숫자를 기초로 이루어져 있다.

슈메르인이 고대한국인이 만든 태음력의 60 갑자와 같이 60 진법

⌐ 잃어버린 고대문명 알렉산더   고르보프스키 자작나무 154p

을 사용한 것은 유명한데 지구의 세차운동주기인 25,920 년을 이 60
으로 나누면 432 라는 의미심장한 암호가 나온다.

　이 숫자는 고대 세계에 대단히 널리 알려진 숫자이다. 예를 들면
인도의 최고 서사시 '마하바라타'에 우주의 주기가 432 만년이라고
말하는 데서 이 432 라는 암호가 인용된다.

　바빌론의 신관이자 역사가 벨롯수스는 대홍수 이전에 제왕의 통
치 기간을 43 만 2 천년간 지속되었다고 말하는 데도 역시 432 의 개
념이 등장한다.

　뿐만 아니라 아일랜드의 서사시에서 신과 악마와의 싸움에도 이
숫자가 사용되었다. 여기에는 540 개의 문이 있고 각각의 문에서
800 명의 전사가 나온다고 했다. 이 내용에서 540 개의 문 × 800 명
의 전사 =432,000 명의 전사가 나온다. 이 역시 432 의 인용이다.

　이 432 의 개념이 우리나라의 예언서에서 '칠십이재해인금척'이라
는 시간을 재는 잣대로서 폭 넓게 사용되고 있는 것이다. 우리나
라의 예언의 대다수는 432 라는 시간의 틀 안에서 모든 것이 설명된
다고 해도 과언이 아니다.

　결국 한국정신안에 세계의 정신이 있고 ,세계의 정신 중심에 한국
정신이 있다는 필자의 주장이 예언서에서도 확인이 되는 것이다.

　따라서 한국정신을 이해하려면 세계의 모든 정신을 이해해야하
고 ,세계의 모든 정신을 이해하려면 먼저 한국정신을 이해해야 하는
것이다.

　한국정신의 한 단면을 보여주는 우리의 예언서는 단지 지나족의
풍수지리로 포장이 되어 있을 뿐 그 내용을 보면 동서양의 고대
세계의 최고 지식인들이 다루어 오던 가장 비밀스러운 정보로 가득
차 있음을 알게 되는 것이다.

제 1 절　황극경세와 4320 년

이제 눈길을 가까운 동양으로 돌려서 432 가 사용된 예를 찾아보자. 중국대륙에는 지나족이라는 종족이 있으며 그들 종족이 중국대륙에 세운 몇개 안되는 나라중 '송(宋)'이라고 불리웠던 나라가있다.

그나라에 '소강절'이라는 학자가 있어 432 라는 예언암호에 접근한 바가 있었다.

그러나 이 지나족이라는 종족은 역사의 시작점이 애매모호한 종족이다. 따라서 아무리 훌륭한 예언법칙을 만들어도 그것을 적용할 시작점이 없다.

반면에 우리민족의 경우 약 9000 년 전의　한국, 약 6000 년 전의 배달국 그리고 4320 년 전의 단군조선이라는 분명한 기준점이있다.

또 그동안 한번도 단절되지 않은 역사와 학문의 전통을 가지고 있다. 이점이 우리 배달민족과 지나족이 근본적으로 다른점이다.

더구나 그들의 역사는 우리 배달민족의 분파민족들에 의해 끊임없이 정복되어 단절되어온 역사이다.

'송(宋)'이라 불리웠던 나라도 우리민족의 분파인 여진족이 세운 '금(金)'나라에게 그야말로 소나기 오는날 먼지가 폴폴나도록 정신없이 두들겨 맞아 만신창이 된 나라인 것이다.

중국(中國)이란 땅덩이의 개념이지 지나족이라는 민족의 개념이 결코 아닌 것이다. 중국에서 지나족이 세운 나라란 주, 한, 송, 명 나라 정도에 지나지 않는 것이다. 이같이 역사의 주체가 뒤죽박죽이 되어 있는 상황에서 예언의 주체가 정해질 리 없다.

역사적으로 그런 어려운 처지에 있으면서도 소강절과 같은 학자가 있어 432 라는 예언암호에 접근한 것은 분명 신기한 일이 아닐 수 없다..

　　소강절은 '원회운세(元會運世)'라는 이론을 발표하였다. 이 원회운
세설은 시간을 설명하는 이론으로는 나름대로 정밀한 이론이다. 그
리고 소 강절이후 이 이론은 동양삼국의 신흥종교들이 시간을 설명
하는 방법론으로 지금도 널리 사용되고 있다.

　　그러나 이 이론의 결정적인 결함은 시작점이 없다는 것이다. 따라
서　그의 이론에서는 어제와 오늘과 내일을 적용할 기준점이 없다.

　　이같은 이론은 현실적으로 아무런 효용가치가없는 지적유희에 지
나지 않는 것으로서 미래를 설명하는 잣대가 될수없는 것이다.

제 1 항 원회운세설(元會運世說)

元會運世說(원회운세설)

- 1원(一元) ＝　12회 (會) ＝ 129,600년
- 1회(一會) ＝　30운 (運) ＝ 10800년
- 1운(一運) ＝　12세 (世) ＝ 360년
- 1세(一世) ＝　30년 (年) ＝ 10800일
- 1 년(一年) ＝　12월 (月) ＝ 360일
- 1월(一月) ＝　30일 (日) ＝ 360시
- 1일(一日) ＝　12시 (時) ＝ 1440분
- 1시(一時) ＝　120분 (分)

　　소강절은 위와 같은 계산으로 우주의 대주기를 129,600 년으로 산

정했다. 여기서 나온 숫자는 지구의 세차운동 주기   25,920 년과 연관이 있다. 즉 25,920 을 2 로 나누면 12,960 이 되기 때문이다.

슈메르의 니파르와 싯파르의 신전 도서관에 보존된 나눗셈과 곱셈에 관한 표가 모두 12,960 이라는 숫자에 기초한다. 또 지구의 세차운동 주기가 5 번을 거치면 129,600 년이 된다. 고대 문명의 많은 신관들이 25,920 년이라는 비밀을 암호화하였듯이 소강절도 마찬가지로 나름대로의 방법을 사용하여 그 비밀의 핵심에 접근하였음을 알 수 있는 것이다.

제 2 항 황극경세와 **4320** 년

皇極經世說

2160년	1800년	1440년	1800년	720년	360년
건괘	태괘	대장괘	태괘	림괘	복괘

4320년	3960년	3600년	3240년	2880년	2520년
곤괘	박괘	관괘	부괘	돈괘	구괘

지구의 세차 주기 25920 년을 60 으로 나눈 수 432 는 소강절의 황극

경세에서 다시 그 모습을 드러낸다. 그가 사용한 황극경세도는 기본적으로 12 벽괘설을 응용한 것이다.

12 벽괘설은 1 년을 12 개월로 나누어 괘를 배치한 것이다. 그에 비해 황극경세설은 1 년이라는 단위를 4320 년이라는 단위로 나누었다. 그리고 12 벽괘설의 한 달을 각각 360 년이라는 단위로 나눈 것이다.

여기서 다시 4320 년이라는 의미심장한 숫자가 지나족의 송(宋)이라는 나라의 소강절에 의해 다시 거론된 것이다. 태양의 주기 25920 년을 6 으로 나누면 곧 4320 년이 된다. 소강절은 역경의 이론이라는 수단을 사용하여 태양의 주기라는 동서양 고대 문명의 공통적인 상식에 접근하는데 일단 성공하고 있음을 알 수 있는 것이다.

소강절은 고대 수학의 오래된 연장선상에 자신을 동참시킴으로서 뛰어난 고대 수학의 대가들의 지식을 활용할 수 있었다고 보여진다.

그러나 한번도 단절됨 없이 9000 년, 6000 년, 4320 년이라는 살아있는 역사와 학문적 전통을 가지고있는 배달민족의 정통후예인 우리민족의 경우는 굳이 이러한 잡다한 이론을 새로 만들지 않아도 된다. 우리는 천부경을 비롯한 여러 가지 자료에서 이 모든 이론을 근본적으로 포함하는 핵심 이론을 찾아낼 수 있다.

따라서 이 4320 년이라는 숫자는 지나족의 경우와 같이 백면서생이 책상위에서 만든 가상의 숫자가 아니라 우리민족에겐 끊임없이 흘러온 역사 그 자체인 것이다.

제 2 장　칠십이재 해인금척(七十二才海印金尺)

일적십거도가 설명하는 **6000**년 그리고 **4320**년

배달국이래 6000년　　　　단군조선이래 4320년

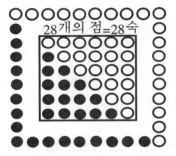

28개의 점=28숙

60갑자*100=6000년　　　60갑자*72=4320년
　　　　　　　　　　　　　(七十二才海印金尺)

제 1 절 칠십이재 해인금척(七十二才海印金尺)이 설명
　　　하는 시간 법칙

　칠십이재 해인금척(七十二才海印金尺)은 60 갑자×72=4320 년이라
는 시간의 단위를 설명한다. 따라서 이 계산법을 적용하려면 4320
년 이상의 역사를 가지고 한번도 중단된 바 없이 최소한 4320 년정
도의 지속된 역사를 가진 민족이라야 한다.

제 1 항　단군조선이후 **4320** 년이라는 역사의 의미

이러한 조건에 부합되는 민족은 지구상에서 오로지 우리 배달민
족뿐이다. 따라서 4320 년이라는 예언의 열쇠를 사용할 수 있는 민
족 또한 지구상에 오로지 우리민족만이 존재한다.　동서양 고대문명
에서 신관들이 사용했던 432 라는 숫자는 바로 천손민족(天孫民族)인
우리 배달민족을 위한 숫자인 것이다.

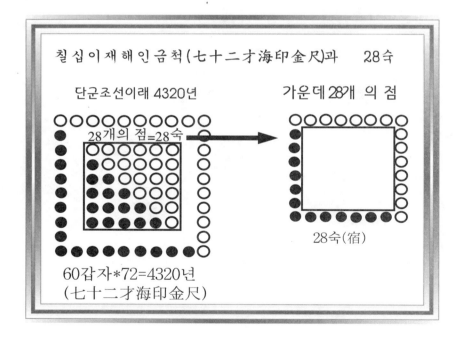

우리 민족은 세가지의 분명한 시작점이 있다. 하나는 한국이래 약
9000 년이며, 둘은 배달국이래 6000 년이며, 셋은 단군조선이래 4320
년이다. 이 셋 중에서 배달국과 단군조선은 분명한 기록과 분명한

역사가 기록되어 있다. 다만 한국의 경우 상대적으로 자료가 적어 시간의 법칙을 적용하기에 어려움이 있다.

따라서 우리에게는 적어도 시간을 재는 두개의 확실한 잣대가 있는 것이다. 이 같은 잣대를 가진 민족은 우리 민족이 세계에서도 유일무이하다. 1996 년 기준으로 5893 년 과 4329 년 동안 역사가 단절되지 않은 단일민족이라는 조건을 갖춘 민족이 지구상에는 없기 때문이다.

지나족의 소 강절은   4320 이라는 숫자의 비밀에 천신만고 끝에 접근하고도 아무런 효용성도 부여하지 못하였다. 그는 천손민족(天孫民族)인 우리 배달민족을 위해 존재하는 시간의 비밀에 자신이 지나족으로 태어났다는 어려운 처지도 생각 못한 채 불경스럽게 접근

한 것에 지나지 않았던 것이다.

천부경의 예언론 제 1 편에서는 일적십거도에서 설명되는 6000 년 이라는 시간 단위로 인류역사 6000 년설「 을 설명했다. 이 계산법은 배달국의 출발이래 6000 년을 하나의 시간 단위로 보는 것으로서 우 리의 역사와 배달국과 단군조선의 한웅과 단군의 숫자등이 일년의 오차도 없이 설명되는 그야말로 기적적인 시간의 잣대였다.

본서에서는 천부경의 일적십거도에서 설명되는 또 하나의 기적적 인 시간 단위인 4320 년으로 보다 배달민족의 미래를 세밀하게 나누 어 설명하게 되는 것이다.

4320 년은 일적십거도의 100 개의 흑백점중 72 개의 흑백점이 60 갑자와 곱해지면서 유도된다. 나머지 28 개의 흑백점은 28 숙으로서 그 순환을 설명한다. 우리나라의 모든 예언은 바로 이 계산법에 근 거를 하고 있음으로 해서 동서 고대 세계의 공통된 정보와 하나가 된다.

우리나라의 예언서들의 굳게 잠긴 문을 여는데 없어서는 안될 가 장 중요한 열쇠가 바로 이 칠십이재 해인금척(七十二才海印金尺)의 비밀을 근거로 만들어져 있다. 따라서 이 부분을 알면 우리나라의 모든 예언에서의 핵심에 접근할 수 있게 되는 것이다.

따라서 동서양의 수많은 예언자들이 예언에 관한 법칙을 만들었 어도 막상 사용하려 할 때 부딪치는 문제가 그 계산법을 적용할 시 작점이 없다는 사실이다. 따라서 이러한 계산법들은 단지 지적 유희 에 지나지 않는다. 이 같은 방법으로는 시간에 대한 법칙을 절대로 설명할 수 없는 것이다.

「 천부경의 예언론 제 1 권 249-263p 최 동환 도서출판 삼일

4320 년이라는 시간을 재는 단위는 단군조선의 출발에서부터 서기 1987 년까지이다. 명백한 시작점과 명백한 끝점이 설정되는 것이다.

제 2 항   수승화강(水昇火降)과 백두산(白頭山)

한국과 배달국과 단군조선의 발상지를 그린 지도를 놓고 그냥 지나갈 수 없는 예언이 있다. '수승화강(水昇火降)'이라는 난해한 예언 구절이다. 본론의 체계적인 전개에서 다소 벗어 나가지만 이 부분 또한 역사와 예언서를 전체적으로 이해하는데 빼서는 안될 중요한 부분이므로 짚고 넘어가기로 하자.

수승화강(水昇火降)이라는 예언서의 문구는 말하는 사람의 숫자만큼 해석이 구구한 문제의 구절이지만 우리의 근본을 알면 간단히 풀리는 문제이다.

우리 민족의 삼대 발상지인 천산, 태백산, 백두산은 뚜렷한 공통점이 있다. 이 산들의 정상에 천지(天池)가 있다는 것이다.

지구의 지각 밑바닥에는 항상 마그마(magma)라는 바위가 녹은 불덩어리가 끊고 있다. 특히 산의 정상에 호수가 있다면 그건 대체로 과거에 화산작용을 일으켰던 분화구(噴火口)이다. 그 분화구가 시간이 지나면 빗물이 고여 산상 호수(山上湖水)가 되는 것이며 그것이 백두산 천지이다.

자연상태에서 물은 언제나 위에서 아래로 내려가려한다. 반대로 불은 언제나 아래에서 위로 올라가려한다. 그러나 이 세 개의 산은 꼭대기에는 호수가 있어서 위는 물(水)이다. 그리고 산의 바닥 밑에는 뜨거운 마그마가 있으니 아래는 불(火)이다.

이 같은 세 개의 산이 지닌 특징을 문자로 바꾸면 수승화강(水昇火降)이라는 예언서의 문구가된다. 즉 물은 높은 곳에 올라가고 불은 낮은 곳으로 내려간다는 것이다. 이 예언 문구는 우리 민족의 성산(聖山) 셋을 상징하여 표현하고 있음을 알 수 있다.

이 세 개의 성산(聖山)의 형상은 또한 인간에게 가장 이상적인 모습의 형상이다. 인체를 놓고 볼 때 머리가 차갑고, 하체가 따뜻한 상태가 가장 이상적이다. 이는 나라도 마찬가지이다. 나라의 머리를 이루는 사람들은 천지(天池)의 물처럼 항상 잔잔하며 냉철하고, 나라의 몸을 이루는 사람들은 백두산처럼 장엄하고 늘 따뜻한 상태라면 태평성대라 할 수 있다.

이것이 우리 민족의 성산(聖山) 셋이 성산(聖山)인 이유 중의 하나이며 동시에 예언서에서 그 형상을 문자화하여 수승화강(水昇火降)이라고 한 이유인 것이다.

❂   동차결 (東車訣)   ❂

이재석정   利在石井

석정(石井)은 백두산 천지가 기암괴석으로 둘러싸여져 있는 모습을 설명한 말이다. 석정(石井)이 이롭다는 말은 다시 말해 우리 민족이 처음 출발 할 때의 이상이 이롭다는 말과 같다. 이는 곧 재세이화, 홍익인간ㄱ 이다.

❂   격암유록 말중운   ❂

다송진경렴불하며 수승화강알아보소 무소불통수승화강

ㄱ 천부경 개정판 재세이화,홍익인간 **164-165p** 최 동환 해설 삼일

多誦眞經念佛	水昇火降	無所不通水昇火降
병흉질에다 통하니	석정외를 모르므로	령천수를 불심이요
病凶疾	石井嵬	靈泉水 不尋

진경(眞經):
격암유록 송가전에서 천부경(天符經)을 진경(眞經)이라 했다.
외(嵬):높고 험한 모양

　천부경(天符經)을 열심히 외워서 수승화강을 알아 보시요. 통하지 않는 곳이 없는 수승화강으로 병흉질에 다 통하니 높고 험한 산 꼭대기에 바위로 둘러싸여 있는 우물을 모르니 영험스러운 근원(물)을 찾지 못한다.

　이 예언에서는 천지(天池)가 위치한 모양을 높고 가파른 산꼭대기에 바위로 둘러싸여진 우물이라는 말로서 석정외(石井嵬)라 했다.
　그리고 천지(天池)의 물을 영천수(靈泉水)라고 표현했다. 또 천부경(天符經)을 열심히 외우는 사람만이 수승화강(水昇火降)을 알게 되며 백두산 천지를 알게 된다 했다.
　여기서 예언서의 저자는 천부경(天符經)과 천지(天池)를 연결하여 설명하고 있다. 생각해보면 천부경(天符經)과 천지(天池)는 둘이 아니라 하나이다.
　천부경(天符經)은 천산(天山)을 중심으로 자리했던 우리 민족 최초의 국가 한국(桓國)에서부터 전해졌다. 그리고 태백산(太白山)밑에 자리했던 배달국을 거쳐 백두산(白頭山)밑에 자리했던 단군조선을 거쳐 지금까지 전해진다.

따라서 천부경(天符經)은 천산, 태백산, 백두산과는 불가분의 관계가 있는 경전이다.　천부경을 공부하는 사람이 천산,태백산,백두산을 알지 못한다는 것은 낫놓고 기역자를 모르는 것과 같다.

한편 후기 산업사회의 치열한 경쟁 속에 살아가는 사람들은 감정을 억제하지 못하는 경우가 많다. 어느 TV 코메디에서 이러한 상황을 비유하여 "뚜껑이 열린다 !."라고 표현하는 것을 보았다. 이는 인간의 머리를 화산의 분화구로 표현한 것으로서 백두산 천지의 모습이 의미하는 안정된 상황과 정반대의 현상이다.

예언은 인간이 극도의 혼돈 상태에 있을 때 천부경(天符經)을 차분하게 외우면(誦經) 마치 백두산 천지와 같이 마음의 불(火)은 배꼽 밑의 단전(丹田)으로 내려가고 , 머리(腦)는 마치 백두산 천지(天池)처럼 차갑고 잔잔한 상태가 된다는 것을 말하고 있는 것이다.

인간의 건강에서 머리(腦)가 차갑고 단전(丹田)이 따뜻할 때 가장 이상적인 상태로 말해진다. 이러한 상태에 계속 머물러 있을 수 있다면 명석한 판단력과 강인한 체력을 소유하게 되니 병흉질의 접근을 원천적으로 막을 수 있다는 것이다.

그리고 그것에 더하여 우주의 중심과 나의 중심이 합일(合一)하며 생기는 생명의 에너지를 가질 수 있다는 것이다.

예언서에서 말하기를 "수승화강(水昇火降)을 모르면 수도자(修道者)가 아니다."라고 단적으로 말한다. 이 말은 수승화강(水昇火降)을 아는 사람은 백두산을 알고, 백두산을 아는 사람은 천부경(天符經)을 아니 스스로의 근본을 알고있는 상태이다. 그리고 머리는 차겁고 몸은 따뜻한 상태이니 이는 수도(修道)가 무엇인지 아는 사람이다. 그러나 이를 모른다면 어찌 수도자라 하겠는가 라는 것이다.

또 천부경은 유불선 삼교를 비롯한 만교(萬敎)를 포함하는 철학이라 했으니 천부경(天符經)의 원리는 이 세상 어느 곳이든 통하지 않

는 곳이 없다는 것이다. 그것이 바로 재세이화(在世理化),홍익인간
(弘益人間)인 것이다.

제 2 절　칠십이재 해인금척(七十二才海印金尺)과 시간

칠십이재 해인금척과 시간

■ 천부경의 일적십거수 100-28 ＝ 72

■ 72 × 60갑자 ＝ 4320 년

■ 단군조선의 설립연도 B.C 2333년.무진년

■ 단군조선설립이후 72× 60갑 자 4320 년 이 끝나는 해 ＝
4320년 - 2333년 ＝ 서기 1987년

■ 1988 년 무진년이 새로운 주기의 시작

제 1 항　4320 년과 참성단 그리고 바둑판

　강화도의 마리산 참성단은 단군조선 창업과 함께 왕검할아버지의
명으로 훗날 2 세단군이되는 부루할아버지에 의해 지어졌다. 따라서
마리산 참성단은 1988 년이 되면서 72 갑자 4320 년이 된다.

　바로 이 건축물이 또한 누구나 눈으로 확인할수있는 '칠십이재해

인금척(七十二才海印金尺)인 것이다.

그리고 참성단은 그 구조 자체에서 바둑판을 이루는 숫자와 같다.

바둑판⌐은 바깥쪽 가로를 이루는 19개의 점과　안쪽을 이루는 13개의 점으로 구성된다.

마찬가지로 참성단은 앞면의 석축이 13층의 돌이 쌓여 만들어졌다. 또 측면과 뒷면과 계단은 19개의 돌이 쌓여 만들어져있다.

마리산 참성단과 바둑 그리고 4320년

마리산의 전설에는 나뭇꾼이나 무하러 산에 올랐다가 바둑두는 노인들을 만나 구경하다 돌아오니 300년이 지났다는 전설이 전해져 내려온다.

또 민간에 전해지는 전설로　나뭇꾼이 산에 나무하러 갔다가 자료 그림⌐과 같이 신선들이 바둑을 두는 것을 구경하다 집에오니

⌐ 한역 '참성단' 28-39p 최 동환 지음 도서출판 삼일

⌐ 마리산 ' 자료사진' 한뿌리 출판사

수백년이 흘렀다는 전설의 본고장이 바로 마리산이다. 소위 '신선놀음에 도끼자루 썩는지 몰랐다' 는 전설이 그것이다. 이 전설에도 '마리산과 바둑과 시간' 이라는 삼요소가 응용되어있는 것을 확인할 수 있다. 동서양의 여러 신화와 전설, 경전등에 등장하는 432 라는 숫자가 가장 구체적으로 그 모습을 드러내는 자료가 바로 참성단과 바둑이며 이 두개의 상징물을 만들어낸 단군조선의 시작 시간이다.

바로 이 부분에서 시간을 재는 단위인 칠십이재 해인금척(七十二才海印金尺)의 4320 년이 분명히 설명되는 것이다.

마리산 참성단의 구조

참성단의 정면 앞부분은 돌이
13개가 쌓여있다.

참성단의 옆면과 뒷면은
19개의 돌이 쌓여있다.

이같은 참성단의 구조는
바둑판의 안쪽 13개의 점과
바깥쪽 19개의 점과 같다.

이 4320 년과 마리산 참성단에 대한 예언은 우리나라의 거의 모든 예언서의 가장 근본적인 원리로 응용되어있다. 단군조선은 동북아의 대표적인 대륙세력이다. 그럼에도 불구하고 단군조선의 시작과 함께 한반도의 중앙에 위치한 마리산에 참성단을 지은 것은 무슨 이유인가. 여기에 천부경(天符經)의 "시작에서 끝을 제거하고, 끝에서 시작을 제거한다."는 기본원리를 찾을수있다. 그 시작과 끝은 4320 년이라는 시간의 단위로 설계된 것이다. 또 참성단은 한반도의 중앙인 한강, 임진강, 예성강이 만나는 한반도의 심장부에 서있다.

또 한반도는 해양세력과 대륙세력이 만나는 핵심지역이다. 단군조선이후 4320 년후인 1988 년은 유럽과 미국,일본등의 해양세력의 활력이 한반도로 넘어오는 시점이다.

그리고 그 활력은 한반도를 거쳐 다시 중국대륙과 중앙아시아 . 시베리아등으로 넘어가게 되며 그 역할을 우리 배달민족이 맡는다는 것이다.

마리산 참성단의 장소와 4320 년이라는 시간의 단위는 거대한 인류 역사의 대변혁을 말하고 있다.

이제 우리나라 예언들 중에서 마리산과 단군조선과 시간을 주제로한 예언을 몇가지 알아보자. 이로서 참성단과 바둑판과 4320 년이라는시간은 예언서안으로 들어와 하나가되며 결국 천부경(天符經)의 원리의 큰 틀을 설명한다.

제 2 항   **4320** 년과 참성단 그리고 바둑판이 하나되는 예언들

니도질주기번 서조시열선
尼島迭主碁䤴　西兆始列煽

니도(尼島):

　참성단이 있는 강화도 마리산(摩尼山) . 지금은 강화도와 붙었지만 일제 때 이루어진 간척사업 이전에는 화도, 고가도(古加島)등으로 불린 곳. 고가도(古加島)의 고가(古加)는 과거의 간 ,칸, 한으로서 옛날의 위대한 황제라는 의미이다. 이는 단군조선을 창업하고 참성단을 세운 단군왕검 할아버지를 모시는 신단이 있는 산이라는 별칭이다.

　강화도 마리산의 참성단이 바둑판의 주인 다시 말해 세상의 지도자를 바꾸니, 서쪽에서 그 조짐이 시작되어 여기저기서 모깃불을 피우듯 한다.

　마리산의 참성단이 세상의 지도자를 바꾼다는 말은 4320 년이라는 시간의 주기가 끝나고 새로운 주기가 도래한다는 것에서 기초한 말이다. 바둑판은 곧 천하(天下)를 상징한다. 천하(天下)의 진정한 주인이 천하의 판도를 새롭게 정한다는 것이다. 해양세력의 주도권을 대륙세력에게 넘기며 그 주체가 우리민족이 된다는 것이다.

　그 조짐이 서쪽에서 시작한다 했으니 이는 해양세력의 대표인 서양이다. 또 국내적으로는 장씨의 난리를 말한다 (신삼국설참조) .

　여기서 한가지 짚고 넘어가야 할 문제가 있다. 그것은 참성단이 있는 고가도(古加島)가 강화도와 붙어 버렸다는 것이다. 이는 일본제국주의자들이 간척사업이라는 미명하에 저지른 만행이다.

그들이 우리나라 방방곡곡의 명산을 다니며 혈에 쇠막대기로 박는 짓을 했음이 밝혀졌지만 정작 참성단이 있는 고가도(古加島)를 강화도에 붙여 버린 일은 세인의 관심에서 벗어나 있다.

과거 고가도(古加島)의 마리산 정상에 있던 참성단에는 우물이 있어 단군조선이래 그 물이 마른 적이 없었다.   서해바다의 한가운데 떠있는 섬인 고가도의 산꼭대기에 참성단이있고 그 참성단에는 우물이 있어 맑은 감로수가 솟아 올랐던 것이다.

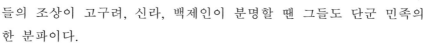

그러나 이 섬을 강화도와 붙여 버린 이후에는 물이 말라 지금은 빈 우물터만 있다.   혹 사람들의 전하는 말로는 어느 여자가 우물에서 더러운 빨래를 빨아 부정을 타서 우물이 말랐다고 말한다. 그러나 어찌 그런 일로 태고적부터 있어 온 우물이 마르겠는가 ? 이는 간척사업으로   고가도(古加島)가 강화도에 붙어버리면서 수맥(水脈)에 변화가 생겼기 때문일 것이다.

소위 일본인들의 풍수침략중 중 으뜸이 가는 못된 짓이 바로 참성단이 있는 고가도(古加島)를 강화도에 붙여 버린 일일 것이다. 그들의 조상이 고구려, 신라, 백제인이 분명할 땐 그들도 단군 민족의 한 분파이다.

아무리 무식하여 자신의 근본을 모른다 해도 자신의 근본이되는 성지(聖地)를 파괴했다면 지나치게 심각한 무식이 아닐 수 없다.

그러나 이는 배달민족의 종손(宗孫)인 우리가 주변 지파민족들에게 그들의 근본을 제대로 가르치지 못한지 이미 1500 년이나 되고 있으니 우리 스스로의 태만과 무능을 탓해야지 그들의 무식을 탓할 처지도 못되는 것이라고 생각한다.

❂   오백론사 (五白論史)   ❂

> 조주기번국 조시열선문 영조과도자 석일석공훈
> 造主碁飜局 兆始列煽蚊 令朝跨刀者 昔日碩功勳

  하나님이 바둑판을 뒤엎어 버리니, 그 조짐의 시작이 모깃불을 피우는 듯하다. 오늘 칼을 빼어들고 있는 사람은 옛날에 공훈이 있는 분이다.

  여기서 말하는 조물주는 삼일신고의 하나님ㄱ (一神)을 말한다. 하나님이 4320년이라는 주기가 끝나고 새로운 주기가 시작되는 시점에 새롭게 천하의 판도를 짜신다는 것이다.

  그리고 그 일을 위한 명을 받고 칼을 빼어들고 있는 분이 과거에 공훈이 있는 분이라 했다. 이는 과거의 위대한 황제인 고가(古加)를 칭하는 말로 참성단이 있는 섬의 옛날 이름 고가도(古加島)에서 유래된 말이다. 여기서의 고가(古加)는 참성단의 주인인 4320년 전의 위대한 황제 단군왕검을 칭하는 말이다.

❂   삼도봉시(三道峯詩)   ❂

> 일착기번나정일 삼분정비필천삼

ㄱ 삼일신고 40-48p 일신(一神)   최 동환   하남출판사

―着碁黷那定― 三分鼎沸必遷三

한번 둔 바둑을 뒤엎어 버리니 하나로 정해진다. 셋으로 나눈 솥이 끓어 오르니 반드시 셋으로 옮기게 된다.

지금까지 두어 온 바둑판 다시 말해 72 갑자 4320 년간 지속되어 온 천하(天下)를 뒤집어 버리고 천하(天下)의 판을 다시 짜니 반드시 셋으로 나뉘어 다시 하나가 된다는 것이다. (신삼국설 참조)

우리나라의 예언서에서 가장 큰 핵심이 바로 4320 년이라는 시간의 단위가 끝나고 새로운 주기에 접어드는 때임을 잘 함축하여 설명하는 예문이다.

❁ 운기구책(運奇龜策) ❁

> 장군어극 단군부성지화 가견갑오지간
> 長君御極 檀君符聖之化 可見甲午之間

장군(長君) :

성년이 된 임금 또는 나이 많은 공자. 이 말은 4320 년이라는 시간을 성숙한 임금이 되는 조건으로 설정했다.

4320 년의 장구한 세월의 풍상을 겪은 임금이 등극하니 그분은 단군(檀君)으로서 단군 천부경(天符經)의 성스러운 교화를 갑오년간에 볼 수 있다.

우리나라 예언서에서 가장 직접적인 내용을 운기구책에서 말하고 있다. 이 예언서는 직접적으로 단군(檀君)이라는 어휘를 사용함으로서 이와 유사한 모든 예언 내용의 주체가 누구인지를 명확히 하고 있다. 또 단군(檀君)과 장군어극(長君御極)이라는 말을 동격으로 사용했다. 이는 단군께서 4320년이라는 오랜세월후 다시금 등극한다는 말로서 소위 정도령이 누구인지를 명확히 하고 있다.

정도령의 정(鄭)은 尊+邑으로서 존(尊)은 우러러 볼 임금이라는 뜨이며 읍(邑)은 그 우러러볼 만한 임금의 나라라고 볼수있는 것이다. 따라서 존(尊)은 곧 단군이며 음(邑)은 4320년만에 돌아온 단군께서 세우는 새로운 나라라는 의미로 볼 수 있는 것이다.

또 '단군부성지화(檀君符聖之化)' 라는 직접적인 어휘도 사용했다. 이는 곧 단군께서 전해 주신 천부경(天符經)의 성스러운 교화라는 의미이다. 이는 금척(金尺)에 대한 직접적이고 확실한 표현이다.

단군(檀君)과 천부경(天符經)이라는 중요한 개념이 명확히 정리되고 있는 것이다. 다른 예언서인 격암유록에 말하는 '천부경은 진경야(天符經은 眞經也)'라는 구절과 직접 연결되는 내용이기도 하다.

또 갑오년에 단군의 성스러운 교화를 볼 수 있다는 것은 다른 예언서에서도 대서특필 되고 있다. 이 내용은 칠십이재해인금척의 4320년이라는 시간의 단위에서 유도되는 진사삼변론에서 다시 설명되는 내용이다.

그리고 갑오하곡시(甲午夏穀時)라는 예언서에서 아예 단군의 성스러운 교화를 볼 수 있다는 갑오년을 제목으로 삼고 있다.

❂ 갑오하곡시(甲午夏穀時)의 전체내용 ❂

| 원이창생청아사 | 공연의구욕하지 | 심심벽지비선계 | 처처명산역세지 |
| 願爾蒼生聽我辭 | 空然疑懼欲何之 | 深深僻地非仙界 | 處處名山亦世知 |

사병기하상수토　생방무내유한기　재군일청동서사　거자황황작란이
死病其何傷水土　生方無奈有寒饑　在軍日聽東西事　渠自惶惶作亂離

이본무의의아옥　기역의아천착하　오지이본무소기　이경아옥이무가
爾本無依依我屋　旣亦依我穿鑿何　吾知爾本無所技　爾傾我屋爾無家

"　원하건대 너희 창생들은 나의 말을 들어라
　쓸데없이 의심하거나 두려워하지 말아라.
　깊고 깊은 벽지가 신선들이 사는 세계가 아니다.
　우리나라 곳곳이 명산임을 세상 사람들이
　다 알고 있지 않느냐
　죽거나 병 드는 것이 어찌 물과 흙을 상하게 하며
　이를 피하려 한다 해도 춥고 배고픔이 없겠는가 ?

　동서양의 병란을 듣고 어찌 황망하게 난리를 꾸미는가 ?
　너희가 본래 의지할 데가 없어서 나의 집에 의지하여
　이미 나에게 의탁했거늘 달리 또 찾으려 하는가 ?
　나는 이미 너희들이 별다른 재주가 없는 것을
　잘 알고 있다.
　내가 내 집을 기우려 버리면 너희는
　집이 없게 되느니라 ."

이 예언은 난세를 만나 쓸데없이 동요하지 말라는 말이다. 또 우리나라가 난세를 만나는 것은 대체로 우리나라를 둘러싼 주변 정세와 관련이 깊다는 것도 말하고 있다.

그리고 무엇보다 이 예언은 이 강산의 주인의 이름이 아니면 하지 못할 내용으로 이루어져 있다. 또 갈 데가 없어 주인의 집에 들어와 살고 있는 사람들이 별다른 재주가 없다는 것을 잘 알고 있다고 말한다. 별다른 재주가 없는 사람들이 별다른 재주가 있는 것처럼 행동할 때 주인은 그들을 내쫓는다는 당연한 말을 하고 있다.

이 예언서에서 말하는 이 강산의 주인은 예언서 전체의 흐름을 볼 때 단군임에 틀림 없다.

생각해보면 우리나라에 들어온 외래 세력들의 고질적인 병폐는 대체로 단군을 부정하는 작태로 나타나는 공통점이 있다. 그 중 일본은 가장 심하게 단군을 부정했다. 일제시대 이전에는 단군신화라는 말조차 없었다. 그 말도 그들이 만든 것이다.

서양에서는 이상적인 나라를 1000년 왕국이라는 말로 대신한다. 그런데 단군조선은 무려 2000년 이상을 47명의 단군이 다스렸던 세계사에서도 불가사의한 나라이다. 또 배달국은 1500년 이상이며, 한국은 3301년이다. 이러한 즉 사실상 세계의 모든 민족중 우리민족의 사상에 영향받지 않은 민족은 없다해도 과언이 아닐것이다.

우리 민족이 만든 나라는 아무리 짧아도 500년 역사가 보통이다. 지나족은 300년 가는 나라를 만든 적이 없다.

이 같은 나라를 만들고 다스려 온 민족을 정신적으로 무력화하여 외래 정신으로 대치하려면 그 정신적 중심인 단군을 부정하지 않고서는 불가능하다. 하지만 이같이 하나의 민족이 오랜 세월을 하나의 나라로 존속하는 것은 분명한 이유가 있기 때문이지 우연히 그렇게 된 것은 결코 아니다. 그 깊고 깊은 이유를 꿈에도 알지 못하는 손님이 주인 행세를 하려 든다면 주인은 그를 내쫓을 수 밖에 없다는 것이다.

제 2 항 칠십이재 해인금척(七十二才 海印金尺)
을 설명하는 예언

이제 단군조선이래 4320 년이라는 시간의 단위를 설명하는 직접적인 예언들을 살펴보자. 이 단원의 이해는 예언서 전체를 이해하는 출발점이 된다.

❂   격암유록 농궁가(弄弓歌)   ❂

> 사인불인금구조 견이부지목토인
> 似人不人金鳩鳥 見以不知木兎人
>
> 칠십이기조화리 지상선국조선화 천년대운계룡국 사시불변영춘세
> 七十二氣造化理 地上仙國朝鮮化 千年大運鷄龍國 四時不變永春世
>
> 개벽이래초봉운 삼팔목운시황출 개과천선증수운 세인부지한심사
> 開闢以來初逢運 三八木運始皇出 改過遷善增壽運 世人不知寒心事

목토인(木兎人): 해를 선천 달을 후천으로 상징할 때 ,후천의 주인을 달 속의 계수나무와 토끼로 상징.

금(金)의 해에 출발했던 장소로 돌아오는 비둘기는 인간과 같지만 인간이 아니며 사람들이 눈앞에서 보면서도 알지 못하는 후천 세상을 여는 구세주로서 선천 세상을 여신 분이시다.

칠십이기의 조화 이치는 조선이 지상 선국이 되는 이치로서 사시 불변하여 영원히 봄날인 천년 대운의 계룡국이 이루어지는 비밀을 설명하니 이는 천지개벽이래 처음 맞는 운으로서 재세이화, 홍익인간을 전한 시조황제(始祖皇帝)께서 돌아오는 때이다.

　이때를 맞아 모두가 착한 마음으로 돌아오면 오래도록 삶을 누릴 수 있는 운이 곧 돌아오건만 세상 사람들이 때를 당하여서도 이를 모르니 한심한 것이다.

[금구조(金鳩鳥)]

　구조(鳩鳥)는 비둘기이다. 비둘기의 특징은 귀소성이다. 즉 비둘기는 집에서 아무리 먼 곳에 갖다 놓아도 정확하게 집을 찾아 되돌아오는 오는 특성이 있다.

　이 내용은 예언의 기본적인 틀을 설명하고 있다. 즉 씨앗이 열매가 되어 돌아온다는 내용이다. 이른바 천부경의 무한한 근본인 무진본(無盡本)이 움직이지 않는 근본인 부동본(不動本)이 된다는 내용과 같다. 또한 역경의 복(復) 괘에서 설명하는 일양래복(一陽來復)이다.

　이는 모두 문명을 처음으로 열었던 삼태극(三太極)으로 상징되는 존재가 문명의 끝에 다시 삼태극(三太極)으로 되 돌아온다는 동서고금의 모든 예언의 골격을 설명하고 있다.

단군(檀君)을 장군(長君)으로 표현해 4320년의 풍상을 겪고 돌아 오는 임금으로 표현한 예언과 그 내용을 같이하는 예언이 금구조(金 鳩鳥)인 것이다.

　그리고 비둘기이되 그냥 비둘기가 아니라 금구조(金鳩鳥)라고 설 명하고 있는 이유는 무엇인가?

　이는 금(金)의 해에 돌아오는 삼태극(三太極)으로 상징되는 존재를 말하고 있다. 이 문제는 진사삼변론(辰巳三變論)에서 체계적으로 다 루어진다.

❂　격암유록 양백론　❂

본문지중칠십이도 자세궁구하여보소 선후천지량백리를
本文之中七十二圖 仔細窮救하여보소 先后天之兩白理을

예언서의 본문 중에 칠십이도를 자세히 살펴보라. 그 칠십이도 는 선후천의 양백리가 설명되는 그림이다.

[　양백리(兩白理)　]

　양백리(兩白理)는 우리나라 예언서의 대부분이 다루고있는 주제이 다. 그리고 이부분은 천부경(天符經)의 원리가 아니고는 접근조차 할 수 없는 내용이다. 천부경의 일적십거도(一積十鉅圖)는 다음의 그림 과같이 흑점 45와 백점 55로 구성된다. 여기서 흑점 45는 소백(小 白),백점 55는 태백(太白)이다. 여기서 소백(小白)과 태백(太白)을 합 하여 양백(兩白)이라한다. 또 흑점 45를 음(陰),백점 55를 양(陽)이라하며 흑점 45 를 상극오행(相剋五行)인 낙서수(구서수), 백점 55 를 상생오행(相生五行)인 하도수(용도수)라한다. 이는 음양오행의 근본 원리인 것이다.

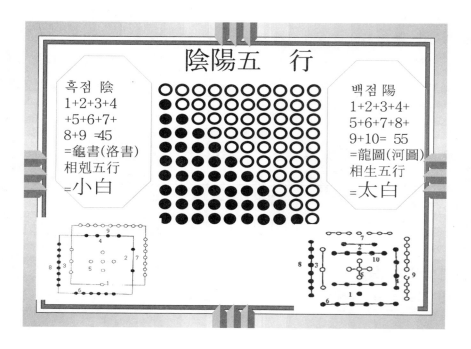

[태극과 64 괘]

태백과 소백으로 이루어진 천부경의 일적십거도(一積十鉅圖)의 100 수의 중앙에 무(無)를 둘러싼 궤짝 36 이 들어서면 외부에 64 가 생겨난다. 여기서 36 은 곧 태극(太極)이며 개천을 상징한다. 64 는 곧 역경(易經)의 64 괘이며 한단고기에서 말하는 배달민족이 출발할때의 64 민(民)이다.

또 역경의 상경 3-괘와 하경 34 괘의 원리가 자동적으로 나타난다.

뿐만아니라 배달경전의 여러 경전원리가 이 그림에서 한번에 설명
된다.

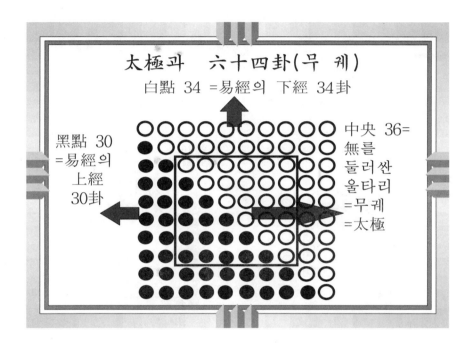

太極과　六十四卦(무 궤)

白點 34 =易經의 下經 34卦

黑點 30
=易經의
上經
30卦

中央 36=
無를
둘러싼
울타리
=무 궤
=太極

[72 재와 28 숙(宿)]

천부경의 일적십거수 100 을 다시 살펴보면 중앙 36 을 둘러싸고 있
는 첫번째의 둘레는 28 개로 이루어져 있음을 알 수 있다. 대우주에
일적십거도를 적용시켜 볼 때 중앙 36 궁은 삼한(三桓)으로서 우주의
중심이다. 그 삼한(三桓)을 둘러싸고 있는 별들이 곧 28 숙(宿)으로서
다음의 그림과 같이 동서남북에 각각 7 개의 자리로 구성된다.

따라서 일적십거도에서 28 숙을 중심으로 살펴보면 안쪽이 36 개

의 점으로 이루어졌고 바깥쪽도 역시 36개의 점으로 이루어졌다. 이 안쪽과 바깥쪽의 36을 합하면 72개의 점들이 된다. 즉 일적십거도는 28과 72라는 수로서 이루어져 있다는 사실을 알 수 있는 것이다.

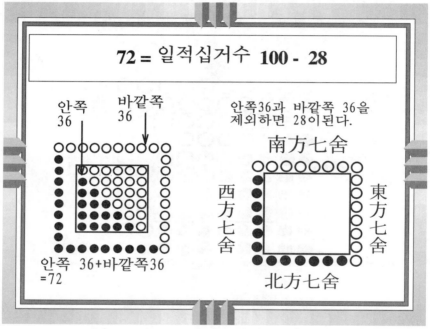

72 = 일적십거수 100 - 28

안쪽 36
바깥쪽 36

안쪽36과 바깥쪽 36을 제외하면 28이된다.

南方七舍

西方七舍　東方七舍

北方七舍

안쪽 36+바깥쪽36 =72

고대인은 천부경의 일적십거도를 근거로 우주의 중앙에 삼한(三桓)을 설정하고 그 주위에 28숙을 배치했다는 사실을 확인할 수 있는 것이다. 바로 여기서 72 재해인금척의 72가 설명되는 것이다.

❂ 격암유록 농궁가(弄弓歌) ❂

외유팔괘구궁리 내유십승양백리 천지도래일장중

外有八卦九宮理　內有十勝兩白理　天地都來一掌中

　밖으로는 팔괘의 구궁 이치요 안으로는 양백과 십승 이치이
니 하늘과 땅의 천변 만화가 한 손바닥 안에 있다.

　양백(兩白)은 태백(太白)과 소백(小白)으로서 하도(河圖)와 낙서(洛
書)로 알려진 용도(龍圖)와 구서(龜書)로서 천부경(天符經)의 일적십
거도(一積十鉅圖)이다.
일적십거도(一積十鉅圖)가 곧 양백이니 55와 45사이의 백점 열 개
가 곧 십승(十勝)이다. 이것이 내유십승(內有十勝)이다.

　또 일적십거도(一積十鉅圖)의 중앙의 36은 곧 태극으로 태극을 여
덟 방향에서 보면 팔괘가 그려진다. 그 팔괘가 곧 외유 팔괘(外有八
卦)이다. 그리고 팔괘는 366 사(참전계경)의 팔강령 （八綱令)이 된다.

　이를 알면 하도 낙서와 태극과 64괘는 물론이며 천부경(天符經),
삼일신고(三一神誥),366사(事)의 원리를 모두 아는 것이며 동시에 진
단구변론과 진사삼변론을 비롯한 예언의 모든 원리를 아는 것이다.

　따라서 천지간의 모든 변화와 불변의 이치가 손바닥 안에 있듯이
알 수 있다는 것이다. 이 예언은 예언의 구성 원리를 설명하는 것이
다. 이 구성 원리를 안다면 모든 예언은 그야말로 손바닥 안에 있는
것과 다름없다는 것이다. 이 부분은 이미 양백론과 태극과 64괘 그
리고 72의 원리를 설명한 그림에서 충분히 납득이 가리라고 믿는다.

ㄱ 366사(참전계경)　팔강령 45-57p　최 동환 해설 도서출판 삼일

제 3 절 우리나라 예언서의 성격

제 1 항 경전과 예언서의 관계

　우리 배달민족의 경전은 현재 전해지는 것만해도 십수권에 이르는 방대한 량에 이르고있다. 그리고　천부경(天符經)은 모든 배달민족의 경전의 본바탕이 된다.

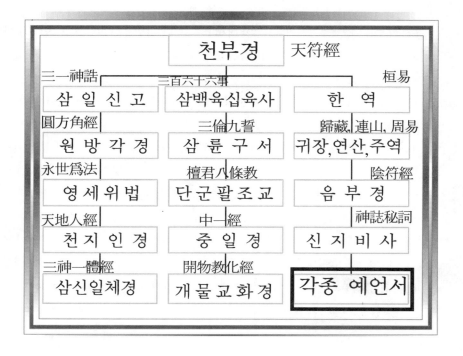

천부경		天符經
三一神誥	三百六十六事	桓易
삼 일 신 고	삼백육십육사	한 역
圓方角經	三倫九誓	歸藏, 連山, 周易
원 방 각 경	삼 륜 구 서	귀장, 연산, 주역
永世爲法	檀君八條教	陰符經
영 세 위 법	단 군 팔 조 교	음 부 경
天地人經	中一經	神誌秘詞
천 지 인 경	중 일 경	신 지 비 사
三神一體經	開物教化經	
삼신일체경	개 물 교 화 경	각종 예언서

　우리나라의 예언서는 이 십수권의 경전ㄱ에 직접적으로 또는 간

ㄱ 천부경 개정판 천부경원리의 검증과 배달경전 321-360p
　최동환해설 도서출판 삼일

접적으로 영향을 받고있다.

가장 직접적인 영향을 받는 경전은 신지비사(神誌秘詞) 로 알려진 단군조선시대의 경전 서효사(誓效詞)이다. 이 서효사(誓效詞)야말로 우리나라 모든 경전의 직접적인 원전이된다.

한편 우리민족의 오염되지않은 역사서가 경전과함께 큰 바탕을 이루고있다. 현존하는 역사서로서는 한단고기가 예언서의 저자들이 사용한 역사와 가장 가깝다.

따라서 우리나라 예언서는 우리나라만의 독특한 경전과 역사를 바탕으로하기 때문에 우리나라에서만 발달해온 독특한 장르인 것이다.

제 2 항   현존하는 우리나라 예언서의 분류

현존하는 예언서에서는 대체로 세가지로 그 성격이 분류된다.

첫째로

예언서가 우리고유의 경전과 역사서를 활용한 점이 그대로 드러나는 예언서이다. 이는 신교총화(神敎叢話)와 격암유록(格庵遺錄), 운기구책(運奇龜策), 갑오하곡시(甲午夏穀時), 정북창비결(鄭北窓秘訣)등이다.

둘째로

예언서가 우리고유의 경전과 역사서를 활용했다는 사실을 분명히 알면서도 이를 전혀 다른 주제로 사용함으로서 예언서를 정치적으로 악용한 어용예언서,관제예언서이다. 이같은 예언서는 주로 무학

(無學)과 연관이 있어보인다. 즉 삼한산림비기(三韓山林秘記),옥룡자기(玉龍子記),무학비결(無學秘訣),청구비결(靑丘秘訣),청구칠언비결(靑丘七言秘訣) 등이다

셋째로

　예언서가 우리고유의 경전과 역사서를 활용했다는 사실을 전혀 알지 못하고 그 포장이 풍수지리로 되었다는 사실만 알고 풍수지리의 개념만으로 예언서를 만든 예도 다수 존재한다. 그중 가장 대표적인 것이 피장처(避藏處),북두류노정기(北頭流路程記)등이다.

　대체로 우리나라 예언서는 처음에는 예언서의 원본인 신지비사(神誌秘詞)를 근거로 만들어진 예언서가 생겨났고 그것을 근거로 다시 예언서가 만들어지는 등으로 이어져온 것으로 보인다.

　우리나라 예언서는 어떤 일정한 전문가 집단에 의해서 저작된 것도 있고 그렇지 않은 것도 있다.

　전문가 집단이라면 주로 단군정신의 맥을 이러온 재야의 인물들에 의해 저작된 것이다. 그것을 지나족이나 인도의 정신을 가진사람들이 재포장한 것도 다수있다.

　또는 전혀 예언서의 핵심을 찾지못하고 풍수지리적인 관점으로 비켜간 것도 다수있다.

　이중에서 첫번째 경우를 자세히 살펴보면 우리민족 고유의 경전과 역사서가 제대로 응용되어 있음을 발견할 수 있다. 따라서 보기드문 긍정적이고 생산적인 정보를 만날 수 있는 것이다.

　또 두번째와 세번째의 예언서들도 나름대로 시대적인 의미를 지니는 것들이라고 볼수있다.

　그동안 학자들간에는 이들 모든 예언서가 일고의 가치도 없다고

주장되어 왔지만 이는 지나치게 성급한 판단임이 분명한 것이다.

제 3 항 격암유록의 위서론

예언서라는 특수한 쟝르의 경우 위서라는 주장을 하려면 도서관 학적인 접근은 그다지 의미가 없다. 조선의 태종이후 예언서가 공식적인 유통경로를 통해 전해지기는 불가능했다. 그같은 상황에서 공공연한 유통경로를 통해 전해지는 예언서라면 일단 그 예언서는 관제예언서나 어용예언서로 의심해보는 것이 마땅한 것이다.

따라서 예언서라는 특수한 쟝르의 책이 필사본으로 전해지는 것을 위서의 조건으로 삼는다면 이는 첫 단추를 잘못꿴 것이다.

또 지금까지 누군가가 해설한 격암유록의 내용을 다시 비판하는 식의 방법은 역시 위험한 접근이다. 지금까지 해설된 내용에 대하여 그 어떤 내용도 보편타당성을 갖춘 해설이라는 보장이 없기 때문이다. 따라서 이같은 방법은 잘못 해설한 내용을 다시 비판하는 식이 될 가능성이 높다. 이경우 아무런 의미가 없는 시간낭비에 지나지 않는다. 따라서 그같은 접근은 격암유록의 예언원리에 대하여 스스로는 아무런 잣대를 갖지 못한다는 것만을 드러내는 것 이외에는 아무것도 아니다.

우리나라에는 공공연히 전해지는 것과 그렇지 않은 것을 합하면 상당히 많은 량의 예언서가 있다. 그중에서 비공식적으로 전해지는 예언서는 신교총화와 격암유록 정도가 알려져있다.

그런데 이 두권의 예언서가 공공연히 전해지는 예언서에 비해서 대단히 순도높은 경전원리가 응용되어있는 공통점을 지니고 있다.

물론 공공연히 전해지는 다른 예언서들 보다는 이 두권의 예언서
가 도서관학적으로는 위서로 몰릴 가능성이 훨씬 크다. 그러나 우리
나라 예언서에서 동서의 고대문명과 진정으로 연결되는 진정한 정
보는 바로 이들 두권의 예언서에서 보다 더 많이 찾아진다.

　한편 그동안 격암유록을 멋대로 해석하여 선량한 사람들을 혹세
무민해온 사람들이 상당수있다. 어디 격암유록뿐이겠느가 ? 심지어
는 여러 고등종교의 핵심 경전도 멋대로 해석하여 혹세무민해온 사
람들이 동서고금에는 부지기수로 있다. 그렇다고 그 경전들이 사람
들을 혹세무민한 것은 아니다. 마찬가지로 격암유록도 악용한 사람
들의 문제로 격암유록 자체를 문제삼을 이유는 없는 것이다.

　중요한 것은 예언서에 덧붙어진 가필과 재포장등의 필요악들을
하나 하나 걷어내고 그 안에 감추어진 정보를 전체적인 관점에서
다시 정리하는 것이라고 생각한다. 겉보기에 돌덩이에 불과한 원석
을 가공하여 값있는 보석으로 만들어내는 것과 같은 작업이 필요하
다는 것이다.

　청출어람(靑出於藍)이라는 말이있다. 쪽에서 나온 물감이 쪽빛보다
더 푸르다는 말이다. 필자로서는 격암유록에서 그 군더더기들을 걷
어내면 격암유록 이전에 만들어진 그 어떤 예언서보다 천부경(天符
經)을 비롯한 우리 경전들의 깊은 이론들이 폭넓게 응용되어 있다는
사실을 본서에서 충분히 확인 할 수 있을 것이다.

　따라서 군더더기를 걷어낸 격암유록은 그야말로 청출어람(靑出於
藍)이라는 말로 설명될 수 있는 예언서라고 생각한다.

　필자는 격암유록이나 신교총화와 같은 예언서를 남긴분들의 마음
을 충분히 이해한다. 조선조에 태어난 그분들이 우리민족의 고유한
정신을 전하는 유일한 방법이 이 예언서들을 세상에 남기는 것이었
다. 그리고 이 사실은 예언서의 구절마다 절절히 담겨있는 그분들의

안타까운 마음을 통해 충분히 확인 할 수 있는 것이다.

　그러나 이같이 책을 더럽힌 사람들이나 또 그 진면목을 모르면서 위서라고 주장하는 사람들이 있는 것이다. 한국사람이 한국정신을 납득하는 일이 이처럼 어려운 것일까 ?

제 3 부 혼돈(混沌)의 시대

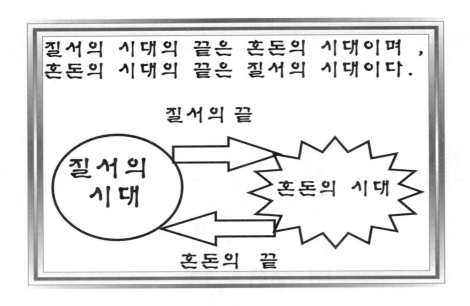

제 1 장 혼돈(混沌)이란 무엇인가 ?

　혼돈(混沌) 상태를 가장 쉽게 설명하는 예는 달걀 안의 병아리이다. 닭도 아니고 달걀도 아닌 애매모호한 상태로서 닭과 달걀을 연결하는 연결고리가 곧 달걀 안의 병아리이다.

　이보다 더 생생한 혼돈(混沌)상태는 인간에게서 찾을 수 있다. 인간이 어머니 뱃속에서 세상으로 태어나는 순간이 곧 혼돈(混沌)상태이다. 더 정확하게 말하면 어머니 뱃속에서 산도(産道)를 따라 세상으로 반쯤 나온 순간이다. 아직 몸의 반은 어머니의 산도(産道)에 있고 반은 세상에 모습을 드러낼 때인 것이다.

이때는 어머니 뱃속의 태아(胎兒) 도 아니며 그렇다고 세상에 모
습을 드러낸 신생아(新生兒)도 아닌 혼돈(混沌)의 애매모호한 모습인
것이다. 아주 짧은 순간이지만 누구나 겪어야 하는 순간임과 동시에
가장 중요한 순간이다. 이같은 혼돈은 우주삼라만상의 모든것을 지
배하는 가장 큰 보편적인 현상이다.

제 1 절 혼돈(混沌)의 시대란 ?

우리는 지금 인류역사이래 가장 결정적인 두가지의 대변혁의 와
중에서 혼돈(混沌)을 맞고있다. 하나는 물질문명에서 정신문명으로의
대전환이다. 둘은 지리적으로 해양세력이 가지고있는 활력이 대륙
세력으로 대전환하고 있다는 것이다.

[1] 물질문명이라는 태아가 정신문명이라는 신생아가 되는 시대

우리는 좋던 싫던 이미 이 두가지 격변의 한가운데에서 능동적이
든 수동적이든 역할을 하지 않을 수 없을 것이다.
이른바 정보화시대란 물질문명도 아니고 정신문명도 아닌 애매모
호한 달걀안의 병아리와 같은 상태이다. 또 물질문명이라는 태아가
정신문명이라는 신생아가 되기위해 산통을 겪고있는 상태이기도하
다.
물질에 대한 끝없는 욕망이 부족한 자원을 두고 끝없는 투쟁을
벌려온 것이 인류의 역사이며 이는 물질문명의 역사이기도하다. 이
물질문명의 역사가 종식될때 비로소 인류는 자유로워진다. 인간에게

혼돈과
파천황

물질에 대한 욕망이 우선하는 한 지구의 자원은 영원히 부족하다.

그러나 물질에 대한 욕망보다 지식에 대한 욕망이 더 강해질때 인간은 비로소 물질로부터 자유로워질 수 있다. 지금 우리가 맞고있는 정보화 시대는 물질적 생산력 위주의 물질문명과 정신적 생산력 위주의 정신문명의 연결고리가 되는 혼돈의 시대인 것이다.

특히 서구 물질문명 중심의 질서가 동양의 정신문명 중심의 질서로 대전환하고 있는 시대이다. 따라서 동양 정신문명을 대표하는 유불선삼교를 원천적으로 포함하는 우리민족 고유의 정신이 가지고 있는 가치와 효용성이 세계적인 역할을 할 수 있는 시대가 다가오고 있는 것이다.

[2] 바다와 땅의 교량인가 ? 아니면 그 중심인가 ?

인류의 문명은 유라시아대륙의 중앙아시아에서 출발하여 그 활력은 점차 해안을 낀 강변으로 옮아갔다. 그리고 대항해시대 이래의 활력은 이른바 해양국가로 넘어갔다. 그리고 그 활력은 다시 유럽에서 미국으로 넘어갔고 다시 일본을 거쳐 해양세력과 대륙세력의 접점이되는 장소로 옮겨졌다.

그 해양과 대륙의 접점은 동아시아의 한국, 홍콩, 대만, 싱가포르와 같은 나라로 대표되며 이들 나라의 지리적 조건은 해양국가와 대륙국가를 중계하는 위치에 자리잡고 있다는 점에서 공통점이있다.

그중에서 우리나라는 중국대륙과 만주, 시베리아,중앙아시아라는 거대한 대륙과 미국, 유럽, 일본이라는 대표적인 해양국가를 중계하는 위치에 있다는 점에서 동아시아의 다른 나라에 비하여 비교할 수 없는 중요한 지리적인 이점이있다.

　지금 이 시대를 대항해시대 이래의 해양국가의 활력이 점차 쇠퇴
해지고 그 활력이 대륙국가로 옮겨지는 대전환기라고 말하는 것에
별로 무리가 없을 것이다.

　우리가 이 격변의 시대에서 만일 수동적인 입장을 취한다면 지난
일제시대처럼 해양세력이 대륙세력이 되도록 다리역할을 할것이며
정신적으로는 우리 것을 버리고 또는 빼앗기고 남의 것을 중심으로
삼아야할 것이다.

　반대로 능동적인 입장을 취한다면 해양세력과 대륙세력의 중심에
위치한 지리적인 이점을 모두 우리것으로 할 수 있을 것이다.

　이 두가지의 관점만으로도 우리는 아직까지 겪어보지 않은 전혀
새로운 시대 다시말해 파천황(破天荒)의 시대를 위한 혼돈의 시대를
맞고 있다는 사실을 알 수 있다.

　인류역사이래 가장 결정적인 이 두가지의 대변혁은 인구문제와
식량문제, 식수문제, 온실효과, 오존층 파괴, 핵 문제 등 뚜렷한 대
책이 없는 갖가지 위협 요인들과 같이 어우러지며 대혼돈을 거쳐
새시대를 열게되리라고 예상할 수 있는 것이다.

제 2 절 혼돈(混沌) 시대의 특징

　혼돈의 시대는 애매모호함을 특징으로한다. 정신문명을 지향하면
서도 물질문명의 폐습을 그대로 가지고 있을 때 이는 혼돈의 시대
이다. 또 대륙국가를 지향하면서도 반도국가의 편협성을 그대로 지
니고 있을 때 이는 혼돈의 시대이다.

　또 혼돈(混沌)시대의 특징은 중심이 없다는 것에서 찾을 수 있다.

혼돈과
파천황

인간을 둘러싼 정치,경제,군사,종교,문화 등의 각 분야에서 뚜렷하
게 책임을 지는 주체가 없다면 본격적인 혼돈(混沌)의 시대라고 할
수 있을 것이다.

　이같은 혼돈의 특징은 정보화시대의 예상되는 특징과 맞물리고
있다. 정보화시대는 국가권력이라는 중심이 세계화와 지방화로 이전
되고 사회는 다원화되면서 뚜렷한 중심이 없어진다.

　지방은 지방대로 역할을 할 능력이 약하고 중앙은 중앙대로 누려
오던 특권을 포기하지 않으려할때 중심이 없는 혼돈이된다.

　태풍은 살아 움직이는 생명체와 같이 그 일생을 산다. 그러나 태
풍이 되기 이전에는 소나기 구름에 불과한 열대성 저기압이다.
열대성 저기압이 태풍이 되기 위해서는 태풍의 눈이라는 중심이 필
요하다. 태풍은 태풍의 눈이라는 중심과 그 주변을 움직이는 태풍
자체로 구분 지을 수 있다.

　이 태풍의 눈이라는 형상을 개념화 하면 질서의 중심이며 이는

불교의 공(空)이며 ,
도교의 무(無)이며 ,
유교의 이(理)이다.
또한 태풍의 움직임
은 64괘의 변화로
설명되며 이는 곧
도교의 유(有)이며 ,
불교의 색(色)이며
유교의 기(氣)이다.

　그리고 천부경(天
符經)의 여섯 글자
"일적십거무궤"이는 이 모든 철학적인 내용을 태풍의 눈이 곧 태극

이며 나머지 부분이 64 괘라고 구체적으로 설명한다.

따라서 혼돈(混沌) 시대는 머지않아 태극이라는 새로운 질서의 중심이 생겨나 그 중심으로 모든 움직임은 개편될 것을 예고하는 시대라고 말해 주고 있다.

그리고 그 과정은 일찌기 없었던 대혼돈이 불가피하리라는 것도 어렵지않게 예상할수있다.

제 3 절 대전환기의 한민족

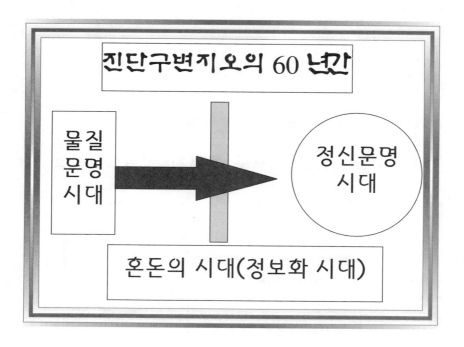

우리민족의 경우 산업사회에서 정보화사회로 진입하기 시작한 시점과 해양세력의 활력이 우리나라로 이동되기 시작한 시점이 비슷한 시기라고 생각할 수 있다.

그 시점은 1988년부터이다. 그리고 1988년은 B.C 2333년 단군조선이 세워진 시점으로부터 72갑자 4320년이 지난 첫번째 해이다.

이른바 '칠십이재해인금척'이라는 시간의 잣대에서 설명되는 때이다. 그리고 1988년부터 60년간을 진단구변지오(震檀九變之五)라고 말한다.

지난 4320년간 우리민족은 나라의 이름이 9번 바뀌며 다시 진단구변지오(震檀九變之五)의 기간동안 10번째의 국가가 생겨난다는 것이다. 그리고 그 국가가 고대 동북아의 대국으로 2000년이상 동북아를 지도해온 단군조선을 능가하는 나라가 된다는 것이다.

제 2 장 진단구변지오(震檀九變之五)

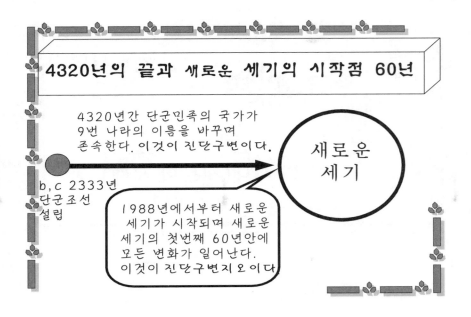

진단구변지오(震檀九變之五)의 60년간 다섯번의 변화는 따로 세밀하게 분류되어진다. 즉 새로운 시대의 시작과 상진사, 중진사, 하진사, 혼돈의 끝으로 12년씩을 매듭으로 다섯 구분되는 것이다.

진단구변지오(震檀九變之五)의 60년간을 거쳐 인류는 정신문명의 시대로 접어들고 해양세력은 대륙세력으로 주도권을 넘기게 되는 것이다. 그리고 그 대전환의 중심에 우리민족이 결정적인 역할을 한다는 것이다.

여기서는 우선 진단구변지오(震檀九變之五)라는 큰 틀을 설명하는 예언과 십승론(十勝論)을 알아 봄으로서 진단구변지오(震檀九變之五)의 세부적인 이해에 앞서 큰 틀부터 이해해 보자.

제 1 절   진단구변지오(震檀九變之五)의 예언

✿ 신교총화 팔공진인총담 ✿

> 삼조선 구임지오 천하동 십임평
> 三朝鮮 九壬之五 天下動 十壬平

우리나라가 아홉번 변하고 다시 다섯번 변하면서 천하가 움직이며 열번째에는 평화로워진다.

진단구변 이후의 다섯번의 변화 즉 1988-2037 까지 60년간 천하가 움직이지만 이 기간 60년간 극심한 혼돈의 시대동안 열번째 승리(十勝)에 이르게 된다. 이는 마치 태아가 산통을 거쳐 신생아가 되는 과정을 거쳐 새로운 삶을 살아가는 것과 같다.

✿ 격암유록 말운론 ✿

> 기천년간예정운 운회조선중원화
> 幾千年間豫定運 運回朝鮮中原化

　조선에 운이 와서 조선이 중원이 되는 것은 수 천년간 예정되었던 운이다. 즉 진단민족(震檀民族)인 우리 민족의 나라가 아홉번 변하고 마지막 열번째 변하며 그때 우리 민족이 세계만방의 중심국이 된다는 것은 이미 수 천년 전부터 예정되어 있다는 것이다.

　이 예언은 칠십이재해인금척(七十二才海印金尺)이 말하는 4320년이 진단구변지오(震檀九變之五)으로 연결되는 과정을 설명하고 있다. 진단구변의 4320년 동안 나라의 이름이 아홉번 바뀌며 그 후 진단구변지오의 시간 60년 동안 열번째 승리를 거두어 우리 민족에게 4320년 전과 같은 대륙세력으로서의 웅장한 운이 다시 돌아 온다는 것이다. 그리고 그 내용은 이미 수 천년 전인 4320년 전에 이미 예정되었다는 것이다. 그 누구도 예정된 운에 한치의 더함도 뺌도 있을 수 없다는 것이다. 이 내용은 우리가 정보화시대에 이은 정신문명시대의 주역이 됨을 의미함과 동시에 우리가 중원을 호령하는 대륙국가가 됨을 의미한다.

✿ 격암유록 생초지락(生初之樂) ✿

> 기천년지금시정 대화통로길문
> 幾天年之今時定 大和通路吉門

수 천년 전부터 즉 단군조선이래 4320 년간 예정되었던 운
이 지금 정해지니 큰 화합으로 가는 통로로서 크게 길(吉)한
문(門)으로 가는 길이다.

진단구변지오와 십승론은 이미 1988 년을 기준으로 4320 년 전에
예정되어 있는 내용이다.

그리고 4320 년이라는 거대한 매듭이 다시 새로운 시작에 들어갈
때인 지금의 시점이야말로 가장 중요할 때라는 것이다. 또 우리 민
족의 운이 과거 단군조선 시대와 같이 세계를 지도하는 웅장한 대
운에 접어든 다는 것이다. 단 그 이전에 극심한 혼돈의 시대를 극
복해야만 하는 과정이 남아 있다.

❂   격암유록 송가전(松家田)   ❂

| 선운일월 최착하니 근화강산 밝아온다. |
| 仙運日月 摧捉하니 槿花江山 밝아온다. |

수 천년 전부터 전해지는 진단구변후 십승론의 신선 세계의
운이 도래하는 때를 '최착'하니 무궁화 강산이 밝아 온다.

우리 민족에게 혼돈을 거쳐 웅장한 운이 도해하는 때를 '최착'하
니 무궁화 강산이 밝아 온다고 했다. 그런데 '최착'이라는 생소한 어
휘는 무엇인가 ?

생각 해보자 여기서 '최(摧)'의 사전적 의미는 누르다 ,억압하다
는 의미로서 이 사전적 의미로서는 전혀 해석이 되지 않는다. 따라
서 예언서의 저자는 이 말에 다른 의미를 숨겨 두고 있는 것이다.

혼돈과
파천황

　여기서 최는 手+崔 이며 착(捉)은 '착도(捉刀)'라는 고사성어에서
온 말이다. 착도(捉刀)라는 단어는 칼을 잡는다는 뜻으로 남을 대리
하거나 대필하는 것을 말한다.

　이 고사성어의 유래는 " 위(魏)나라의 무제(武帝)가 흉노의 사자
를 최 계규(崔 季珪)에게 대신 인견 시키고 위무제(魏武帝)는 칼을
잡고 옆에 서 있었다."는 옛일에서 유래한 말이다.

　위의 예언에서 사용된 '최착'이라는 내용은 바로 이 고사에 등장
하는 인물 '최 계규'와 상관이 있는 것이다.

　이 예언서의 저자는 수 천년 전부터 전해지는 진단구변후 십승론
의 신선 세계의 운이 도래하는 때를 밝혀 무궁화 강산이 밝아 오는
상황을 위무제(魏武帝)와 최 계규(崔 季珪),흉노의 사자라는 세 인물
로서 비유하여 설정하였다.

　위무제(魏武帝)는 선비족의 국가인 위나라 황제였다. 그러나 황제
의 권리를 신하인 선비족이 아닌 한족 출신 신하인 고환(高歡)에게
모두 빼앗기고 도망 다니는 난장판과 같은 상황의 실권 없는 황제
였다.

　예언서의 저자는 실권 없는 황제인 위무제를 '단군'으로 상징한
것이다. 즉 이 강산의 주인이면서도 모든 것을 다른민족의 정신에게
빼앗긴 난장판과 같은 상황을 비유한 것이다.

　또 최 계규는 단군을 대리하여 단군의 모든 진리와 예언을 대필
하는 인물을 말하는 것이다.

　즉 단군의 경전으로 우리의 근본을 밝히고 수 천년 전부터 전해
지는 진단구변후 우리 민족이 열번째 승리하는 십승론의 위대한 역
사가 도래하는 때를 밝히는 인물로 비유된 것이다.

　그리고 이때 최 계규로 상징되는 인물의 옆에는 단군께서 칼을
빼어 들고 수호하고 있다는 내용이다.

예언서의 저자는 단지 '최
착'이라는 단어 하나로 이 같
은 내용을 용의주도하게 설
명함에 있어서 한치의 빈틈
도 없는 것이다.

　　그리고 '최착'이라는 말에
는 다시 중요한 의미가 더
있다. '착도(捉刀)'라는 일반적
으로 사용되는 어휘를 사용
해도 여기까지의 모든 내용
이 다 통하면서 '최 계규(崔
季珪)'라는 인물은 자동적으
로 나오게 되어 있다. 그럼에
도 불구하고 다시 '최착'이라
하여 '手+崔'라는 의미를 강
조하였다. 이는 ' 최(崔)의 손

(手)' 다시 말해 '최(崔)의 능력,솜씨.기량'을 강조한 것이다. 이러한
내용을 바탕으로 예언의 내용을 정리해 보면 다음과 같다.

" 수 천 년 전부터 전해지는 진단구변후 십승론이 실현되는 후
천 세계의 진리와 역사가 도래하는 정확한 때를 알리는 것은
'최(崔)'의 능력,솜씨,기량으로 대신하게 한다. 그때 우리 민족
의 큰 근본이 되는 단군께서 찰을 빼어 들고 '최(崔)'의 옆에
서 계신다."

　는 내용이 된다 . 이러한 '최착'의 개념은 뒤에 설명하는 궁을선

혼돈과
파천황

(弓乙仙), 우명인(牛鳴人)과 같은 개념이다. 이는 때가 되면 수 천년 전부터 비장되어온 우리민족의 정신과 천기(天機)가 누구나 알 수 있게 소상하게 밝혀진다는 것이며 그 일을 할 인물이 틀림없이 나오게 되어 있다는 것이다.

그런데 왜 많고 많은 성씨 중에서 하필이면 최(崔)인가 ? 여기에는 또 생각해 보아야 할 깊은 의미가 있다고 보여진다.

우리나라 예언서의 기본은 씨앗이 열매가 되어 다시 돌아온다는 것이다. 즉 시작할때의 모든 것이 끝날때 다시 돌아온다는 것이다. 가장 대표적인 내용이 천부경(天符經)의 무한한 근본인 무진본(無盡本)이 움직이지 않는 부동본(不動本)이 되어 돌아온다는 내용이다. 여기서 씨앗이며 열매는 삼성(三聖)으로서 한인, 한웅, 단군할아버지 이다.

또 마찬가지로 우리의 역사에서 과거에 삼성(三聖)의 경전과 예언등을 정리한 인물 역시 다시금 출현한다는 것이다.

그렇다면 과거에 삼성(三聖)의 경전과 예언 등을 정리한 인물중 알려진 인물은 누구인가 ? 그 분은 신라 때의 대학자인 고운(孤雲) 최 치원(崔 致遠)선생임에 아무도 이론이 없을 것이다.

고운(孤雲) 최 치원(崔 致遠)선생은 단군 시대의 오래된 비석에 전서(篆書)로 써 있는 천부경(天符經)을 한문으로 옮겨 오늘날 까지 전한 장본인이다.

　씨앗이 열매가 되어 돌아오듯 바로 그 고운(孤雲) 최 치원(崔 致遠)선생이 했던 한인, 한웅, 단군 할아버지의 경전과 예언을 정리하는 일을 다시금 할 인물이 결정적인 시기에 다시금 출현한다는 것이다. 그리고 그때부터 우리 무궁화 강산이 밝아 온다는 것을 이 예언서의 저자는 상징적으로 말하고 있는 것이다.

　그러나 여기서 중요한 것은 그 역할이지 성씨가 꼭 최(崔)이어야만 한다는 이유는 없을 것이다.

제 2 절　　십승론(十勝論)

　우리민족 최대의 경전 천부경(天符經)은 예언에 관한 가장 큰 비밀을 자체적인 글자의 숫자안에 숨기고있다. 그 비밀은 이러하다.

　　"시작에서 끝에서 생길 모든 문제를 제거하고,

　　끝에서 다시 시작 할때 생길 수 있는 모든 문제를 제거한다."

　이 내용은 지금 이 시대에서 무엇보다 중요한 내용이 되고있다.

　지금 이 시대는 단군조선이래 4320 년이라는 거대한 시간의 매듭이 끝나고 새로운 시작이 되고 있는 시접이다.

　이같이 거대한 끝과 시작의 연결점이야말로 지나간 끝에서 생긴 모든 문제를 정리하고 새로운 시작에서 생길 모든 문제를 미리 제거해야하는 중요한 시점이된다.

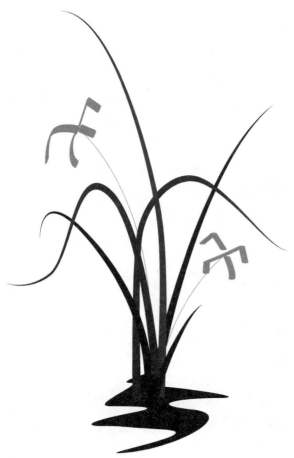

이같은 연결점에서 해야할 일을 태만히 하면 그건 지나간 끝이 새로운 시작을 물고 늘어지게된다. 이 경우 처음부터 다시 새로운 시작을 해야 한다.

또 우리민족이 시작할때 있었던 우리의 정신적 원형을 다시 회복한다면 우리민족정신의 종말을 피할수있다. 또 그 정신으로 다시 새로운 시대를 시작한다면 그건 새로운 시작이 아니므로 시작을 제거할 수 있다.

그 시작도 없고 끝도 없어야만 하는 정신이 천부경(天符經)을 비롯한 십수권의 배달경전이다.

따라서 천부경(天符經)은 그 81자중 시작과 끝문장이 시작도 없고 끝도 없다는 일시무시일(一始無始一) 일종무종일(一終無終一)이다.

제 1 항   십승(十勝)과 천부경(天符經)

혼돈(CHAOS)을 도형과 숫자로 설명하는 가장 쉽고 간단한 방법
은 천부경의 일적십거도(一積十鉅圖)이다. 이 내용은 현묘지도 시리
즈의 모든 경전에 적용되는 것으로 이미 여러차례 설명되었지만 예
언서의 저자들에 의해 예언원리의 구성에도 깊게 깔려있다. 따라서
이 부분도 간단하게나마 이해를 한다면 우리나라 예언서를 보다더
깊이 이해할 수 있게 될 것이다.

천부경의 일적십거도(一積十鉅圖)는 다음의 그림과 같이 총 100 수
로 구성된다.

이 그림은 먼저 음양론과 오행론의 가장 근본적인 원리가 설명되
므로 동양학 전체를 이해하는 가장 쉬운 수단이된다. 물론 우리민족
의 고유한 경전 전체를 쉽게 이해하는 일에도 큰 도움이 된다.

다음의 그림중 흰점으로 표시된 55 개의 점은 양(陽)이다. 그리고
동시에 상생오행이며 용도(하도)라는 도형으로 설명된다. 또 검은 점
으로 표시된 45 개의 점은 음(陰)이다. 그리고 동시에 상극오행이며
구서(낙서)라는 도형으로 설명된다.

따라서 이 그림 한장으로 음양론과 오행론의 가장 근본적인 이치
가 이 한번에 설명되는 것이다.

이번에는 이 그림에서 십승론(十勝論)을 알아보자. 이 일적십거도
(一積十鉅圖)를 자세히 살펴보면 음양이 각각 45 로 균형을 이루되
그 사변에 백점 10 이 음양의 중간에서 균형을 이루고 있음을 알 수
있다. 이 백점 10 이 없다면 혼돈은 질서의 세계를 찾아갈 원동력을
잃고 만다. 예를들면 어머니 뱃속의 태아가 신생아가 되어 세상의
질서에 참여하기 위해서는 어머니 뱃속이라는 균형 상태를 깨고 나
갈 원동력이 필요하다. 바로 이 힘을 천부경의 일적십거도(一積十鉅

圖)에서 사변의 백점 10 이 설명한다. 그리고 이 백점 10 은 용도(하도)의 중앙에 위치하는 10 으로 이것을 소위 십승(十勝)이라 한다.

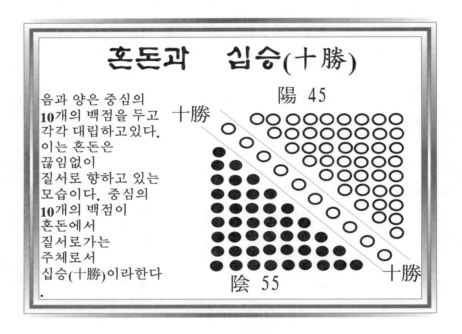

십승(十勝)이 의미하는 이 전체적인 내용 중 정감록류의 예언서를 쓴 어용예언가들은 오직 장소만을 말하고 있다는 점에서 지극히 물질적인 생각이며 그나마 잘못된 생각을 우리 민족에게 오염시켰다.

　생각해보면 정감록류의 십승지(十勝地)는 지금의 땅투기와 그 발상이 비슷하다. 인간의 됨됨이 무엇이든 좋은 땅만 차지하고 있으면 이세상 모든 일이 순조롭게 풀린다는 것이다.

　우리 한국 사상에서 유도된 우리만의 예언론을 외국의 다른 사상을 가진 사람들이 전체적인 것이 아니라 단편적인 내용만을 멋대로 사용했다. 그리고 그것은 지나족의 풍수사상과 결합하며 저질적으로

변질되어 우리민족에게 정신적 물질적인 극심한 낭비를 초래하게 했다.

그러나 십승(十勝)이란 4320년 동안 쌓은 노력을 완성하는 중심되는 사상과 시기와 인물과 장소를 말하며 이 기나긴 세월 동안 축적된 노력의 완성을 말한다.

그것은 무엇인가 ? 단군조선이래 전해지는 천부경, 삼일신고, 366사, 단군팔조교등의 우리 고유한 사상을 중심으로 하여 유불선과 서양종교등 우리나라에 들어온 모든 사상과 종교를 존중하는 전혀 새로운 정신문명을 탄생시키는 것이다.

아직 인류는 물질문명만 존재하지 진정한 의미의 정신문명을 만들어낸바가 없다. 바로 그것을 우리 배달민족이 이땅에서 만들어낼 수 있다면 그것은 전세계의 모든 곳에 적용될 수 있는 표준이될 수 있다.

왜냐하면 우리나라는 이 세상의 모든 종교와 사상의 백화점이기 때문이다. 그리고 지구상 어디에도 이같이 새로운 정신문명이 탄생할 수 있는 조건을 완전하게 갖추고 있는 나라는 없기 때문이다.

우리는 이미 9000년 전 한국, 6000년 전 배달국, 4330년 전 단군조선이래 지금까지 우리의 고유한 경전과 그 경전의 정신이 한번도 맥이 끊어지지 않고 전해진다. 그리고 지난 1500년 이상을 유불선을 몸소 체험해 보았고 그 결과 그것을 전해준 나라 이상으로 체질화시킬 수 있었다. 또 지난 200년간은 서양 종교도 체질화시켜 보았다.

특히 서양 종교는 전세계에서 유일하게 전도된 것이 아니라 자생적으로 발생했다. 이 같은 사실은 우리가 이세상의 모든 종교와 사상을 포함하는 고유한 정신을 가지고 있음에도 불구하고 ,이세상 모든 종교와 사상을 실제로 체험해 보겠다는 강력한 의지를 역사 속에서 보여 준 것이다.

　　전세계 어디에도 이같이 한나라에서 세계의 모든 종교와 사상을 큰 마찰 없이 수용하고 체질화시킬 수 있으며 이 모든 사상을 근본적으로 포함하는 고유한 사상을 중심으로 하고 있는 민족은 없다.

　　우리 민족은 9000 년 전부터 우리의 사상의 씨앗을 전세계에 퍼트리고 이제는 그것을 다시 하나로 수용하고 있는 것이다. 인류 정신 문명의 씨앗이었음과 동시에 열매를 맺는 주체임을 이제 증명해 보이려는 시점에 와있는 것이다. 그리고 그것이 곧 천도(天道)이다.

　　이것이 십승론(十勝論)인 것이며 이러한 국가가 1988 년 이후 60 년 동안에 탄생한다는 것이다. 이 나라가 어떤 나라인지는 이 시점에서는 누구나 알 수 있다. 바로 통일한국인 것이다.

제 1 항 십승론(十勝論)의 예언

❂　　격암유록 성운론(聖運論)　❂

때 되었네 仙運와서 天上諸仙出世하니
선운　　　천상제선출세
三之諸葛 八韓信이 三八靑林運氣바다
삼지제갈 팔한신　삼팔청림운기
十勝大王우리 聖主 兩白聖人나오시고
십승대왕　　성주 량백성인

彌勒世尊三神大王 三豊道師出現하고
미륵세존삼신대왕 삼풍도사출현

삼지제갈 팔한신(三之諸葛 八韓信이):
삼팔목이 의미하는 풍뢰익괘, 계룡을 상징하는 인물로 청림(靑林)과
같은 말.

미륵세존 삼신제왕(彌勒世尊三神大王):
 삼신제왕이 의미하는 삼천(三天)의 주재자라는 의미는 불교의 삼
천대천세계(三天大天世界)의 주재자와 같은 의미로서 이 내용이 천
부경의 일적십거도에서 출현하니 불교의 미륵세존이란 곧 천부경
을 전해 주신 삼신제왕(三神帝王)이라는 의미가 담긴 표현.

 유교와 불교가 가고 유불선 삼교 포함의 도(道)가 출현하여
하늘의 모든 신령과 철인이 세상에 모습을 드러내어 재세이화,
홍익인간을 담당할 시기와 인물이 정해지네 . 십승대왕 우리
성주(聖主) 선천과 후천의 중심에서 출현하고 삼천양지(三天兩
地) 중심에서 삼천신(三天神) 즉 삼풍도사 출현하네.

 이 예문에서 '성주(聖主)'라는 어휘가 사용된 점을 특히 주목할 필
요가 있다. 성주(聖主)는 우리나라 모든 예언론의 원본인 단군시대
경전중 하나인 신지비사에서 '단군왕검'에 대한 별칭으로 사용된바
있었다. 이를 격암유록에서 그대로 사용한 것이다.

❂   격암유록 계룡론(鷄龍論) ❂

> 天地合運　出柿木　　弓乙兩白十勝出
> 천지합운　출시목　궁을양백십승출

시목(柿木):

市＋木＝시(柿)로서 이 말은 신시(神市)의 시(市)와 신단목(神檀木)의 목(木)자를 의미하는 말이 되어 개천(開天)과 신단목(神檀木)과 신시(神市)의 주체를 상징한다.

　　하늘과 땅을 합한 운으로 4320년 전 백두산의 신단목(神檀木) 밑에서 단군조선을 연 것과 같이 혼돈스러운 세상의 중심이 되어 새시대를 여는 인물이 다시금 세상에 출현한다.

❂　.격암유록 성산심로　❂

> 구지십승 이단지설 구지궁궁 인인부득
> 求地十勝 異端之設 求地弓弓 人人不得
> 구령궁궁인 여반장
> 求靈弓弓人 如反掌

　　십승을 땅에서 찾는 이른바 십승지 이론은 정통 현묘지도에서는 이단적인 내용이다. 땅에서 궁궁을 찾는 사람들은 단 한 사람도 얻지 못하며 정신에서 궁궁을 찾는다면 손바닥을 뒤집기보다 쉽다.

　　새로오는 정신문명시대의 특징은 인간의 정신을 가장 높은 가치

에 두는 이다. 그리고 십승지 이론은 땅에 가장 높은 가치를 두는
물질문명적 발상이다.

정통현묘지도는 인간의 정신에 가장 높은 가치를 두는 정신문명
적인 사상이다. 따라서 땅만 차지하면 모든 것이 이루어진다는 땅투
기꾼적인 물질문명식 사고방식은 당연히 정통현묘지도에서는 이단
인 것이다. 또 미래에 다가올 정신문명시대에도 설자리가 없는 이단
적인 내용인 것이다.

제 3 절 십승지(十勝地)

십승지(十勝地)
란 감결(鑑訣)에
서 말하기를 풍
기와 예천, 안동
과 화곡, 개령과
용궁, 가야, 단춘,
공주와   정산과
마곡의   골짜기,
진천과 목천, 봉
화, 운봉의 두류산이라고 말한다.

소위 삼재팔난(三災八亂)이 들지 않는 장소로 알려진 곳이다. 이
십승지(十勝地)는 각종 예언서에서 다루어지지 않는 예언서가 드물
정도로 많이 다루어진 주제이다.

제 1 항 남조선사상(南朝鮮思想)과 십승지(十勝地)

원래 십승론(十勝論)은 우리민족이 진단구변이후 열변째 승리를 얻는다는 극히 논리적이고 긍정적인 예언내용이다.

그리고 십승지(十勝地)에 대한 원래의 개념도 놀랍도록 논리적이고 긍정적인 내용이다. 원래 십승지(十勝地) 이론은 신라의 출발과 함께 시작되었다.

이 이론은 신라의 박혁거세ㄱ 가 금척(金尺)의 이치에 따라 하늘과 땅이 시작될때의 근본원리(天地始原之本)를 증리(證理)하여 남태백(南太白) 즉 남한의 태백산에 천부소도(天符小都)를 세움으로서 시작된 것이다.

즉 신라의 박혁거세는 한인,한웅,왕검할아버지께서 각각 천산,태백산,백두산에서 나라를 여시고 재세이화,홍익인간하신 이치를 다시금 계승하기 위해 그이치 그대로 남한의 태백산을 중심으로 재세이화, 홍익인간하겠다는 의지를 보인 것이다. 이는 무엇을 의미하는가 ?

신라라는 나라는 첫출발에서 한국,배달국단군조선,부여의 후신임을 분명히 한 것이다. 따라서 과거처럼 금척(金尺) 다시말해 천부경(天符經)의 일적십거도(一積十鉅圖)를 태백산에 맞추어 지리를 얻는 방법을 택한 것이다.

다음의 그림과 같이 천부경(天符經)의 일적십거도(一積十鉅圖)를 남한에 적용시키면 소위 남조선지비장지문이 나오며 동시에 십승지가 나오는 것이다. 이것이 소위 신라이후 전해진 남조선사상이다.

ㄱ 한역 박혁거세와 태백산 천부소도   329-331p 최 동환지음
도서출판 강천

남조선 사상

천부경의 일적십거도(一積十鉅圖)
의 흰부분 55 의 시작점을 태백산
에 맞추고 검은 부분 45 의
시작점을 소백산에 맞추면
남조선지비장지문(南朝鮮之秘藏
之文)이 얻어진다.
바로 이 그림이 우리나라의
모든 예언의 모체이다.
예언서의 저자들은 이 그림에서
흑점 45 와 백점 55 가 만나는곳의
흰점 열개를 소위 십승지로
묘사했다.

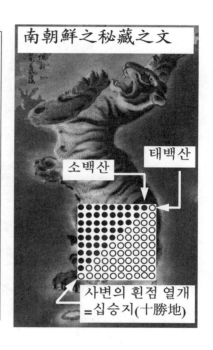

南朝鮮之秘藏之文

소백산

태백산

사변의 흰점 열개
=십승지(十勝地)

　배달민족의 영원한 국시(國是)인 재세이화,홍익인간을 위해 금척(金
尺) 즉 천부경의 일적십거도를 활용하여 나라의 터를 잡는 것은 분
명 배달민족의 9000 년이래의 전통으로 보인다.

　그리고 박혁거세가 다시금 세운 9000 년이래의 전통은 그후 일어
나는 국가에도 적지않은 영향을 고려나 조선이 소위 금척(金尺)이라
는 개념을 각각 사용하게된다.

　그리고 조선이후 다시 출현할 나라에 대한 각종 예언에 이 개념
을 응용한 여러예언이 나오게된다. 그것이 소위 십승지(十勝地)에 대
한 신앙이며 그 지역이 태백산을 중심으로한 남한지역에 국한하여
남조선사상이라고도 하는 것이다.

제 2 항 삼풍양백(三豊兩白)

예언서의 단골손님인 삼풍양백(三豊兩白)도 마찬가지로 남조선지
비장지문에서 찾아진다. 천부경의 일적십거도(一積十鉅圖)를 설명하
는 말로 역경(易經)의 삼천양지(三天兩地)라는 말이 있다.

이 어휘를 응용한 것이 우리나라 예언서의 단골손님인 삼풍양백
(三豊兩白)이 된다.

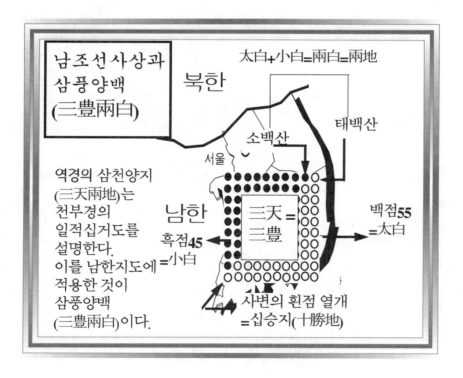

그림에서 흑점 45 는 소백(小白)이며 그 으뜸이 소백산(小白山)이
다. 또 백점 55 는 태백(太白)이며 그 으뜸이 태백산(太白山)이다. 이

소백(小白)과 태백(太白)이 예언서에서 말하는 양백(兩白)이다.

흑점 45 개와 백점 45 개의 중간 사변의 10 개의 백점이 만나는 곳
이 소위 예언서에서 말하는 십승지(十勝地)이다.

그리고 일적십거도 중앙은 곧 삼천(三天)으로서 예언서에서 말하
는 삼풍(三豊)이 곧 이것이다. 이것이 우리나라 예언서가 말하는 십
승지(十勝地)이론과 삼풍양백(三豊兩白)이론의 배경이다.

우리나라 예언서에 사용된 이론은 참으로 놀랍도록 세련된 것이
아닐 수 없는 것이다. 그 이유는 물론 천부경(天符經)을 비롯한 여러
경전의 원리가 종으로 횡으로 연결되며 그대로 응용되었고 또 그것
이 사용된 역사적 배경까지 있기 때문이다.

다만 후세에 이르러 이같은 근본적인 원리가 잊혀지면서 정통한
국사상과 전혀 관련이 없는 엉뚱한 문외한들에 의하여 이같은 값진
이론들의 보물창고가 이루말할 수 없이 저질적으로 사용되었다는
것이다.

제 3 항 남조선사상에 대한 예언

❁   격암유록 세론시(世論視) ❁

```
無文道通仁人得地 近獸不參 其庫何處紫霞 南之朝鮮 秘藏之文
무문도통인인득지 근수불참 기고하처자하 남지조선 비장지문
```

무문도통(無文道通)
   천부경(天符經)의 일적십거도(一積十鉅圖)는 모든 배달경전과 유불
선삼교의 근본원리, 그리고 예언서의 내용까지 단번에 알게해주는

우주삼라만상의 가장 근본원리를 담고있다. 이 일적십거도(一積十鉅
圖)는 문자로 설명되는 것이 아니고 단한장의 도형에 불과한 것이다.
따라서 이 도형을 통하면 누구나 한번에 도통(道通)을 얻을 수 있으
니 이를 무문도통(無文道通)이라한다.

남조선비장비문 (南之朝鮮 秘藏之文)
　천부경의 일적십거도를 태백산에 적용시킨 지도

　천부경의 일적십거도(一積十鉅圖)를 남한에 적용하여 얻어지
는 삼풍양백과 십승지는 어진사람만이 들어갈수있으며 짐승들
은 참여할수없다.
　인재의 창고가될 그 선궁(仙宮)은 남조선의 비장비문에 실려
있 다.

　이 예언은 '남조선의 비장지문'에 대하여 언급을 하고있다. 즉 신
라의 박혁거세가 한웅할아버지가 중국대륙에 태백산천부대도(太白山
天符大都)를 세운 이치를 계승한 남조선의 남태백천부소도(南太白天
符小都)의 이치를 설명하고있는 것이다.
　이 예언에서 직접 거론되진 않았지만 삼풍양백(三豊兩白)과 십승
지(十勝地)를 거론하고 있음을 알 수 있다.
　그리고 그곳에는 귀신의 노예인 짐승들은 참여할 수 없다고 말하
고있다. 이밖에도 남조선사상을 거론하는 예언의 내용은 많으나 비
슷비슷한 내용이므로 생략한다.

제 3 장   새로운 시작점 **1988** 년

진단구변은 4320 년 동안 우리 민족이 아홉번 변하는 것을 말한다. 그리고 오(五)는 4320 년이 끝나고 새롭게 시작하는 첫번째 갑자 60 년을 말한다. 이 60 년을 다섯번으로 나누면 각각 12 년씩 다섯번의 매듭이 생긴다. 이 다섯개의 매듭이 오(五)이다. 1996 년 현재 우리는 1988 년에 시작한 그 첫번째 시간의 매듭위에 살고 있다..

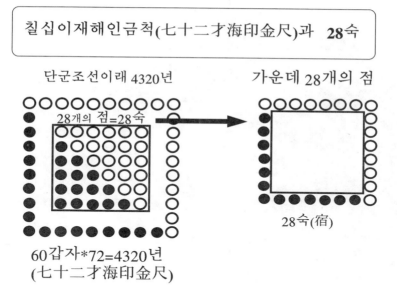

단군조선이래 4320 년은 천부경의 일적십거도로 설명되었었다. 일적십거도를 72 와 28 로 구분한 것이었다.

위의 그림과 같이 칠십이재 해인금척(七十二才 海印金尺)의 순환은 28 숙으로 설명할 수 있으며 28 숙은 다시 64 괘와 연결되면서 여러가지 정보를 설명한다.

일적십거도에 의해 설명된 72 갑자 4320 년의 대주기인 즉 B.C.
2333 ─ A.D. 1987 년까지가 끝나고 새로운 출발점이 다음 그림의 왼
쪽 모서리이다.

새로운 주기의 시작점은 1988 ─ 2047 년 동안이며 이 기간의 28
숙은 두(斗)이며, 팔괘의 방향은 간(艮)이며 64 괘의 괘에 적용하면
지천태(地天泰)이며, 12 지지(地支)로는 인(寅)이며 12 절기로는 입춘
(立春)이며, 12 월로는 정월(正月)이다.

여기서 알아
낸 72 갑자의 새
로운 시작점이
의미하는 시간상
의 여러 가지 단
위인 두(斗), 간
(艮), 지천태(地
天泰), 인(寅), 입
춘(立春), 정월
(正月)등은 모든
예언론에서 시간
을 다루는 중심
적인 어휘가 되

어 여러가지로 응용되어 나타난다.

즉 천부경의 일적십거도(一積十鉅圖)와 64 괘, 28 숙, 8 괘, 절기가
하나로 압축된 도형인 다음과 같은 천기도(天機圖)가 된다.

천기도(天機圖)

	軫	翼	張	星	柳	鬼	井	
乾	履	同人	无妄	姤	松	遯	否	
夬	兌	革	隨	大過	困	咸	萃	
大有	暌	離	噬嗑	鼎	未濟	旅	晉	
大壯	歸妹	豐	震	恒	解	小過	豫	
小畜	中孚	家人	益	巽	渙	漸	觀	
需	節	既濟	屯	井	坎	蹇	比	
大畜	損	賁	頤	蠱	蒙	艮	剝	
泰	臨	明夷	復	升	師	謙	坤	

巽 立夏.四月 角 　離 夏至 五月 　立秋.七月 坤

亢 氐 房 心 眉 箕 / 元 / 春分二月 震

參 觜 畢 昂 胃 婁 奎 / 秋分.八月 兌

斗 牛 女 虛 危 室 壁 / 冬至 十一月 坎

艮 斗 立春.正月 / 立冬.十月 乾

제 1 절   새로운 시작점의 의미

泰
艮. 斗
立春, 正月

1988 년이라는 새로운 시작점은 그림과 같이 여러 가지로 표현된다. 역경으로는 지천태괘(地天泰卦)이며 팔괘로는 간괘(艮)괘이다. 28 숙으로는 두성(斗星), 절기로는 입춘(立春), 월로는 정월(正月)이다. 또한 12 지지(地支)로는 인(寅)이다. 그리고 그 시작점은 b.c 2333 년으로 단군조선의 개국일이며 끝점은 1987 년이다. 그리고 새로운 시작은 1988 년에서 2047 년 사이의 60

년간이다.

제 1 항　간괘(艮卦)와　**1988 − 2047** 년

역경(易經)의 설괘전(說卦傳)에서 간괘(艮卦)를 설명하여 "간은 동북방의 괘이며, 만물의 종말과 시작을 이룬다. 따라서 간(艮)에서 성취한다"고 했다.

　이 내용은 천부경의 일적십거도의 시작점인 "하나"를 대단히 잘 설명하는 것이다. 그리고 새로운 주기인 1988 년에서 2047 년간을 이해할 수 있게한다. 또한 역경의 간괘에 대한 설명은 그대로 우리의 역사를 말한다.

　즉 1988 년에서 4320 년 전에 단군왕검께서 한인, 한웅할아버지를 계승하여 조선이 백두산을 중심으로 한 동북방에 문명을 시작하여 4320 년 후 1988 년에 다시금 새로운 문명의 시작이 되어 이 땅 위에서 성취한다는 내용이 되는 것이다. 간괘가 나타내는 동북방은 우리나라와 만주와 동 시베리아이다. 이 지역에서 시작된 문명이 이 지역에 다시 돌아와 이루어진다는 것이다. 이 내용은 본서 제 1 권의 신지비사에서 단군삼경(檀君三京)을 다룰때 다음과 같이 설명했다.

　"아사달이 하얼빈이며 진한의 수도이며, 안덕향이 안시성으로서 마한의 수도요 백아강이 평양으로서 변한의 수도로서 각각 저울대, 저울추, 저울대접으로서 천하를 저울에 달 수 있어 70 개국이 항복하고 조공을 드린다,"

　또한 간괘는 산(山)을 나타냄으로 해서 우리의 민간신앙에서 백두산 신단목 아래로 내려오신 한웅할아버지를 산신(山神)이라 부르는 이유를 설명한다.

❂ 격암유록 성운론(聖運論) ❂

> 삼팔수정제신명이 각솔신병총합하야
> 三八數定諸神明이 各率神兵摠合하야
>
>
> 유도갱정선유불로 천하문명시어간에
> 儒道更正仙儒佛로 天下文明始於艮에

삼팔(三八) : 3,8 은 목(木)으로서 하진사(下辰巳)의 기간 (하진사참조)

하진사(下辰巳)의 기간 동안 모든 신명(神明)들이 신병(神兵)
들을 통합하여 천하 문명의 시작과 끝이 되는 간방(艮方)인 우
리나라에 유불선을 선유불로 새롭게 정리한다. 즉 유불선을
선(仙) 다시 말해 우리의 고유한 배달 사상으로 통합한다.

제 2 항 지천태괘(地天泰卦)와 1988-2047 년

지천태괘의 괘사에 의하면 태(泰)는 작은 것이 가고 큰 것이 오
는 것이다. 따라서 길하여 본바탕을 통하여 광명(光明)함을 보게 되
니,(亨) 하늘과 땅이 사귀어 만물(萬物)이 통(通)하는 것이다." 라 했
다.
이 지천태괘(地天泰卦)는 자고로 64 괘 중에서 가장 이상적인 괘
로 생각되어 왔다. 그리고 막힌 것이 통(通)하는 괘로서 광명(光明)
으로 향하는 괘이다. 그 시기가 과거에는 단군조선 출발 시점 무진
(戊辰)년이며 그때부터 칠십이갑자 후인 4320 년 후의 무진(戊辰)년
이 1988 이며 이때 올림픽이 있었다.   그리고 이때부터 60 년간이

새로운 세기의 시작이며 우리는 지금 그 시간대에 살고 있는 것이
다.

❂   격암유록 가사총론 ❂

하락령인생자녀을 전무후지말운묘법 지천태괘선팔괘라
河洛靈人生子女   前無後之末運妙法 地天泰卦仙八卦

하락영인(河洛靈人):

 천부경의 일적십거도는 곧 하도와 낙서이다. 그 중앙에 36궁이 생
기며 64괘가 창조된다. 여기서 36궁은 태극이며 64괘는 한단고기
에서 64민(民)으로 설명된 우리 배달민족이다. 태극은 곧 개천(開天)
이다. 따라서 하락영인(河洛靈人)이란 개천의 주체인 한웅할아버지를
말한다. 그 자녀란 곧 64민(民)으로 우리 배달민족 모두를 말한다.

 개천(開天)의 주체인 한웅할아버지의 자손이 우리 배달민족
이다. 지천태괘는 64괘중의 가장 이상적인 괘로 작은 것이 가
고 큰 것이 오는 내용이다. 즉 우리 민족이 그동안 생존만을
위해 웅크리고 작게 살아왔지만 앞으로는 크게 그 포부를 펼
칠 때가 온다. 이는 전에도 없었고 후에도 없을 끝의 운에 가
서야 나타나는 묘한 때요 묘한 방법이다.

제 3 항   입춘(立春)과 **1988-2047** 년

입춘(立春)은 봄이 시작되는 때이다.물론 아직은 추운 겨울 날씨이지

만 우주 삼라만상의 봄기운이 바로 서는 때로서 1988 − 2047 년이 그러한 때이며 이때는 물론 단순한 입춘 이상의 의미가 있다.

❂ 격암유록 농궁가(弄弓歌) ❂

우리 아지영귀하다 입춘대길 건양다경 양래음퇴 조을시구
兒只英貴　　入春大吉 建陽多慶 陽來陰退 肇乙矢口

아지(兒只): 마방아지(馬枋兒只)를 줄인 말 .진사삼변론 해설 참조
조을시구 : 을사년을 알라 .하진사 참조
입춘(入春): 봄은 3,8 목으로 하진사를 의미

  우리의 마방아지 영귀하시도다. 하진사를 맞아 새롭게 나라를 건설하니 음산한 기운은 물러가고 봄의 양기가 가득하도다.

제 4 항 인(寅)과 **1988-2047 년.**

12 지지 중에 인(寅)은 호랑이를 뜻한다. 1988 년에 올림픽 마스코트로 호돌이를 택한 것은 이와도 일맥상통한다. 그리고 한반도를 호랑이로 상징하여 만주로 용약하는 그림도 역시 1988 − 2047 년간 우리의 모습과 일맥상통한다.

제 2 절 88 올림픽

　1988 년으로부터 72 갑자 전인 4320 년 전 무진년은 두성(斗星)의 자리에 들어간 첫해였고 그 해에 단군조선이 열렸었다. 그러면 그때부터 4320 년 후 다시 두성(斗星)의 자리에 들어간 해인 1988 년에는 어떤 일이 일어났던가 ? 바로 올림픽이었다.

　이러저러한 정치적 이유로 1988 년의 의미는 우리에게 퇴색되고 잊혀져 가고 있지만 1988 년 올림픽은 상식적인 의미의 올림픽이 지니는 의미의 수 백배,수 천배의 의미가 있는 우리 민족으로서는 결정적인 해였으며 4320 년 전에 단군조선을 세웠던 그 기운이 그대로 우리에게 돌아온 해였다. 즉 단군조선이 구한(九桓)을 통국한 것은 무력으로가 아니라 평화로 가능했었다. 그래서 단군왕검께서 전해주신 단군팔조교(檀君八條敎)를 격암유록에서는 아예 평화문(平和文)이라고 설명했다. 바로 그 평화의 힘이 4320 년 만에 우리 민족에 의하여 이땅에 다시 꽃핀 것이 88 올림픽인 것이다.

❁　격암유록 은비가　❁

> 四乙之中 三聖出 西方結寃 東 方 解
> 사을지중 삼성출 서방결원 동방해

사을지중이란 사구합체(四口合體)와 같은 말로서 36 × 4 = 144 를 의미한다. 144 는 곤지책으로서 후천의 원리를 말하며 사구합체의 가운데서 삼성이 출현함은 곧 오구합체(五口合體)를 말한다.

　즉 후천의 중앙에 36 궁이 자리하는 것을 말한다. 이러한 움직임이 일어나는 때가 1988 년에서 60 년간이라는 설명이다. 즉 1988 － 2047

년 사이이다. 이때 우리민족은 4320년 만에 다시 인류역사의 중심
에 복귀한다는 것이다.

그때 서양에서 맺힌 원한이 동방에서 풀린다 했다. 과연 그 이전
의 로스엔젤레스 올림픽은 공산측이 불참한 반쪽짜리 올림픽이었
고 ,그 이전 모스크바 올림픽에는 자유 진영에서 불참한 반쪽짜리
올림픽이었다. 그러한 극에 달한 동서의 냉전 무드가 한국의 서울
올림픽에서부터 풀리기 시작했다.

세계적인 전인류적인 해원(解冤)의 움직임의 시작점이 바로 1988
년에 열린 올림픽인 것이다. 그리고 은비가에서 말하는 해원(解怨)이
라는 어휘 역시 단군조선의 최우선 정책이었음을 상기할 필요가 있
다.

✿   격암유록 새삼오장(賽三五章) ✿

西氣東來 救世眞人 天生化柿 末世聖君
서기동래 구세진인 천생화시 말세성군

천생화시(天生化柿): 시(柿)는 시목(市木)으로 신시목(神市木)이 된다.
이는 신단목(神檀木)으로 밝달 진리,밝달 진인을 말한다. 밝달 진인
은 곧 밝은 분으로 이는 곧 삼일신고와 366사(참전계경)의 밝은 분
인 철인(哲人)으로 한인, 한웅, 한검할아버지를 이르는 말이니 과연
하늘이 낸 밝달 진인이다.

서양의 기운이 동양으로 옮겨 올 때가 세상을 구하는 진인(眞
人)의 시대로서 일신(一神)의 화현인 삼천신(三天神)으로서 밝
달 진인이 곧 말세의 성군(聖君)이다.

혼돈과
1 3 8   파천황

1988 년의 올림픽은 서양인들이 오래 전부터 만들어 온 원한과 대
립의 덩어리가 동양의 한국에서 풀리는 시작점이 되었다. 즉 동서
대립이 1988 년을 기점으로 풀어졌고 공산주의는 사라지기 시작했다.
즉 동서 대립이 끝나고 동서 해원(東西解冤)의 시작점이 된 것이다.
 또한 서양의 기운이 동양으로 들어오는 서기동래(西氣東來)의 시작
점이 된다.

❂   김운용 IOC 부위원장(1993 년 5 월 17 일자 조선일보) ❂

> 88 올림픽은 세계가 놀란 평화의 대제전이었습니다.
> 동서화합을 이룬 무대였다는 평가도 얻었지요

김운용 올림픽 부위원장이 말하고 있는 내용은 1988 년 올림픽에 대
한 세계인의 평가를 옮긴 것이다.
 놀랍게도 이 내용은 예언론에서 말하는 미래에 대한 예언과 두
가지 점에서 사용된 어휘가 같다. 즉 평화와 동서화합이다. 격암유
록은 단군팔조교를 설명하여 평화문(平和文)이라고 말하였다. 이 말
은 단군왕검께서 전쟁 없이 평화로서 구한을 통일한 그 비밀이 단
군팔조교에 있음을 상징한 것이다.
 그리고 그 단군팔조교가 출현한지 4320 년 즉 72 갑자 후에 그
후손들에 의해 세계인이 벌린 축제를 평화의 대축제라고 말하는 것
이다. 또한 예언론에서는 동서해원이라 하여 동서간에 생긴 모든 원
한을 푸는 때를 말세성군이 출현하는 때라고 했다. 똑같은 내용의
말을 동서화해라는 말로서 1988 년 올림픽을 설명하고 있다.
하나의 사건에 대하여 이미 수백년전에 말한 예언과 과거에 대한
평가가 정확하게 일치하고 있음을 발견할 수 있는 것이다.

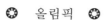

❂ 올림픽 ❂

올림픽을 시작점으로 한 대전환은 이미 일어났고 일어나는 중이다. 즉 올림픽 이후 동서의 이념 대립은 전쟁 없이 종지부를 찍었다.그리고 공산권은 몰락하였다. 그리고 세계는 새로운 대변혁의 시대로 접어들고 있다.

88 올림픽 후 냉전시대가 종식된 다음 가장 큰 변화는 국가와 국가의 국경이 지니던 종래의 성격이 변화하고 있다는 것이다. 그 변화는 우루과이 라운드에서 보듯 더 이상 국가가 국가 안의 국민의 이익을 보장해 줄 수 없게 되고 있다.

따라서 사람들은 냉전시대는 달리 정치에 대한 관심이 급격히 줄어들고 있다. 또한 산업혁명 이후 세계를 지배해온 물질문명은 올림픽 이후 급속하게 정보화되고 있다.

이 놀라운 변화들은 아직은 빙산의 일각 정도가 드러난 것에 지나지 않지만 과거에는 상상조차 못하던 변화들인 것이다.

앞으로 닥쳐올 여러 가지 변화에 견디어 나가는 방법은 무엇인가 ? 도대체 무엇이 나를 보호해 줄 것인가 ? 예언서를 읽는 기본 목적은 바로 이러한 것일 것이다.

제 3 장 다섯번 가운데 셋

　1988 년에서 60 년간 진사년(辰巳年)은 모두 다섯번이 있다. 그 다섯번 중 시작인 1988,1989 년과 끝인 2036,2037 년을 제외하면 세 번의 진사년(辰巳年)이 있게 된다. 이 다섯번의 진사년을 진사오변이라 하고 그 중 세 번의 진사년을 진사오변지삼 이라 한다.

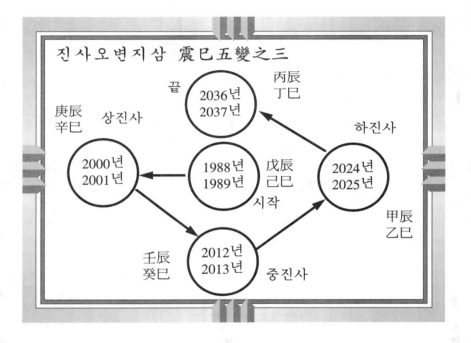

　이 세 번의 매듭이 마치 파도와 같이 거듭되면서 우리 배달민족은 대대적인 약진을 이루게 된다. 물론 일찌기 없었던 고통도 감수해야하는 것이다.

　진사삼변의 직접적인 체계와 예언의 내용은 각각 상진사, 중진사, 하진사에서 충분하게 설명될 것이다. 여기서는 이 같은 36 년간의 진사삼변 기간 동안을 통틀어서 전체적으로 생각해 보기로 한다.

　진사삼변의 36년간은 물질문명이 정신문명으로 전환되는 때이며 동시에 해양세력의 활력이 대륙세력으로 넘어가는 시대이다.

　이 36년동안 중국은 티벳트와 중앙아시아, 만주가 떨어져 나가고 또 남북으로 분열되며, 러시아는 동서로 분열을 거듭하게될 것을 예상할 수 있다.

　이같은 대격변에서 우리민족은 남북통일을 이루고 나아가 과거 단군조선의 영토를 회복하며 새로운 정신문명을 확립하고 모든 면에서 대륙국가로서 세계의 강대국이 된다는 것이다. 물론 그것이 말로 되는 것이 아니라 견디기 어려운 엄청난 시련뒤에 이루어진다는 것이다.

　제 1 항 진사오변지삼의 예언

❂　격암유록 은비가(隱秘歌)　❂

　　　천시삼운삼시출
　　　天時三運三時出

천시에 세 번의 운이 있으니 세 번의 때가 출현한다.

❂　격암유록 무용출세지장(無用出世將)　❂

　　　성지출세삼유진사 입어십승
　　　聖之出世三有辰巳 入於十承

혼돈과
파천황

세 번의 진사년에 성인이 출세하니 우리 민족이 단군조선이 래 아홉번 변하여 열번째의 승리(十承)를 맞게 된다.

❂ 격암유록 은비가(隱秘歌) ❂

삼재팔란병기시 진사성인출삼시
三災八亂竝起時 辰巳聖人出三時

전쟁,돌림병,흉년의 세 가지 재앙과 배고픔, 추위, 더위, 물난리, 불난리, 칼, 병란의 여덟 가지 재난이 잇달아 일어날 때 세 번의 진사년동안 성인이 출세하신다.

전쟁과 괴질 그리고 기상이변으로 인한 흉작은 이미 지금도 지구촌 곳곳에서 일어나고 있는 현상이다. 또 배고픔, 추위, 더위, 물난리, 불난리, 칼, 병란의 여덟 가지 재난도 이미 지구촌에 만연되어 있다. 인류가 이 삼재팔난에서 완전히 해방된적이 한번도 없지만 그것이 장차 더욱더 심각하게 위협하리라는 것이다.

2000 - 2036 년간 성인이 출세하여 한민족을 최종적인 승리로 이끌 때까지의 상황은 성인이 아니면 다스리지 못할 정도의 극심한 혼돈이 될 것으로 예언서의 저자는 생각한 것 같다.

❂ 격암유록의 승운론 ❂

성인출은 진사당운 사인불인 성인출이요
聖人出은 辰巳當運 似人不人 聖人出이요

성인이 출세하는 때가 진사당운이라 했고 인간과 같으면서
도 인간이 아닌 성인이 출세한다.

예언서에는 사인불인(似人不人)이라는 말이 자주나온다. 혹자는 이
를 우주인이라 풀이하기도한다. 사람들은 진리에 접근하게 되는 결
정적인 순간에 U.F.O 라던가 초인간적인 능력 즉 축지법이나 공중부
양 ,텔레파시 등과 같은 문제를 내세워 순식간에 문제의 핵심을
흐리고 영원한 미궁속에 빠져들어 허우적거리게 된다.

이같은 시도는 자신도 모르게 정신적인 분야인 진리를 물질적인
분야인 과학에 예속시키는 위험한 시도인 것이다.

또 서양에서는 U.F.O 를 신격화하는 운동이 전개되고있다. 이 역시
어리석은 시도가 아닐 수 없는 것이다.

신(神)을 스스로의 중심에서 찾지 못하고 자신의 밖에서 찾으로려
고 지구전체를 헤매다가 급기야는 우주로까지 헤매려고 하는 것이
다. 그러나 우주선을 타고 아무리 헤매야 신(神)을 찾지는 못한다.
신(神)은 인간의 중심에 있기 때문이다.

인간은 스스로의 중심에 하나님(一神)이 존재함으로서 이미 우주
삼라만상에 둘도없는 위대한 존재이다.

우주인이 누구이든 인간의 중심에 존재하는 하나님(一神)의 존재
를 능가하는 존재일 수 없다. 또 인간이 어떤 엄청난 초능력을 갖
든 그 초능력이 모든 인간의 중심에 존재하는 하나님(一神)의 덕과
지혜와 힘과 비교될 수 없다.

이 예언서에서 말하는 "인간같지만 인간이 아닌 성인"이란 인간
의 중심인 하나님(一神)에 완전하게 합일(合一)이 된 존재를 말하는
것이다.

❁ 격암유록의 생초지락 ❁

| 무성무취 진천강..... | 오인홀각 신화경 | 주역음부 기성연야. |
| 無聲無臭 震天降 | 吾人忽覺 神化經 | 周易陰符 其性然也. |

소리도 냄새도 없는 제(帝)께서 하늘에서 강림하시니 홀연히
신화경을 깨닫는다. 주역과 음부경 그 모습이 이러한 것이로다.

[풀이] 지부경(地符經)과 인부경(人符經)

진천강(震天降)은 역경의 제출호진(帝出乎震)을 나타낸다. 이 말은
과거 한웅할아버지께서 개천을 하심을 상징하는 말이다. 또한 진(震)
은 곧 진(辰)이니 진사년에 성인의 강림이 있다는 말이 된다.

그리고 신화경(神化經) 즉 한웅할아버지께서 전해주신 천부경(天
符經)을 깨닫으니 주역과 음부경의 근본적인 모습이 바로 천부경(天
符經)의 원리에서 유래한 것임을 홀연히 깨달았다는 것이다.

과연 이부분을 명확히 알고서만이 우리나라 예언서의 저자들이
사용한 가장 근본적인 열쇠를 이해할 수 있는 것이다.

또 필자를 찾아온 사람들 중에는 지부경(地符經)과 인부경(人符
經)이 무엇인지를 묻는 사람이 간혹있다.

천부경(天符經)이 있으니 지부경(地符經), 인부경(人符經)도 있지
않겠는가하는 점에서 나온 생각인듯하다. 필자로서는 굳이 지부경
(地符經)이라는 어휘를 붙이려면 그건 주역(周易)과 음부경(陰符經)
을 지부경(地符經)이라고 할 수 있을 것이라고 말한다. 또 굳이 인
부경(人符經)이라는 어휘를 붙이려면 삼일신고(三一神誥)와 366 사
(事)를 인부경(人符經)이라고 할 수 있을 것이다 라고 말한다.

땅(地)은 필변하는 것으로서 변화의 주체이다. 그 변화를 설명하는 책으로서 주역(周易)과 음부경(陰符經)을 능가하는 경전은 없다. 따라서 이를 지부경(地符經)이라고 할 수 있다. 또 인간은 스스로 하늘(天)과 땅(地)을 포함하는 존재로서 만물의 영장이니 이를 설명하는 책으로 삼일신고(三一神誥)와 366 사(事)를 능가하는 경전은 없다. 따라서 이를 인부경(人符經)이라 할 수 있는 것이다. 이 구분에 크게 새로운 의미가 있다고 생각하지는 않는다 그러나 굳이 정리를 한다면 그렇게 된다는 것이다.

✪   격암유록 송가전   ✪

단서용법천부경에 무궁조화출현하니   천정명은 생명수요
丹書瑢法天符經에 無窮造化出現하니   天井名은 生命水요

 천부경은 진경야 성신검명소성진에 무전쟁이 천하화라
 天符經은 眞經也 聖神劍名掃腥塵에 無戰爭이 天下和라

재가무일수고로서 순순교화가라치니 천하만방요동하야
在家無日手苦로서 淳淳教化가라치니 天下萬邦撓動하야

시시비비상쟁론에 방도군자선입자들 왈가왈부고후로다
是是非非相爭論에 訪道君子先入者들 曰可曰否顧後로다

십년의병 천수대명 역천자는 망하나니
十年義兵 天受大名 逆天者는 亡하나니

시시비비모르거든 중구겸제유복자라
是是非非모르거든 衆口鉗制有福者라

단서(丹書):

　단서(檀書) 즉 단군왕검께서 전해 주신 경전으로 단군왕검께서는
한국,배달국이래 전해지던 천부경,삼일신고,366사를 전서(篆書)로 옮
겨 전하시고 따로 단군팔조교를 만들어 전하셨다.

　단군께서 전해 주신 천부경(天符經)은 무궁무진한 조화가 출
현하니 천부경의 진리는 북극성과 같이 우주 삼라만상의 중심
이 되는 생명의 원천이다.

　천부경(天符經)이야말로 진정한 경전으로서 성(聖)스러운 신
(信)께서 더럽고 추하고 날고기 썩는 비린내 나는 세상을 빗자
루로 쓸어버리듯 토벌하실 때 사용하시는 검(劍)의 이름이며
이를 사용하여 전쟁 없이 천하가 평화로워진다.

　쉬는 날이 없이 집에서 단군이래 전해진 순수 교화를 연구
하고 가르치니 세상 사람들이 요동하여 옳고 그르나 서로 다
툰다.

　선입(先入)한 수도자들이 옳으니 그르니 하며 둘러본 후에
라야 이루어진다. 하늘에서 명을 받아 10년간 힘을 기르니 하
늘의 뜻을 거스르는 자는 망하리라. 무엇이 옳은지 그른지 모
르는 사람들은 입을 다무는 것이 복 받는 사람일 것이다.

　단군조선 이후 4320년 후 60년간의 변화에 천부경(天符經)의 진
리가 핵심이 된다는 내용은 당연한 것이다. 왜냐하면 단군조선의 출

발 자체가 천부경과 삼일신고,366 사,단군팔조교의 진리로 시작되었
으며 그 후 지금까지 그 진리는 알게 모르게 우리 민족의 심성에
바탕이 되고 있기 때문이다.

　따라서 4320 년의 매듭이 끝나고 새로운 시대가 시작될 때 처음
출발했던 때의 진리인 천부경,삼일신고,366 사,단군팔조교등의 진리
가 마지막 혼돈의 시대에 다시 출현하는 것은 필연적이라는 것이다.

　그리고 단군조선이 출발할 때처럼 이 경전들의 원리인 재세이화,
홍익인간의 철학을 사용하여 　전쟁 없이 평화로서 세상이 다스려진
다는 것이다.

　단지 이러한 거대한 흐름과 우리 한국 정신의 경전이 말하는 진
리를 알지 못하는 철없는 사람들에게서 극심한 시기와 질투가 있을
것을 말하고 있다.

❂ 　격암유록 세론시 ❂

상진사　자수성가 중진사 구혼중혼십년 하진사 성덕악수
上辰巳　自手成家 中辰巳求婚仲婚十年 下辰巳　聖德握手

華燭東方琴瑟之樂　天地配合 山澤通氣 木火通明
화촉동방금슬지락　천지배합 산탁통기 목화통명

坤上乾下地天泰卦 知易理恩 三變成道義用正大
곤상건하지천태괘 지역리은　삼변성도의용정대

　상진사에 자수성가하고 중진사에 다시 결혼하여 10 년이며 ,

하진사에 큰 덕을 펼쳐 동방에 화촉을 밝혀 금슬의 즐거움을 누리니 산택통기하고 목화통명하니 지천태괘가 되는 이치이다. 역리(易理)의 은혜를 알라 세 번 변하여 도를 이루어 떳떳하기가 정대하게 된다.

이 예언은 진사삼변 동안의 내용을 말하는 것으로서 상진사(2000,2001 년)에 가서야 비로소 9000 년 역사의 한국고유의 정신이

자수성가를 한다 했고, 중진사(2012,2013 년)에 다시금 일으키며, 하진사(2024,2025 년)에 성스러운 덕을 만나게 된다는 골격을 말하고 있다.

그리고 그 기간의 내용을 역(易)으로 설명하여 산택통기(山澤通氣)라하여 간(艮)인 우리나라와 태(兌)인 미국과의 협력과, 목화통명(木火通明)이라 하여 동방과

남방과의 협력을 말하며, 지천태(地天泰)라하여 후천 시대의 전환을 말하고 있다.

또한 세번 변하여 정대하게 된다 했으니 이는 역시 진사삼변론이며 역리(易理)의 은혜를 알라는 것은 상진사는 택화혁(澤火革), 중진사는 화풍정(火風鼎), 하진사는 풍뢰익(風雷益)괘임을 말한다. 이 세개의 괘는 각각 배달백성이 새시대를 창조하는 일에 결정적인 역

활을 하니 역리(易理)의 은혜를 알라는 것이다.

✿　신교총화 자하선생훈몽　✿

선생왈 신불천왕 조화능력광대　　장위진태통일　자재이수중
先生曰 神市天王　造化能力廣大　　將爲震兌統一　自在理數中

왈 신교지위중교지위조위모지리 부대노노이략지
曰 神敎之爲衆敎之爲祖爲母之理 不待노노而略知

신도이철학자가기연 유래중엽 인정다사망본원
神道理철之學者可旣然 流來中葉 人情多私忘本源

이자주자존자 도도연　　개시 부시부구신불교
而自主自尊者 滔滔然　　皆是 不시不究神市敎

지본원여하야　역자실기원두시파　개불기연　비석처호
之本源如何也　亦自失其源頭始派　豈不慨然　悲惜處乎

　신불(神市)천왕 즉 배달국 한웅할아버지의　조화 능력이 광
대하였다. 장차 동서양 세계(震兌)가 하나로 통일되는　원리는
한웅할아버지께서 전해 주신 천부경, 삼일신고, 366 사(참전계
경)의 이수(理數)안에 모두 들어 있다. 신교(神敎) 즉 한국 고
유의 풍류도요 현묘지도가 이 세상　모든 종교의 조상이며,
모체라고 하는 진리라는 것은 구태여 긴말하지 않아도 이 경
전들의 내용에 비추어 보면 대략 알 수 있을 것이다.

혼돈과
파천황

　그러나 신도(神道)의 이철(理哲)을 공부하는 사람들이 이미 조선중엽 이후로 인정이 사사로움에 이끌려 경전의 본래의 가르침을 잊어버렸다. 따라서 만고불변의 진리인 신도(神道)의 이철(理哲)을 대신하여 자기 스스로를 위주로 한다. 또한 신도(神道)의 이철(理哲)을 전해 주신 분들을 버리고 자기 스스로를 높이는 풍조가 넘쳐 나게 되었다.

　이것은 모두 한웅할아버지의 가르침인 천부경,삼일신고,366사(참전계경)의 본원이 어떠한 것인지를 공부하려 하지 않을 뿐 아니라, 스스로가 유래한 근본을 잊어버렸기 때문이니 이를 어찌 개탄하지 않을 수 있겠는가 ? 참으로 슬프고도 가여운 일인 것이다.

　도(道)란 창조되는 것이 결코 아니다. 도(道)는 계승되어지는 것이다. 자하 선생은 장차 동서양 세계(震兌)가 하나로 통일되는 원리는 한웅할아버지께서 전해 주신 천부경, 삼일신고, 366 사(참전계경)의 이수(理數)안에 모두 들어 있다고 했다.

　이는 천부경(天符經)과 삼일신고(三一神誥), 366 사(事)등 배달민족 고유의 경전을 연구하는데 중요한 단서를 제공하는 것이다. 여기서 이(理)는 기(氣)와 대비되는 개념으로 태풍의 눈과같이 모든 움직임을 다스리는 중심이다. 수(數)라는 것은 우리배달민족의 경전은 모두 수(數)의 개념이 내포되어있음을 말한다. 즉 이(理)를 표현하는 방법에서 글이란 쓰는 사람에 따라 달라지며 읽는 사람에 따라 또 달라진다. 그러나 수(數)는 쓰는 사람이나 읽는 사람이나 혼란이 없다.

　그러므로 우리의 정신을 이수(理數)로서 분명히할때 동서양이 하나되는 기틀이 다져지는 것임을 말하고있다.

　따라서 천부경,삼일신고,366 사(참전계경)의 이수(理數)를 깨우치고

그것을 전해준 분들을 높이는 것은 만고에 떳떳한 수도자의 자세일
것이다.

그러나 공부가 부족하여 천부경,삼일신고,366사(참전계경)의 이수
(理數)에 전혀 접근조차 못하는 사람들이 이 경전들을 전해 주신 분
을 뒤로 젓히고 방자하게도 스스로가 그 앞에 서겠다는 사람들이
조선 중기 이후부터 많아 질 것이라고 말하고있다.

배달민족으로서 스스로의 근본이 됨과 동시에 학문으로는 스승이
되는 분을 저버리는 사람들을 볼 때 어찌 슬프고 가엽지 않느냐고
자하 선생은 말하고 있다.

이러한 사람들은 조선 중엽에서 시작하여 지금에 이르러 극성을
이루고 있으니 이야말로 진정으로 슬프고 가여운 일일 것이다.

❂   신교총화 자하선생훈몽 ❂

今世之人 知佛是佛而不解神市之眞市之理
금세지인 지불시불이불해신불지진불지리

將明於天下長男運更壯而小女從之理
장명어천하장남운갱장이소녀종지리

천하장남운(天下長男運):

역경(易經)의 설괘전(說卦傳)에 장남(長男)은 진괘(震卦)로 되어 있
다. 그리고 우리나라는 고래로 스스로를 진국(震國)이라 하였다. 발
해가 스스로를 대진국(大震國)이라한 것과 박혁거세가 신라를 진국
(辰國)이라한 것이며 단군조선의 별칭으로 진국(辰國)이라한 것과 이
능화 선생이 우리 민족을 진단백민국(震檀白民國)이라한 것등이 모

두 같은 말이다.

자하 선생이 말하는 천하장남운(天下長男運)이란 과거 한국, 배달국, 단군조선 등에서 천하를 울리던 진정한 배달민족의 운이 다시금 돌아옴을 말한다.(현묘지도 한역 참조)

소녀(小女):
역시 설괘전에서 소녀란 태괘(兌卦)를 말하며 이는 서방으로서 미국을 지칭한다.(현묘지도 한역 참조)

요즘 사람들은 다만 불(佛)만 알고 불(佛)이 의미하는 불(佛)이란 신불(神市)의 진불진리(眞市眞理)임을 헤아리지 못한다. 장차 밝고 밝은 천하에 장남(長男) 즉 대진(大震)의 운이 다시 장대해질 때 소녀(小女) 즉 태방(兌方)사람들이 진불 진리(眞市眞理)를 따르게 된다.

흔히 신시(神市)로 읽는 것이 일반적이지만 이를 정확히 읽으면 신불(神市)이 되어야 함을 알려 주는 내용이다. 그리고 한웅할아버지를 의미하는 신불(神市)이야말로 진불(眞佛)임을 사람들이 알지 못한다는 것이다. 과연 불교의 대웅전은 곧 한웅전인 것이다.

그리고 태방인 미국 사람들이 9000년 역사를 지닌 우리 민족 고유의 정신을 따르게 된다고 말했다.

다시 말해 장차 미국인들은 인간의 질을 신(神)의 경지로 높여 주는 만고불변의 진리가 담겨져 있는 천부경, 삼일신고, 366사, 단군팔조교, 삼륜구서를 위시한 많은 경전의 가르침에 귀의하리라는 예언이다.

우리 민족의 경전이 중점적으로 강조하는 것은 가정을 중요시하는 것이다. 그리고 가정을 바탕으로 가문과 사회와 국가와 세계를 향해 재세이화, 홍익인간의 이상을 펼치는 것이다. 이러한 관점에서 볼 때 이미 벼랑 끝에 서 있는 미국의 가정에 9000년 역사의 배달의 가르침은 그야말로 생명수(生命水)가 될 수 있을 것이다.

이미 이 예언은 예언이라기보다는 선택의 여지가 없는 현실적인 내용이 되고 있는 것으로 보여진다. 그리고 이 예언은 미국만을 한정하는 것이 결코 아닐 것이다.

❀　채지가　❀

이리 가면 정도(正道)되고 저리 가면 이단(異端)이지
빈중 빈중 말을 하니 아니꼽고 더럽더라
코를 들고 대하려니 냄새나서 못 대할 너라.

동서의 역사를 막론하고 무능한 종교인들이 자신들의 기득권을 지키기 위해 전가의 보도처럼 휘둘러온 수단이 흑백논리이다. 유럽과 미국에서는 마녀사냥이라 해서 생사람을 마녀로 몰아세워 불태워 죽였으며 이와 대동소이한 일이 동양에도 난형난제격으로 많다.

자신이 확보하고 있는 이익을 지키는 수단을 정도(正道)라하고 그 이익을 위협하는 모든 것을 이단(異端)이라 하는 풍토에서 진리는 빛을 잃을 수 밖에 없다.

채지가에서는 대도(大道)의 진리가 나올 때 이러한 사람들이 빈정거리는 말을 더럽고 아니꼽다고 했다. 그리고 이단을 주장하는 사람들의 타락상에 냄새가 나서 차마 코를 들지 못하겠다고 했다.

그러나 어느 시대이든 정법(正法)이 나올 때면 이러한 못난 사람들의 어리석은 비웃음, 비열한 음해 등의 시도는 늘 있어 왔다.

❂ 격암유록 말운가 ❂

> 천지작죄요마인 좌정관천시비판 무복지인가소재
> 天地作罪妖魔人 坐井觀天是非判 無福之人可笑哉

우물 안에 들어앉아 하늘을 보며 비판을 하는 요사스러운 마인(魔人)이 있어 하늘과 땅에 죄를 짓나니 이는 가소롭기 그지없고 복도 없는 사람이다.

[풀이 1]

우물 안의 개구리는 큰 하늘 큰 땅이 있는지를 알리 없다. 단지 우물 안이 내 영토인 것 만을 자랑스럽고 만족스러워 하며 누가 그 우물 안의 영토를 빼앗을까봐 전전긍긍하는 불쌍하고 속 좁은 파충류이다. 이 같은 파충류와 같은 사람들이 다시금 대도(大道)가 출현할 때 자기 분수를 모르고 비판을 하니 그가 어떤 외형을 취하고 있든지 이는 요사스러운 마귀의 가소로운 작태로서 그에게 하늘이 복(福)을 줄리 없다는 것이다.

[풀이 2]

   독립운동가이자 불세출의 역사가인 단재 신채호 선생은 그의 소
설 꿈 하늘 ¬ 을 통하여 시기심으로 똘똘 뭉쳐진 못난 인간들의 '시
샘'이 우리 역사를 얼마나 추하게 더럽혔나에 대하여 비교의 대상을
찾을 수 없을 만큼 자세히 설명하고 있다.

                                           신라 이후 우리나
                                       라의 역사는 시기심
                                       에 가득찬 징그러운
                                       독사나   하이에나와
                                       같은 류의 인간들이
                                       항상 이기는 역사였
                                       다. 신 채호 선생의
울분에 찬 내용을 옮겨 보면 다음과 같다.
   "시기심이란 재주 없는 놈이 재주 있는 놈을 미워하며, 공 없는
놈이 있는 놈을 싫어하여 죽이려 함이다",라고 먼저 정의했다.
   그리고 그는 뛰어난 역사가답게 많은 예를 들어 설명했다. 그는
삼국시대에 우리가 강성함이 커지지 못한 원인을 먼저 시기심에서
찾아냈고 시기심이 본격적으로 나타나기 시작한 때를 삼국시대의
말기로부터 보았다.
   즉 "세월이 흘러 삼국의 말엽이 되니 내가 간 곳마다 성공하여.."
라는 말로 시작하며 삼국시대말에 시기심이 우리민족을 파탄에 이
르게 했음을 말한다.

¬ 꿈하늘 신채호저 동광출판사

그 예로서 "백제의 의자왕 때 군신이 서로 시기하여 성충이며 홍수며 계백 같은 어진 신하 용감한 장수를 멀리하여 망함에 이르렀고 ,고구려에서는 남생의 형제가 서로 시기하여 나라를 망쳤고 ,백제 중흥을 외치던 복신을 풍왕이 시기하여 손바닥 ,발바닥이 뚫리는 악형을 받으며 백제 중흥의 대업은 사라졌다"는 등의 예를 들었다.

또한 말하기를 "이 뒤부터는 더욱 내판이라 고려왕씨조 ,조선이씨조는 모두 내 손에 공기 노는 듯하여 군신이 의심하며, 상하가 미워하며, 문무가 싸우며, 사색 당파가 서로 잡아먹으며...."

라고 하여 고려와 조선에서는 본격적으로 시기심으로 가득찬 인물들이 정치판을 주도하여 나라를 망쳤음을 말하고 있다.

그 예를 들어 "이백만 홍건적을 쳐 물린 정세운도 죽이며, 수십년 해륙전에 드날린 최영도 베며, 팔년 왜란에 바다를 진정하여 해왕이란 이름을 가지던 이순신도 가두며, 일개 서생으로 가등청정을 부수고 함경도를 찾던 정문부도 죽이어 드디어 금수강산이 비린내가 나도록 하였노라."라고 하였다.

단재 신채호 선생은 우리나라의 역사 가운데 가장 큰 비극을 무능력하고 ,사대주의의 노예의 근성에 사로잡혀 있되 시기심만은 하늘을 찌르는 듯한 사람들에 의해 배달민족다운 영웅호걸들의 씨가 말랐다는 점에서 찾았다.

신채호선생이 지금까지 살아계신다면 아마도 한줄더 보탤것같다. 백범 김구선생이 암살당한 일에 대한 울분과 그일이 분기점이되어 우리민족을 지탱해온 정신적 대들보가 어떻게 흔들렸나는 것을 ....

신채호 선생의 '시김심론'에 대한 열변과 같이 신라 이후 우리나라에 잘못 태어난 걸출한 인재들은 시기심이라는 백약(百藥)이 무효(無效)인 고질병중의 고질병에 의하여 무수히 죽어 갔다.

그리고 그에 대한 당연한 결과로서 우리민족은 활력을 잃고 지나

족에 복속당하고 ,여진족에게 복속당하고, 왜인들에게 복속당하는
치욕을 당하였다.

  예언서에서도 바로 이점을 대단히 세밀하게 지적하고 있는 것이
다. 예언서는 9000년의 역사를 지닌 대도(大道)를 설명하는 경전과
예언론이 나와 우리민족이 4320년만에 새로운 기운이 다시금 약동
하기 시작할 때 또 그 고질병이 본격적으로 도질것임을 말하고 있
다. 즉 그 내용이 무엇인지 파악할 최소한의 능력도 전혀 없지만
시기심만은 우리 민족 9000년 역사상 그 누구에게도 지지 않는 인
물들이 눈이 벌개져 그 시기심을 불태울 것이라는 것이다. 이들은
9000년 역사의 한국 정신의 대도(大道)의 진리가 나오므로 해서 자
신의 기득권이 위협을 받는다 생각하여 시기심이 본격적으로 발동
하리라는 것이다.
  이들은 사사건건 시비를 걸어오며, 무엇이 무언지도 모르고 비웃
을 것이라는 것이다. 그러나 이러한 사람들은 천부경, 삼일신고, 366
사, 단군팔조교등과 예언서의 내용에 대하여 옳다 그르다 할 기본적
인 지식조차 구비하지 못한 사람들이니 모르면 차라리 입을 꽉 다
물고 있는 것이 진정으로 복을 받는 일이라고 했다.
  9000년 역사의 대도(大道)가 다시 출현하는 것은 하늘의 일(天

道)로서 지난 역사를 한없이 더럽힌 그 더러운 시기심으로 더 이상 방해될 수 있는 일이 결코 아니라는 것이다.

그리고 그 기득권이란 우물 안의 개구리가 주장하는 우물 안의 영토에 불과하다는 것이다. 따라서 하늘을 거스르는 자는 망한다 했다.(逆天者 亡).

.

❂   격암유록 격암가사(格庵歌辭) ❂

우명자가 선래로다 포덕천하 대급시를

牛鳴者가 先來로다 布德天下 大急時를

우명자(牛鳴者):

소울음소리를 한문으로 조합하면 소(牛)+소리(言)+을음(口)= 고(誥)이다. 한단고기에는 삼일신고(三一神誥)를 줄여서 고(誥)라고 했다.

우명자는 곧 삼일신고의 가르침을 전하는 자로서 삼일신고의 진리는 삼신(三神)이 일체(一體)가 되는 진리이다. 또한 우명자는 삼(三)인 인간이 일(一)인 신(神)이 되는 삼일신고의 주제인 후천 원리를 원리를 가르치는 사람. 궁을선(弓乙仙)과 같은 말.

진단구변지오가 시작되는 1988 이후 우명자 즉 천부경, 삼일신고, 366 사의 이치를 깨치고 새시대가 열리는 소식을 전하는 사람이 먼저 출현하게 된다.

이때가 4320 년 전 단군께서 전해주신 천부경, 삼일신고, 366 사, 단군팔조교등의 진리를 천하에 전해야 하는 급하고도 급할 때이다.

우리 배달민족의 고유한 정신은 일경(一經), 이고(二誥), 삼사(三事)라는 삼대 경전으로 전해지고 있다. 이는 모두 6000년 전 배달국 한웅할아버지이래 문자화되어 전해진다.

일경(一經)은 그 첫 번째로 천부경(天符經)으로 우주 삼라만상의 모든 진리를 숫자와 도형과 부호로 표현한다.

이고(二誥)는 그 두 번째로 삼일신고(三一神誥)이며 천부경의 숫자와 도형과 부호를 말(誥)로서 알기 쉽게 설명한다.

삼사(三事)는 그 세 번째로 366사(참전계경)으로 천부경의 숫자와 도형과 부호 그리고 삼일신고의 말(誥)을 인간이 겪는 모든 상황에 맞추어 366가지로 압축한 경전이다.

이 예언에서 말하는 우명자(牛鳴者)는 다른예언에서 말하는 궁을선(弓乙仙)과 '최착'과 같은 개념이다.

❂   격암유록 격암가사(格菴歌辭)   ❂

천하일기재생신(天下一氣再生身)   불포태기년간에(仙佛胞胎幾年間)에 천도문(天道門)이 열려 오고 어화 세상 사람들아 알어보고 알어봐서 남의 농사(農事) 그만 짓고 내 집 농사(農事) 지어 보세 .
복(福)받아라 부는 노래 사해(四海)가 진동커늘 불고부모(不顧父母)가는 사람 답답하고 불상(不詳)터라 천지합덕부모(天地合德父母)이 무지인간(無知人間) 살리자고 천어전(天語傳)에 이른 말을 사람부지(不知) 욕(辱)을 하니 네 죄상(罪狀)이 더럽구나

천어전(天語傳): 천어전(天語傳)은 곧 천부경,삼일신고,366사를 말하지만 위의 내용은 '단군팔조교'의 내용으로 구성된 것으로 보아 단군왕검께서 전해 주신 '단군팔조교'를 말하는 것으로 보인다.

천하의 유일(惟一)한 기(氣)가 다시 부활하니 유불선(儒佛仙)을 포래(胞胎)한지 수 천년 만에 진정한 하늘의 도(天道)의 문(門)이 열려 온다.

⊠어화 세상 사람들이여 알아보고 또 알아보아 남의 농사 그만 짓고 내 집 농사지어 보세 복 받아라 부르는 노래 사해가 진동하거늘 진정한 부모를 모르고 가는 사람들 답답하고 또 불쌍하다. 하늘과 땅의 모든 덕을 합한 진정한 부모님이 알지 못하는 인간들을 살리려고 하늘 말씀이 적힌 경전에 이른 말을 사람들이 알지 못하고 욕을 해대니 너희들의 죄상이 참으로 더럽구나.⊠

[풀이 1]
" 어화 세상 사람들아 알어보고 알어봐서 남의 농사 그만 짓고
  내 집 농사 지어 보세 "
라고 하는 내용에서 농사(農事)란 한마디로 줄이면 배달민족의 경전인 천부경, 삼일신고, 366사, 단군팔조교등의 내용을 통해 깨우침을 얻는 것을 말한다.

굳이 "내 집 농사"라고 강조하지 않아도 이러한 공부는 우리 민족에게 9000년 전부터 전해져 온 우리의 고유한 정신에서 만이 찾을 수 있다. 그래서 내 공부도 돌다리를 두들겨 가며 건느듯 알아보고 알아보아서 하라고 강조하였다. 여기 저기에서 우리 것이라고 주장하며 민족이라는 이름을 사용하지만 복 있는 사람만이 진정한 내 공부를 할 수 있다는 것이다.

그리고 이제는 9000년의 엄청난 역사를 지니고 끊임없이 국가적으로 내려왔지만 지난 천 수 백년간 일시적으로 빛을 잃었던 배달민족의 대도(大道)가 다시금 그 모습을 드러내니 이젠 남의 농사 그

만 짓고 내 집 농사를 지어 보자고 한 것이다.

[풀이 2]

위의 내용은 "천하의 유일(惟一)한 기(氣)"가 기천년 즉 4320 년만에
다시 부활하며 이는 유불선이 있게 한 근원적인 도(道)로서 "진정
한 하늘의 도(天道)"이며 그 내용이 천어전(天語傳)에 실려 있다는
것이다. 천어전(天語傳)은 베달민족 고유의 경전인 천부경, 삼일신
고, 366 사, 단군팔조교, 삼륜구서등을 말하며 천어전(天語傳)에서 말
해지는 공통적인 내용은 인간으로서 도달할 수 있는 최고의 이상인
재세이화,홍익인간의 만고불변의 대진리이다.
    재세이화,홍익인간의 이상은 말장난이 아닌 100% 실천만을 의미
한다. 그러나 세상 사람들은 이 경전의 내용이 세상에 나와도 이를
모르고 말장난만을 즐기려 한다거나 심한 경우 욕을 할 것을 예언
하고 있으며 그럴 경우 그 죄가 매우 크다는 것을 말하고 있다.
    "하늘과 땅의 모든 덕을 합한 진정한 부모님"이라는 말은 곧 단군
팔조교에서 설명된다. 즉 "너희는 부모에게서 유래하고 부모는 하
늘에서 강림하셨느니라. 너희가 부모를 옳게 모시는 일이 곧 하나님
을 옳게 모시는 일이니라" 는 내용에서 말해지는 부모이다. 즉 모든
배달민족의 근본인 한인, 한웅, 단군할아버지를 말하는 것이다.

❊   격암유록 말운론(末運論)   ❊

| 승시지인 궁을정 전로송송불원개 .... 시독출세 인심즉천심 |
| 乘柿之人 弓乙鄭 前路松松不遠開 .... 柿獨出世 人心卽天心 |

시(枾):

木 + 市 = 신시(神市)의 박달나무 즉 신단목(神檀木) =한국 고유의 정신을 전해준 성인(聖人),철인(哲人) 그리고 그 진리를 따르는 사람들

단군조선이래 4320 년 후 다시금 돌아오는 단군조선의 운을 탄 사람이 곧 궁을정(弓乙鄭)으로 그 전로가 머지않아 술술 풀리리라. 그 분이 홀로 세상에 나오니 인간의 마음은 곧 하늘의 마음이다.

격암유록의 저자가 말하는 정도령(鄭道令)은 시(枾)라고 했으니 이는 곧 신단목(神檀木)아래서 신시(神市)를 여신 분이다. 그분이 홀로 출세한즉 인심이 곧 천심이라고 했다. 여기서 "인심은 곧 천심"이라는 문구는 4320 년 전 단군왕검 할아버지께서 단군조선을 여시면서 칙서 형태로 세상에 펴낸 단군팔조교(檀君八條敎)라는 경전의 제 2 조에 나오는 문구이다. 참고로 단군팔조교의 제 2 조를 알아보자.

" 하늘의 법은 오로지 하나이고 인간의 마음 또한 이와 같은
  것이니 스스로를 살펴서 마음을 바로하면
  이로서 다른 사람의 마음에도 미치게 되는 것이다.
  다른 사람을 교화하여 하늘의 법에 부합되게 할 수 있다면
  나아가 만방에 베풀어질 수 있는 것이다. "

이 내용에서 "하늘의 법은 오로지 하나이며 ,인간의 마음 또한 이와 같다."는 말은 곧 하늘과 인간의 마음을 동격으로 설정하고 있음을 알 수 있다. 이는 곧 인심(人心)은 천심(天心)이다. 바로 단군팔조

교를 예언서에서 그대로 인용하고 있음을 알 수 있다.

제 2 항 마방아지(馬枋兒只)의 예언

예언서를 이해하는 수단 중 마방아지(馬枋兒只)라는 문구는 의외로 중요하다. 경전과 역사와 예언이 하나가 되는 부분이기 때문이다.

우선 마방아지(馬枋兒只)의 사전적의미를 알아보자.

마방은 마방(馬房)으로서 마굿간의 설비가 있는 주막집이다. 마방간(馬房間)은 마방이나 바방집에 말을 매어두는 곳이다. 마방객주(馬房客主)란 주로 말을 데리고 다니는 나그네나 장사꾼을 상대로 영업을 하는 주막집으로 평안북도 사투리이다. 아지는 아재와 같은 말로 어저씨의 낮춤말이다.

따라서 마방아지란 주로 말을 데리고 다니는 장사꾼을 상대로 영업을 하는 어저씨라는 의미로 해석할 수 있다. 이 사전적 의미에서 생각해낼 수 있는 것은 도선비기에서 알아본 철기삼천(鐵騎三千)이다. 이는 한웅할아버지가 삼천(三千)의 천병(天兵)을 이끌고 배달국을 세운 고사를 말하는 것이다.

즉 새로운 천명(天命)을 받아 삼천(三千)의 천병(天兵)을 이끌고 새로운 세상을 창조하는 주체를 마방아지라고 해석할 수 있는 것이다. 그러나 예언서에서는 마방아지(馬枋兒只)로 사용되어 방(房)자가 방(枋)자로 사용되어 또 다른 의미를 감추어 두고있다.

❁ 격암유록 계명성(鷄鳴聲) ❁

馬枋兒只나오신다 蔑視말고 잘 모시어라

| 마방아지 | 멸시 |

❋   격암유록 은비가(隱秘歌) ❋

| 마방아지수가지 마성하성세인찰 |
| 馬枋兒只誰可知 馬姓何姓世人察 |

마방아지를 어떻게 알겠는가? 마성(馬性)이 어떤 성씨인가를
살펴라.

❋   격암유록 승운론(勝運論) ❋

| 鄭氏道令알려거든 馬枋兒只問姓하소 |
| 정씨도령   마방아지문성 |

정도령을 알려거던 마방아지의 성이 무언지 알아보소

❋ 격암유록 도부신인 ❋

| 馬性鄭氏 天馬오나 彌勒世尊稱號로다. |
| 마성정씨 천마   미륵세존칭호 |

마성정씨는 천마(天馬)로서 미륵세존의 칭호로다.

예언서에 나와 있는 마방아지에 대한 예문은 예언서 자체적으로 무
엇을 의미하는 것인지를 밝혀 주고 있다. 단 그 자료가 정리될 때

비로소 격암유록의 저자가 말하고 져 한 바가 드러나는 것이다. 위
의 예문을 정리하면 아래와 같다.

1. 마방아지가 세상에 출세할 때는 멸시를 받는다
2. 마방아지의 마성(馬姓)은 무엇인가 ?
3. 정도령이 곧 마방아지이다.
4. 정도령인 마방아지는 천마(天馬)이다.

이상의 내용을 살펴볼 때 마방아지를 알기 위해서는 천마(天馬)가
무엇인가를 아는 것이 문제의 핵심임을 알 수 있다. 천마(天馬)가 무
엇인지는 다른 방법으로 단번에 설명할 수 도 있겠으나 예언서의
다른 예문에서 천마(天馬)가 무엇인지 나타나 있으므로 예언서 자체
에서 천마(天馬)에 대한 자료를 정리 해보자.

❃   남사고예언서   ❃

> 牛性在野牛鳴聲 天馬地牛眞牛性 鄭氏鄭氏何鄭氏 滿七加三是鄭氏
> 우성재야우명성 천마지우진우성 정씨정씨하정씨 만칠가삼시정씨

우성재야우명성(牛性在野牛鳴聲):
    우(牛)는 곧 곤(坤)이며 땅으로서 후천을 상징한다. 그리고 소 울
음소리는 牛＋口＋言＝고(誥)로서 삼일신고(三一神誥)를 말한다.
    이는 모든 인간이 신(神)이 되는 삼일신고(三一神誥)의 원리가 곧
후천 원리라는 것이다.

천마지우진우성 (天馬地牛眞牛性)

혼돈과
파천황

이 예언은 역경(易經)의 설괘전의 응용이다. 즉 하늘을 상징하는
건(乾)은 마(馬)이며, 땅을 상징하는 곤(坤)은 우(牛)이다. 이를 천마
지우(天馬地牛)라고 한다. 여기서 마방아지(馬枋兒只)의 마(馬)란 곧
하늘을 의미하는 건(乾)을 상징하는 것이다. 이제 마방아지(馬枋兒
只)=천마(天馬)라는 내용이 무엇인지 확연해진 것이다.

그리고 천마지우(天馬地牛)라고 한 것은 선천을 열렸던 주체가 다
시금 후천을 연다는 의미이다.

만칠가삼시정씨(滿七加三是鄭氏): 7 + 3 = 10 으로서 십승(十勝).

후천의 원리가 들(野)에 있으니 삼일신고의 송경(誦經)소리
가 울린다. 씨앗이 열매가 되듯 선천을 연 주체가 다시금 후천
을 연다. 그 분이 4320 년 동안 나라의 이름이 아홉번 바뀌고
열번째 출현하여 승리를 이루는 분이다.

[풀이] 천마(天馬)와 마방아지(馬枋兒只)

이제 정리해보자. 천마(天馬)와 마방아지(馬枋兒只)의 연관성을
알기위해 먼저 마방아지(馬枋兒只)라는 말 자체가 무엇을 의미 하는
가를 살펴보자.

우선 마방아지(馬枋兒只)는 마방(馬枋) + 아지(兒只)로 나눌수 있다.
여기서 아지(兒只)의 사전적인 의미로서 '아저씨의 낮춤말 이외에
'새끼, 작은 것, 낮은 것'을 의미하기도한다. 예를 들면 '송아지'하
면 소의 작은 것이다. '망아지'하면 말의 작은 것이다. 이 같은 용
법으로 사용된 말에 '모가지', '미꾸라지' 등이 있다. 이같은 과점에

서 볼 때 마방아지(馬枋兒只)란 마방(馬枋)의 새끼, 작은 것, 낮은 것
을 의미한다.

천마지우(天馬地
牛)라고 한 것은
천마(天馬)로 상징
되는 건(乾)을 선
천으로 설정하고 ,
지우(地牛)로 상징
되는 곤(坤)을 후
천으로 상징한 것
이다. 그리고 그
의미는 선천을 열

었던 주체가 다시금 후천을 연다는 의미이다.

이는 씨앗이 열매가 되어 다시 돌아온다는 것이며 천부경(天符經)
의 무한한 근본인 무진본(無盡本)이 움직이지 않는 근본인 부동본
(不動本)이 되어 다시 돌아온다는 것이다.

따라서 마방아지(馬枋兒只)는 선천의 주인공인 천마(天馬)임과 동
시에 후천의 주인공인 지우(地牛)로 상징된다는 것이다.

그렇다면 마방아지(馬枋兒只)에서 '방(枋)'은 과연 무엇인가 ?
원래 사용되는 말로 마방아지(馬房兒只)에서는 말을 매는 '방(房)'이
지만 예언서에서는 '방(枋)'으로 사용되었다.

먼저 사전을 찾아보면 '방(枋)'의 뜻은 '박달나무'라고 나와 있다.
'박달나무'란 과연 무엇인가 ? 이는 우리 민족 역사의 시작에서 항
상 등장하는 이른바 신단목(神檀木)이다. 한웅할아버지께서 태백산의
신단목(神檀木)밑에서 천병(天兵) 삼천(三千)을 이끌고 신시(神市)를
여셨다는 내용에서 박달나무가 나온다. 이와 똑같은 의미로서 다른

예언에는 감나무 시(柿)자를 씀으로 서 市+木으로 신시의 나무이니 이 역시 신단목(神檀木)이다. 이는 곧 밝달이 의미하는 진리를 밝힌 분과 그를 따르는 사람들이다.

　이제 '마방(馬枋)'의 의미가 무엇인지 명확해진다. 이는 곧 우리 의 역사에서 삼천(三千)의 천병(天兵)을 이끌고 태백산의 신단목(神 檀木)밑에서 신시(神市)를 열고 개천(開天)을 이루시며 천부경(天符 經),삼일신고(三一神誥),366 사(事)를 전해 주신 분이다. 그 분이 바로 천부경(天符經)의 무한한 근본인 무진본(無盡本)으로서 후천에도 변 함없이 움직이지 않는 근본인 부동본(不動本)이 되어 다시 돌아온다 는 것이다.

　그러면 '마방아지(馬枋兒只)'는 무엇인가 ? 소의 작은 것,새끼가 송아지이고,말의 작은 것,새끼가 망아지이듯이 '마방아지(馬枋兒只)' 는 마방의 작은 것, 새끼이다. '마방(馬枋)'이 한웅할아버지임을 알았 으므로 '마방아지(馬枋兒只)'를 직역하면 한웅할아버지의 작은 것,새 끼이다. 따라서 '마방아지(馬枋兒只)'는 한웅할아버지의 직계 후계자 로 볼 수 있을 것이다. 그렇다면 '마방아지(馬枋兒只)'는 단군이다. 또는 단군의 진리를 따르는 사람들이다.

　예언서에서 '마방아지 나오신다 ,멸시말고 잘 모셔라'라고 말하고 또 이를 정도령이라고 말했다. 결국 정도령은 단군이라는 말이 된다. 그리고 그 내용은 우리나라 모든 예언서의 중심임이 다시 한번 확 인 되는 것이다.

　따라서 예언서에서 말하는 '마방아지 나오신다 ,멸시말고 잘 모셔 라'라는 내용은 한인, 한웅, 왕검 할아버지의 성덕(聖德)을 다시금 새롭게 우리 배달민족에게 베푸는 인물 또는 인물들이 출현한다는 것이다.

　그리고 이 인물 또는 인물들은 다른 사람아닌 배달민족에게 크게

멸시를 받게끔 되어 있다는 것이다. 그러나 바로 이들이 파천황(破
天荒)이라는 전혀 새로운 역사를 창조하여 배달민족이 그토록 오랫
동안 갈망하던 아리랑 고개를 넘어갈 수 있도록 이끄는 주체들로
서 과거 고구려의 조의, 백제의 수사, 신라의 화랑의 재현이라는 것
이다.

　　따라서 그들을 멸시하는 것은 하늘의 법(法)을 능멸하는 것이니,
멸시말고 잘 모실 때 말세의 모든 환란을 피하고 진정한 복을 영원
히 누릴 수 있다는 말이다.

혼돈과 파천황

제 4 부 진사삼변론 (辰巳三變論)

서양의 예언들은 대체로 서기 1999 년과 2000 년에 종말론이 집중되고 있다. 지금부터 약 1000 년전인 서기 999 년은 서기 1000 년

을 일년앞둔 해였다. 당시 유럽인들은 세기말인 999 년에 이른바 인류의 종말이 온다고하여 사회적으로 공황 상태에 빠졌었다.

극도의 정신적 혼란상태에서 한편에서는 성지순례가 줄을 이었고 또는 먹고 마시고 즐기는일에 탐닉하는 등 유럽대륙 전체를 집단 히스테리로 몰고갔었다.

이제 또다른 세기말인 1999 년에는 이른바 노스트라다무스의 1999 년의 종말론까지 가세하면서 999 년의 집단히스테리와 비교가 안될 엄청난 혼란이 일어날 것이 예상된다.

이번의 세기말은 지난번 999 년처럼 유럽에 국한하는 것이 아니라 전세계적인 집단히스테리를 몰고올 것이 예상된다. 지난번 휴거론에 의한 광적인 열기에 비추어볼때 이번 세기말의 혼란은 우리나라도 예외가 될 수 없어보인다.

그러나 예상되는 세기말의 집단 히스테리에 9000 년 역사의 우리 배달민족이 주체성없이 부화뇌동할 이유는 전혀없다. 그들의 예언과는 정반대로 우리의 예언은 2000 년부터가 본격적인 시작이다.

그리고 그 예언은 크게 나누어 2000 년부터 36 년 동안 진행된다. 이 36 년은 12 년씩 세 번의 매듭으로 변화를 한다.

그리고 그때부터가 진정한 배달민족의 새로운 역사가 시작되는 시작점이 된다. 우리 배달민족 예언의 본격적인 시작이 서양 예언론이 종말을 고하는 시점부터라는 것이 중요하다.

천부경의 예언은 단군조선이래 72 갑자 4320 년이라는 장구한 세월과 연장선상에서 설명된다. 그리고 배달국이래 6000 년이라는 보다 더 장구한 세월과의 연장선상에서도 설명된다.

그 기나긴 세월들이 준비의 과정이라면 서기 2000 년 이후 36 년 동안은 결정적인 변화의 시기이다.

혼돈(CHAOS)은 음양(陰陽)이며 귀신(鬼神)이다. 이는 천부경의 일적십거도(一積十鉅圖)에서 보는 것 처럼 중심이 없는 흑백논리이다.그리고 선악 대립이다. 이 기간은 크게 보아 새로운 세기로 전환되는 희망의 시기이지만 그와 동시에 혼돈의 시대로서 귀신(鬼神)이 날뛰는 세상이며, 모두다 자신이 선(善)이며 자신의 이익에 반대되는 사람들을 악(惡)이라고 부르짖는 흑백논리의 시대이다.

그와 동시에 하늘이 먼저 살기(殺機)를 발(發)하고 ,다음에는 땅이 살기(殺機)를 발(發)하며 마지막으로 인간들이 살기(殺機)를 발한다.

이 의미심장한 혼돈의 시대의 변화를 체계적으로 설명한 것이 소위 진사삼변론(辰巳三變論)이다.

제 1 장   진사삼변론 (辰巳三變論)

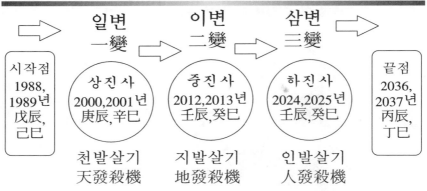

진사삼변론 (辰巳三變論)의 주체인 이 삼진사(三辰巳)는 그 순서에 따라 상진사(上辰巳), 중진사(中辰巳), 하진사(下辰巳)로 나누어진다. 혼돈(CHAOS)의 시대를 설명하는 핵심 중의 핵심 삼진사(三辰巳)의 기본 개념은 하늘과 땅과 인간의 변화이다.

먼저 하늘의 별들이 혼란을 일으키고 그에 대한 반응이 땅에서 일어난다. 다음 그 땅 위에 살고 있는 동식물이 반응을 일으키고 변화를 한다. 그 다음 자연의 환경과 그에 의지해 사는 동식물의 변화는 인간에게 반응을 강요한다.

혼돈(CHAOS)의 시대는 먼저 조짐이 있고 (1988-1999 년), 다음 하늘의 변화가 있고(2000-2011 년), 다음 땅이 변화하며(2012-2023

년), 마지막으로 인간이 변화한다는 것이다(2024-2035 년). 그리고 최종적으로 인간과 신이 하나가 되어(神人合發) 새로운 질서의 기초를 마련한다는 것이다.(2036-2047 년)

이 내용이 하늘의 변화는 상진사(上辰巳), 땅의 변화는 중진사(中辰巳),인간의 변화는 하진사(下辰巳)에 집중된다는 진사삼변론 (辰巳三變論)과 연계되면서 예언이 성립되는 것이다.

그리고 그 각각의 진사년(辰巳年)이 12 년의 주기로 변화한다는 것이다. 하늘의 변화가 있고서 12 년 후에 땅의 변화가 결정적으로 일어나고 땅의 변화가 있고서 12 년 후에 인간의 변화가 결정적으로 일어난다는 것이다.

하늘의 변화는 1999 년 8 월의 혹성 직렬과 2000 년 5 월에 황소자리에 혹성 집중이 있다. 그리고 이 대대적인 우주적인 변화는 그 자체만으로도 12 년 후 그에 따른 땅의 변화와 24 년 후 인간의 변화를 일으키는 것을 어렵지 않게 예측할 수 있다. 바로 이것이 진사삼변론의 시작이다. 이 진사삼변의 변화는 각종 과학적 예측과 각종 예언서에서 단편적으로 설명되어 있다. 그 단편적인 설명을 진사삼변의 큰 틀 안에서 이해한다면 예언을 전체적인 규모로 이해할 수 있게 될 것이다.

예언을 이해하는 방법에서 가장 중요한 것은 그 원리를 아는 것이다. 만일 원리를 모르고 지엽 말단적인 구절에 구속되다 보면 쉽게 자신의 인생을 망치고 더하여 남의 인생까지 망칠 수 있는 무서운 결과를 초래할 수 있다.

결코 생겨서는 안될 이러한 불행한 경우는 지금 이순간에도 무지

(無知)라는 이름으로 수 없이 벌어지고 있는 현상이다.

또한 동서의 각종 예언과 우리나라의 각종 예언서의 내용은 지나치게 과장되어 있거나 정작 중요한 부분을 전혀 다루고 있지 않는 경우가 많다. 예언은 전체적인 틀을 이해하고 예언서의 예언은 그 틀에 맞추어 그 틀을 이해하는 수단으로서 활용하는 것이 예언서를 이해하는 올바른 길이라고 생각한다.

본서에서는 예언서의 예문을 많이 제시하였지만 그것은 예언의 이론적인 틀을 쉽게 이해할 수 있도록 도움을 주기 위해서 이다. 예언은 그 전체적인 이론적 틀이 중요하다. 지엽 말단적인 예언의 단편적 구절에 의지하여 인생의 중요한 판단을 하는 것은 지극히 어리석은 일이라는 것을 다시 한번 강조한다.

제 1 절   화우로 삼인(火雨露 三印)

진사삼변론의 변화를 간단히 줄이면 화우로 (火雨露)라는 세글자로 압축할 수 있다. 이 부분도 예언을 말하는 사람의 숫자만큼이나 해석이 구구한 부분이다.

그러나 삼진사의 개념을 정확히 이해하면 매우 간단한 내용이 되며 삼진사를 쉽게 이해할 수 있게 하는 대단히 유용한 수단임을 알 수 있다.

즉 상진사(上辰巳)는 화(火)로서 상징된다. 중진사(中辰巳)는 우(雨)이니 물로 상징된다. 하진사(下辰巳)는 로(露)이니 하늘의 축복이며 은혜이다.

화우로(火雨露)는 다시 부금 냉금 종금(浮金冷金從金)으로 설명된다. 상진사는 부금(浮金),중진사는 냉금(冷金) ,하진사는 종금(從金)이

다. 이말은 부금(浮金)은 금(金)이 상진사에 금(金)이 불을 만나 끓어 오름을 말하며, 냉금(冷金) 은 상진사에 끓어오른 금이 흙으로 만든 주물에 들어가 평화의 종(鍾)이되고 물을 만나 냉각됨을 말한다.

종금(從金)은 만들어진 종(鍾)이 나무로 만든 높은 누각에 놓여져 하진사에 천하의 백성들에게 평화가 왔음을 알리니 이를 따르라는 내용이다.

제 1 항 화우로 삼인(火雨露 三印)의 예언

삼진사의 상징인 화우로 삼인(火雨露 三印)은 상진사,중진사,하 진사로 단원을 나누어 설명할 때 충분히 소개된다. 여기서는 삼진사 전체를 이해하는 정도로 화우로 삼인(火雨露 三印)을 이해 해보자.

❂   격암유록 말운론(末運論) ❂

감로여우해인설 천인지인인인삼풍
甘露如雨海印設天印地印人印三豊

해인우하삼발화자발 화인지인로인화인합일리
海印雨下三發化字發 火印地印露印火印合一理

비운진우불로초 유운진로불사약 팔인등천화자인
非雲眞雨不老草 有雲眞露不死藥 八人登天火字印

　감미로운 은혜가 비와 같이 내린다는 해인(海印)의 이야기는
무엇인가 ?　하늘의 인(天印),땅의 인(印),사람의 인(印)으로
삼품을 이룬다.　해인이 세 번 변화하니 이 세 개의 인(印)이
하나가 된다.

　구름 없이 내리는 비에 불로초가 살아나며,구름 있는 가운
데 참다운 은혜가 죽지 않는 영생의 길을 들게 한다.

　여덟 명의 가짜 구세주 가정(假鄭)들이 세상에 나타날 때 불
의 도장(火印)이 출현한다.

　여기는 삼진사를 각각 하늘과 땅과 인간으로 상징했다. 그리고 상
진사에서는 하늘의 인(印), 중진사에서는 땅의 인(印), 하진사에서는
인간의 인(印)이 출현하여 변화를 일으킨다고 말한다.

　이 부분에서 한 발자욱 더 나가 보면 상진사에서 하늘의 인(印)은
택화혁(澤火革)괘가 설명하는 대변혁으로 설명된다.

　화인(火印)이 출현하는 2000년부터 2011년까지는 가장 참혹하고
끔찍한 일들이 일어난다.　그리고 이때 가짜 구세주 8명이 출현하
며 그들은 서로를 죽이며 세상을 어지럽히다가 그들도 멸망한다.

　중진사에서 땅의 인(印)은 화풍정(火風鼎)괘가 설명한다. (火風鼎)
괘는 솥으로서 몸 하나에 발 세개이다.　이때는 하나의 몸통이 세개
로 나누어지고 세 개의 다리가 하나의 몸통에 합쳐지는 변화가 일
어난다. 또 솥은 음식을 끓이는 도구로서 여러 가지 재료를 하나의
새로운 음식으로 만들어 내는 역할을 한다. 이러한 이치로 여러 가
지 서로 다른 것들이 하나로 만들어지기 위해 솥을 물로 채우고 재
료를 그 안에 넣는다. 따라서 이 기간 동안은 물에 의한 변화가 있
다. 이는 곧 바다의 변화와 엄청난 비(雨)이다.　그리고 땅의 원리에
의한 변화는 주로 화산, 지진 그리고 홍수이다. 이로서 땅의 오염을

모조리 썻는 다는 것이다. 이것이 중진사(中辰巳)의 기간 동안인 2012 년에서 2023 년까지의 일이다.

하진사에서 인간의 인(印)은 풍뢰익(風雷益)괘가 설명하는 홍익인간(弘益人間)이다. 이것은 은혜로운 이슬로 상징된다. 이것이 하진사(下辰巳)기간인 2024 년에서 2036 년까지의 일이다.

소위 화우로삼풍(火雨露 三豊)이란 이 세가지의 대변혁을 말한다. 그런데 이 세 가지 변화에 삼풍(三豊)이라는 이름이 붙은 것은 왜 일까 ?

삼풍(三豊)은 곧 삼천(三天)이다. 소위 삼풍양백(三豊兩白)이란 삼천양지ㄱ (三天兩地)이다. 여기서 삼천(三天)은 태풍의 핵이며 양지(兩地)는 태풍의 움직임이다. 다시 말하면 삼천(三天)은 도교의 무(無),불교의 공(空),유교의 이(理)이다. 양지(兩地)는 도교의 유(有),불교의 색(色),유교의 기(氣)이다.

따라서 삼풍(三豊)은 곧 삼천(三天)으로서 진사삼변의 기간 동안 일어나는 화우로(火雨露)의 변화는 우주 삼라만상의 주체가 직접 일으키는 변화라는 의미이다. 이 세 번의 변화로서 인류는 전혀 새로운 문명으로 접어든다는 것이다.

비록 그 변화가 인류가 아직 까지 겪어 보지 못한 대단히 혹독한 것이지만 그 세 번의 변화로서 물질문명의 모든 악습이 물러나고 홍익인간이 이루어지는 정신문명으로 진입한다면 삼풍(三豊)이라 불리워 부족하지 않는 것이다.

ㄱ 한역 180-190P 삼천양지   최 동환 지음 도서출판 강천

제 2 절 과학과 예언

이 시대의 특징은 과학자들이 입을 모아 종말론을 주장하고 있다는 사실이다. 그리고 어느덧 현대의 과학자들은 과거 고대 문명의 신관들과 비슷한 예언을 하고 있는 것이다.

과학자들이 말하는 과학적 예언들은 우리나라의 예언을 이해하는 데 많은 도움을 준다. 특히 진사삼변론을 쉽게 이해할 수 있는 단서를 많이 제공해 준다.

인류가 당면하고 있는 문제는 인구문제와 식량문제,에너지 문제 , 환경문제, 이상 기온, 지구온난화, 오존층 파괴, 각종 악성 질병, 핵문제, 민족문제, 종교문제등이다.

인류는 이 문제들에 대하여 근본적인 해결 수단을 가지고 있지 못하다. 이 문제들을 인류 스스로 해결하지 못한다는 것은 이 문제들에 의하여 인류의 앞날이 결정됨을 말한다.

이미 아프리카의 여러 나라와 방글라데쉬 등의 나라에서는 이상 기후로 인한 식량과 물부족 그리고 각종 질병들이 그들 국민들의 모든 것을 지배하고 있다.

중진국과 선진국들도 이 문제들은 결코 남의 문제는 아니며 이미 닥치고 있거나 조만간 닥칠 시한폭탄과도 같다.

이러한 여러 문제는 전쟁이나 폭동 ,혁명등과 같은 폭력적인 해결 수단을 사용하도록 강하게 유혹하는 것들이다. 그 폭력적 수단 중 핵무기나 화학무기, 세균무기 등이 사용된다면 그 참상은 말로 표현 못할 정도일 것이다.

이 시대의 후진국들이 물질적 빈곤에 극도로 시달린다면, 이 시대의 선진국들은 극도의 정신적인 빈곤으로 시달리고 있다.

이 대조적인 빈곤은 서로 반대방향에서 양극단을 향해 치닫고 있

는 것으로 보인다.

　이미 배고픔을 견디지 못하는 빈곤한 나라 사람들의 참상은 더
이상 비참할 단계가 없는 듯하다.

　또 정신적으로 황폐할대로 황폐해진 선진국들은 마약과 알코홀 ,
무분별한 성생활, 살인,강도 등 차마 입에 담기 민망한 가지 가지의
범죄들로 찌들어 가고 있다.

　과학자들이 말하는 종말론은 이미 이 시대에 시작된 느낌이다. 그
들이 말하는 종말론은 학문의 종류만큼이나 많아 보인다.

　여기서는 그 중에서 분명한 과학적 근거를 갖되 가장 치명적인
내용이면서 우리나라 예언론의 이해에 다소 참고가 되는 내용을 몇
개만 살펴보자.

제 1 항　　극이동(極移動: POLE　SHIFT)

첫번째 세상은 대홍수로 파괴되어 인류는 멸망해 버렸다. 두번째 세
상은 그 본질이 괴상하게 왜곡된 모습이었다. 재창조된 세상은 쇠꼬
챙이 위에 매달려 있는 닭처럼 불안한 상태였다. 언젠가 그 쇠꼬챙
이가 쓰러지면 세상은 불길 속으로 곤두박질쳐질 것이고 이것이 두
번째 종말이 될 것이다. 그러나 기도와 춤의 의식으로 스스로 악에
서 벗어나면 "악이 없는 곳 "의 신의 왕국에 낄 수 있다. 그 곳
악이 없는 낙원은 동쪽에 있다.
　　　　　　　--- 브라질의 투피과라니족의 세계관 ---

　현대 과학자들이 말하는 과학적 종말론 가운데서 가장 걸출한 작
품은 역시 극 이동(極移動: POLE　SHIFT)에 관한 것이다.

　그리고 이 문제는 현대 과학자들이 만들어 낸 작품만은 아니다.

고대 문명의 경전들에 나타난 증거들과 신관(神官)들을 비롯한 엘리트 계층들 가운데에는 이 문제를 대단히 심각하게 받아 들여지고 있었음이 밝혀지고 있다.

원은 360 도 일 때가 가장 이상적이므로 일년은 360 일이어야 가장 이상적이다. 고대인들은 지구의 일년이 365 ¼ 일 이라는 점에 의문이 있을 수 밖에 없었고 이것이 안정된 일년이 아님을 잘 알고 있었다.

안정되지 않은 상태는 장차 안정된 상태로 변화하고, 안정된 것은 장차 안정되지 않는 상태로 변화하는 것은 기본적인 변화의 원리이다. 즉 역(易)의 기본 원리이다. 따라서 이 부분은 미래를 다루는 예언의 중요한 주제가 될 수밖에 없는 것이다. 현재 지구는 진북과 자북의 차이가 23.5 도인 불안정한 상태로 북극과 남극이 설정되어 있다.

그리고 지금의 북극과 남극도 과거 여러 차례 그 장소를 바꾸었다. 즉 극이동(極移動: POLE   SHIFT)을 한 것이다. 지금의 북극권에서 석탄층이 발견되고, 남극 지역에서 목재 탄화물과 나뭇잎 흔적이 발견된 것 만으로도 과거에 북극과 남극 지역은 열대지방이었거나 수목이 울창한 지역이었음을 알려 주기에 충분하다.

다시 말해 그 당시 북극과 남극은 지금의 북극과 남극 지역이 아니었음을 말하는 것이다. 과학자들은 입을 모아 지구의 역사에서 북극과 남극은 대단히 빈번하게 장소가 바뀌었다고 말한다.

이 역시 말로 하기는 대단히 쉽다. 그러나 지금 당장 지구의 극을 이루는 각도가 단   1 도만 변경된다 하더라도 인류는 역사상 한 번도 경험하지 못한 대대적인 천재지변을 당하는 것을 의미한다.

[1] 과학자들을 당혹하게 하는 시베리아의 맘모스와 토프카피 지도.

　　현대 과학자들은 근래에 있었던 두 가지의 실증적인 증거를 앞에 놓고 여태까지의 틀을 완전히 벗어나 전혀 새로운 관점을 갖게 되었다. 그 하나는 현재에도 시베리아에 냉동된 채 묻혀 있는 수많은 냉동 맘모스이다. 이 맘모스들의 위장에는 아직 소화되지 않은 식물이 그대로 남아 있다. 심지어는 맘모스의 입 속에 식물이 그대로 남아 있다. 그리고 맘모스가 먹은 이 풀들 중에는 상록수의 잎은 하나도 발견되지 않았다.

　　누구나 알다시피 지금의 시베리아는 맘모스가 살 정도로 따뜻하지 않으며 더구나 맘모스의 위장 속에 있었던 금봉화는 이 지역이 지금으로서는 존재할 수 없는 생태계를 하고 있었음을 말한다.　이는 분명 불가사의한 일이되 소설이나 공상과학영화가 아닌 사실이다. 과학자들은 이 단서에서 많은 가설을 세웠고 그 가설들 중에는 납득하지 않을 수 없는 강력한 설득력을 지닌 것들이 생겨났다.

　　두번째로는　이른바 토프카피의 지도로 알려진 지도이다. 이 지도는 1929 년 터어키의 토프카피 궁전에서 발견된 것으로서 현재 미국의 워싱턴 국립도서관에 보존되어 있는 것이다.

　　이 지도에는 터어키어와 라틴어로 1523 년 터어키 총독에 의해 씌여졌다고 되어 있다. 그리고 그 지도는 2000 년 전에 만들어진 20 장의 고지도를 바탕으로 그려진 것이라 한다. 놀라운 것은 그 지도에는 유럽과 중근동뿐 아니라 남북 아메리카의 일부도 있고 더욱 놀라운 것은 남극대륙의 지도가 그려져 있는 것이다.

　　과학자들이 이 지도를 불가사의하게 보는 것은 이 지도가 1523 년 전에 만들어졌다는 것이며 더구나 그것이 2000 년 전의 고지도를 바탕으로 했다는 것이다.

　　이 토프카피의 지도는 두가지 관점에서 충격적인 사실을 말해준다. 그 하나는 남극대륙에 눈이 없었던 시절이 있었다는 사실이다.

헵구드ㄱ 박사는 그의 저서 변하는 지구의 지각에서 "남극대륙의 지도는 정말로 얼지 않았을 때 제작된 것이다."라고 단적으로 말했다.

이는 이 단원의 주제인 극이동을 강력하게 뒷받침하는 과학적 자료이다. 또 하나의 관점은 현인류가 상상할 수 없는 과거에 이 같은 지도를 만들 수 있는 과학적 지식과 경제력, 정치력을 가진 문명이 있었다는 사실이다. 현인류에게 지구 전체의 지도를 만들 만한 정치력과 경제력, 기술력이 생긴 것은 그야말로 최근의 일이다. 토프카피의 지도가 2000년 전의 고지도를 바탕으로 했다는 내용만으로도 현대인으로서는 이미 이해할 수 없는 내용이 된다.

지도 제작의 권위자인 멜러리ㄴ는 "어떻게 그들이 이렇게 정확한 지도를 만들었는지 비행기라도 사용하지 않으면 할 수 없었을 것이다."라는 묘한 여운을 남기는 말을 했다.

그리고 보다 더 불가사의한 것은 토프카피지도에 그려져 있는 남극대륙의 지형이다. 공식적으로 현인류가 남극대륙을 발견한 것은 1818년에 와서의 일이다. 그러나 1523년에 그려진 토프카피의 지도에는 남극대륙이 정확히 그려져 있었으며 놀라운 것은 그 지도에는 남극대륙에 얼음이 없다는 사실이다.

이 지도가 나타난 후 과학자들이 받은 충격은 매우 컸다. 무엇보다도 지도에는 남극대륙에 얼음이 없다는 사실이 당혹스럽게 만들었다. 토프카피의 지도에는 많은 수의 하천과 그것이 흘러 들어가는 피요르드가 그려져 있다.

ㄱ 우리가 처음은 아니다. 133P A. 토마스 전파과학사
ㄴ 우리가 처음은 아니다. 134P A. 토마스 전파과학사

알다시피 현재의 남극은 두터운 얼음으로 덮혀 있을 뿐 하천이
나 피요르드가 없다. 이 불가시의한 사실은 시베리아의 맘모스 이상
으로 과학자들을 흥분하게 했고 역시 설득력을 지닌 많은 학설이
나오게 되었다.

[2] 시베리아의 냉동 맘모스

호사가들의 상상력을 극도로 자극하는 시베리아의 냉동 맘모스는
과학적으로 대단히 경이로운 존재이다. 1977년 구 소련의 불도져 운
전수가 처음으로 발견한 시베리아의 냉동 맘모스는 위 속에 금봉화
(金鳳花)가 소화되지 않은 상태로 발견되어 1978년 11월 구 소련의
타스통신이 세계에 이 사건을 타전하였다.

그 후 가히 세계적인 관심을 불러 일으켰었고 지금도 그 관심은
식지 않고 있다. 일반인들에게도 크게 관심을 끌면서 과학자들을 자

극하였다. G.N 쿠르마노프ㄱ 는 센트 페테르부르그 과학 아카데미지에 맘모스의 위 속에서는 상록수의 잎은 발견되지 않았다는 내용을 발표했다.　이 내용은 맘모스가 발견된 지역이 과거에는 상록수가 살지 않았다는 내용이다. 즉 지금과 같이 상록수 일변도의 식물군이 전혀 존재하지 않았다는 내용이다. 그리고 사인은 질식사였음이 밝혀졌다.

　　그리고 맘모스의 이나 뼈는 시베리아에서 수 만개씩 발견된다고 한다. 과학자들은 이 사건에서 나타난 증거들로부터 다음과 같은 매우 중요한 관점을 얻게 되었다.

(1) 현재 발견되는 맘모스의 상태로 냉동되기 위해 필요한 온도는 ?
(2) 맘모스의 윗속에 금봉화가 소화되지 않은 채로 남아 있는 이유와 상록수 잎이 발견되지 않은 이유와 금봉화가 존재할 수 있는 조건은 ?
(3) 그렇게 많은 수의 맘모스가 한꺼번에 죽은 이유는 ?

　이 의문에 대해 원래 생물학자였지만 냉동 맘모스 덕분에 중요한 몇 가지 이론을 발표해 세계적인 주목을 받은 샌더슨ㄴ 은 이 문제로 스스로 냉동식품 기술자 수준까지 되어 맘모스가 현재상태로 발견되기 위한 두 가지 절대적인 조건을 발표했다.

　　첫째로　　현재와 같은 상태로 맘모스가 발견되기 위해서는

ㄱ 지구의 극이동을 예측한다. 42p 존 화이트 드라이브사 19817
ㄴ 지구의 극이동을 예측한다.54-56p　존 화이트 드라이브사 1981

온도가 섭씨 -29 도 이하가 되어야라며
둘째로   온도가 대단히 급속히 냉각되어야만 한다는 것이다.

그 이유로서
" 특히 위장은 맘모스가 죽고 난후에도 한동안 따뜻할 것이고 그사
이 내용물이 부패하기 시작할 것이고 살의 세포는 커다란 결정이
생긴다."
그러나 발견된 맘모스에게는 그러한 현상이 전혀 발견되지 않았다.
 따라서 현재 발견되는 맘모스의 상태로 재현하기 위해서는 급속히
온도를 냉각하되 섭씨 마이너스 101 도 까지 내리지 않으면 안된다
는 결론을 내렸다. 그래야 맘모스의 위장까지 급속히 냉동이 된다는
말이며 맘모스의 위장 속에서 금봉화가 소화되지 않은 상태에서 발
견될 수 있는 조건을 충족시킬 수 있다는 것이다.
 그러나 금봉화는 무엇인가 ? 왜 떼죽음을 당했는가를 설명하기에는
부족하다. 샌더슨은 생물학자답게 이에 대해 다음과 같이 주장한다.
"맘모스는 하루에 적어도 반톤 이상의 신선한 식물의 먹이를 필요로
한다."
 그러나 현재의 시베리아에서 그러한 먹이를 구하기는 어렵다. 또
중요한 것은 금봉화는 섭씨 약 40 도 이하에서는 자라지 않는 식물
이라는 점이다.섭씨 약 40 도가 항상 유지될 수 있는 장소라면 우리
대한민국의 환경에서도 상상이 가지 않을 정도로 더운 지방이다.
우리나라에서는 일년에 섭씨 40 도가 될 수 있는 날이 거의 없다.
그러한 날씨 이상의 더위가 일년 열두달 계속되어지는 장소가 시베
리아였다는 도저히 납득할 수 없는 내용이 맘모스 위장 속의 금봉
화가 말해 주고 있는 것이다.
 이제 시베리아의 냉동 맘모스가 보여 주는 불가사의에 대해 분

혼돈과
파천황

명한 결론을 내릴 수 있게 되었다. 냉동 맘모스가 발견되는 현재의 시베리아는 과거에는 금봉화가 살 수 있는 섭씨 40 도 이상의 열대 지역이었고 느닷없이 그 어떤 상상을 불허하는 결정적인 물리적 변화에 의하여 기온이 섭씨 -101 이하로 급속히 떨어진 것이다. 과연 그 어마어마한 물리적 변화란 무엇인가 ?

급기야 시베리아의 냉동 맘모스가 존재하는 이유가 지구상에 있었던 엄청난 물리적변화에 의해서라는 전혀 새로운 주제를 과학자들에게 안겨 주게 된 것이다.

지구의 남극과 북극의 위치가 갑자기 이동한다면 열대지방이 극한 지역으로 바뀌는 것은 당연하다. 그러면 과거 지구에 그러한 엄청난 변화가 있었다면 얼마나 자주 있었으며 미래에는 언제 그러한 변화가 있을 것인가 ?

이러한 주제는 과거 고대 문명의 신관(神官)들도 가장 중요하게 생각했던 주제이다. 시베리아의 냉동 맘모스는 뜻하지 않게 현대의 과학자들과 고대의 신관들을 같은 주제 아래로 모이게 하고 있는 것이다. 과학자들은 그 급작스러운 변화에 대해 여러 가지 학설을 내놓았다. 그리고 그 이유를 대체로 극 이동(極移動)에서 찾았다.

즉 현재 진북에서 23.5 도 기울어진 지구의 자전축이 과거에 변동이 생겨 극점을 이동할 때 지구에 대변동이 생겨 맘모스가 순간적으로 냉동이 됐다는 것이다.

지구의 북극과 남극이 현재의 위치에 고정된 것이 아니라는 것은 이미 상식화 된 것이다. 과거 대규모 극 이동이 일어난 시점은 대체로 약 9000 년 전으로 생각되고 있다. (이들이 주장하는 9000 년 전은 우리 민족의 시초인 안 파견 한인께서 한국을 여신 시점과 같은 시기라는 묘함이 있다.)

알렉산더 고르보프스키[ㄱ]는 그의 저서 잃어버린 고대 문명에서 다음과 같이 말했다.

"잘 알다시피 70만년 전에 지구의 자기는 돌연 극성이 바뀌어 북극점이 남극점이 되었다.지축의 위치 또한 안정된 것이 아니고 대단히 빈번하게 움직인다. 지축의 경사는 4만년을 주기로 변화한다. 이밖에 지축은 2만 1천년의 주기로 위치를 바꾼다. 지질학자는 지구는 9만 2천년마다 태양의 주위를 회전하는 방식을 바꾸어 그것에 접근하거나 멀어진다는 결론에 도달했다."

"지각의 변동[ㄴ]"이라는 '아인슈타인'이 서문을 쓴 책의 저자인 '찰스 헤프군' 역시 극 이동을 주장한다. "충돌하는 우주"의 저자인 벨리코프스키와 "아담과 이브의 이야기"의 저자인 챤 토마스 역시 마찬가지로서 극 이동은 학자들간의 보편적인 주제이다.

약 9000년 전에 일어났던 사건은 오늘날도 다시 일어날 수 있다는 중요한 교훈이 될 것이다. 지구의 극 이동의 원인이 우주로부터 원인이 있다고 하는 벨리코프스키[ㄷ]의 주장을 들어 보자. 그는 '충돌하는 우주'의 저자로서 아인슈타인이 사망 당시 그의 책상에 이책이 펼쳐진 채로 있었다 한다. 그의 주장을 간단히 설명하면
"지구는 과거 지구 바깥으로 부터의 힘에 의해 갑자기 크게 몇 번이나 되풀이하여 흔들렸고 또 낚시 바늘에 고기가 물렸을 때 부이가 요동을 치는 것같은 현상이 있었다."
고 주장하면서 그 원인이 전자기의 작용이었다고 했다.

그는 지축의 극이동에 관한 관심을 일으킨 바로 그 장본인이기

[ㄱ] 잃어버린 고대문명 47p 알렉산더 고르보프스키 자작나무
[ㄴ] 지구의 극이동을 예측한다.119-137p 존 화이트 드라이브사 1981
[ㄷ] 지구의 극이동을 예측한다.153-197p 존 화이트 드라이브사 1981

도 하다. 그는 다시 말하기를

"과거 한번 내지 여러 번 일어났던 지축의 이동이라는 커다란 이변은 여기
서는 어디까지나 가설로 이야기했지만 그 이변에 의하여 야기된 것으로 보
여지는 현상은 모두 실제로 일어
난 것이다." 라고 했다.

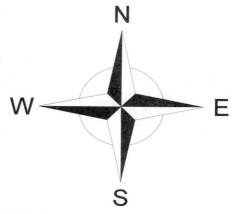

    또한 그는 시베리아 맘모스
에 대하여 다음과 같은 주장을
했다.

"돌연 맘모스가 절멸한다고 하는
것은 ,질식사가 아니면 전기같은
것으로 죽이지 않는 한 일어날 수
없다. 그리고 맘모스의 사체가 보
존되어 있는 것은 죽은 직후에 시베리아 대륙이 극(極)가까이로 이동했기 때
문이다. 맘모스나 그 밖의 동물도 깨스의 돌풍을 만나 불길이 하늘 높이 타
올랐기 때문에 산소의 결핍으로 죽은 것으로 보여진다, 그리고 즉시 극이
이동하였고 혹한의 아메리카 대륙의 북동부는 따사로운 기후대로 바뀌었고
시베리아는 혹한의 극권에 들어섰다." 라고 주장했다.

    생각해 보면 우주로부터의 변동으로 지구의 축이 단 1도만 변경
된다 해도 그로 인해 예상되는 재해는 엄청나다. 우선 하늘에서는
지구 주위를 돌던 운석들과 인공위성 등이 그 궤도를 잃고 지구의
중심을 향해 떨어질 것을 예상할 수 있다. 땅에서는 지진과 화산폭
발과 해일 등과 중요한 구조물의 파괴 등이 예상되며 인간들은 인
류 역사상 한번도 경험해 보지 못했던 공포와 혼란에 휩싸일 것으
로 생각할 수 있다.

[3] 토프카피의 고지도

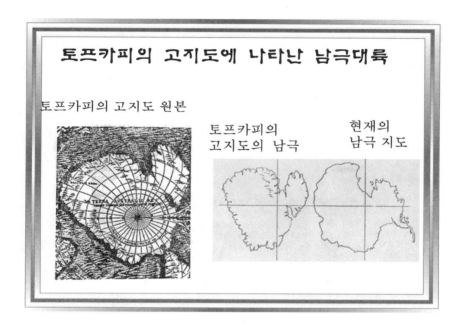

토프카피의 고지도에 나타난 남극대륙

토프카피의 고지도 원본

토프카피의
고지도의 남극

현재의
남극 지도

1929년 터어키의 콘스탄티노플 의 토스카피 궁전에서 발견되어 현재 미국 워싱턴의 국립도서관에 보존되어 있는 일명 토프카피의 지도는 시베리아의 냉동 맘모스 만큼 과학자들에게 파란을 일으켰다. 왜냐하면 조사결과 이 지도는 최소한 5000년 전의 것이이라는 점이다.

지질학자 알렉산더 고르보프스키ⁿ 는 토프카피의 지도에 하천이나 피요드르가 있다는 사실에 의해 이 지도가 작성된 시점은 남극대륙이 완전히 얼음에 덮이기 이전인 기원전 4000년 이전의 시대라

ⁿ 잃어버린 고대문명 118-119p 알렉산더 고르보프스키 자작나무

고 말한다.

　이 지도를 연구한 알링턴 머어래이⌐ 선장은 이 지도에 그려진 그림이 남극대륙과 그린란드라는 것을 발견하였고 그것이 최신 지도를 웃도는 정확한 것이라는 점에 충격을 받았다. 따라서 머어래이는 자신이 알아낸 내용을 여러 전문학자들에게 검토를 받아 머어래이의 발견이 옳은 것으로 판명이 났다.

　즉 죠오지타운 대학의 천문대장 프랜시스 하이덴 신부와 보스턴 대학의 천문대장 다니엘 .L.리네한 신부 등이다. 그리고 지도가 말해주는 당시의 지형이 보다 더 경이로운 것이다. 즉 지도가 그려졌을 당시에는 남극이 빙산에 둘러싸여 있지 않았다는 사실이다.

　즉 토프카피의 지도가 그려진 시점을 적어도 5000년 이전으로 생각할 수 있다면 지금과 같은 얼음으로 둘러싸여진 상태에서는 지도를 그릴 수가 없는 것이다. 그렇다면 이 토프카피의 지도는 남극에 얼음이 덮혀 있지 않았던 때에 그려졌으리라고 생각해 낼 수 있다.

　다시 말하자면 당시의 극점은 현재의 남극이 아니었다는 내용을 어렵지 않게 유도해낼 수 있는 분명한 근거가 된다는 점이며 이러한 내용은 북극에 가까운 시베리아에서 대규모로 발견되는 맘모스와 당연히 연계될 수 있는 내용으로서 과거에 지구상에 있었던 결정적인 물리적인 변화에 다시 관심을 돌리게 되는 것이다.

　스프링 필드 대학의 역사 조교수였던 찰스 헤프군∟ 은 1956년 '지각의 이동'이라는 책을 출판했다. 그 책의 서문은 유명한 알버어트 아인슈타인이 썼다. 그리고 10년 후 개정판 '극의 통로'를 출판했다.

　그 책에 의하면 6억년 전 전캄브리아 시대로부터 지금까지 적어

⌐ 지구의 극이동을 예측한다.70-77p 존 화이트 드라이브사 1981

∟ 지구의 극이동을 예측한다.119-137p 존 화이트 드라이브사 1981

도 200 회는 지각이 이동했다고 주장한다. 그리고 그는 과거 3 회의 지각변동에 따라 바뀐 북극의 위치를 발견할 수 있었다고 했다.

그는 그의 이론으로 토프카피의 지도에 대해 다음 같은 주장을 했다.

"토프카피지도에 그려진 남극대륙에 얼음이 없다는 것은 그 지도가 1 만 7000 년 전에 그려졌다는 것을 의미한다.

1 만 7000 년 전에 지각이 이동하기 시작하여 북아메리카에 급속히 기온이 상승하기 시작했다면 남극대륙에는 같은 속도로 기온이 내려갔음이 틀림 없고 그리하여 1 만 4000 년 전에는 이미 남극대륙은 사람이 살 수 없는 곳이 되었다고 생각한다 "

토프카피의 지도는 시베리아 냉동 맘모스와 마찬가지로 지구의 물리적인 대변화라는 주제를 제공하고 있는 것이다.

이 내용들은 예언서에서 말하는 천개(天開)와 지벽(地闢)을 이해하는 데 참고가 될 수 있는 것이다.

제 5 부 상진사(上辰巳)

상진사 上辰巳

1. 언제가　상진사인가 ?
　　경진년(庚辰年)--서기 2000년,
　　신사년(辛巳年)--서기 2001년

2. 상진사의　핵심내용은 ?
　　택화혁(澤火革)괘가　설명하는　대변혁
　　천발살기(天發殺機)

3. 상진사를　설명하는　핵심예언은 ?
소두무족설(小頭無足說),신삼국설(新三國說
)，자수성가(自手成家)

　　상진사(上辰巳)는 진사삼변론(辰巳三變論)　36 년간의 변화중 첫번째의 시점이다. 상진사(上辰巳)는 서기 2000 년에서 2011 년까지이다. 그리고 그 시작이 2000 년과 2001 년이다.

　　서양의 종말론은 서기 2000 년을 전후로 집중된다. 우리나라의 예언의 핵심인 진사삼변론(辰巳三變論)에서 상진사(上辰巳)인 2000 년에서 2011 년간의 예언은 불길한 예언이 많다. 그리고 그 중에서도 시작점인 2000 년과 2001 년이 빠지지 않음은 물론이다.　그러나 서양의 종말론과 같이 2000 년과 2001 년에 단번에 인류가 멸망하는

공상 과학 만화같은 내용은 없다.   오히려 이때부터가 우리나라의
모든 예언의 본격적인 시작이된다.

상진사(上辰巳)
에서 공통적으로
다루어지는 예언의
주제는 혼돈의 와
중에서   태동되는

새로운 시대의 시작이다. 그리고 진사삼변의 혼돈을 정리할 새로운
희망의 세력이 자수성가(自手成家)하는 때이기도하다.

　또 상진사의 기간동안 우리나라 예언서가 공통적으로 다루는 예
언으로는 신삼국설(新三國說)이 있다. 그리고 모든 예언가들의 공통
된 주장은 아니지만 몇몇 예언가들이 주장하는 예언으로는 하늘에
서 떨어지는 불덩이를 설명하는 소두무족설(小頭無足說) 이있다.

**"하늘이 살기를 발하니 일정하게 움직이던 별들
이 장차교란하여 질서를 잃고 그 자리를 옮긴
다 !"   (天發殺機移星易宿)**

　상진사(上辰巳)는 서기 2000,2001 년인 경진년(庚辰年)과 신사년(辛
巳年)을 가르킨다. 그리고 2000 년 5 월 15 일에는 태양,수성,금성,목
성,토성이 한꺼번에 황소자리에 들어가는 기이한 현상이 일어난다.
　매년 태양은 4 월 21 일에서 5 월 21 사이에 황소자리에 들어가지만
이같이 태양계이 혹성의 다수가 황소자리에 들어가는 것은 매우 드
문 일이다.
　그리고 2000 년의 1 년전인 1999 년 8 월에는 이른바 그랜드 크로

스라는 우주최대의 쇼가 벌어진다. 크게 보아 이 두가지 만으로도
하늘의 변화를 상징하는 상진사(上辰巳)가 성립되기에 충분하다. 그
리고 이를 시발점으로 중진사(中辰巳)와 하진사(下辰巳)가 일어난다.

택화혁(澤火革)

　이번에는 역경(易經)의 이론으로 상진사(上辰巳)를 설명해보기로하
자. 상진사(上辰巳)는 택화혁(澤火革)괘가 상징한다. 택화혁(澤火革)
괘는 무엇보다 대변혁을 상징하는 괘이다. 이는 옛것을 고쳐 새것을
따른다는 개구종신(改舊從新)으로 상징되는 것이다. 택화혁(澤火革)
괘는 금(金)을 상징하는 태괘(兌卦)와 화(火)를 상징하는 이(離)괘로
구성된다. 즉 머리는 금(金)으로 쇳덩이이며 다리는 화(火)로 불덩이
이다.

　　　　　　　　　　　　　예언서에서 말하
는 소위 작은 머리에
다리가 없다는 소두
무족(小頭無足)이란
택화혁괘의 모습을
차용한 것으로 보인
다. 이같은 모양의 가장 흔한 예는 실탄 즉 총알이다. 또 총알대신
대포알이나 미사일, 핵탄두나 생물학이나 화학무기를 탑재한 미사일
로도 생각할수있다. 이 미사일들이 상징하는 대변혁도 총알과 마찬
가지이다. 이경우 택화혁(澤火革)은 병란(兵亂)이다.
　또 이 같은 모습은 자연계에는 하늘에서 땅으로 떨어지는 거대한
운석을 상징한다. 지구의 모습은 태고시대에 하늘에서 빗발치듯

떨어지는 운석들에 의하여 지금의 모습이되었다. 그리고 그동안 지구의 역사에서 거대한 운석이 떨어져 지구의 생태계를 결정적으로 바꾼 예는 매우 흔하다.

상진사(上辰巳)를 상징하는 택화혁(澤火革)괘는 여러 예언자들에 의해 여러가지로 주장이 되었다. 대부분 천재지변이나 병란(兵亂) 또는 무서운 유행병등으로 대변혁을 설명하였다.

제 1 장   상진사의 시점을 설명하는 예언

진단구변을 설명하는 4320 년에 이어 진사삼변론이라는 개념을 알고 있다면 상진사(上辰巳)가 2000 년과 2001 년에서 시작하여 2011 년까지라는 사실을 예언서에서 찾아내는 일은 어려운 작업이 아니다..

❊   신교총화 팔공진인총담   ❊

태대기	전일후일	경호지성	진동천지	부망빈쇄	기정척의
太大紀	前一後一	庚呼之聲	震動天地	富亡賓碎	其情慽矣
저차기인인용	상고지법	제일생로야			
抵此機人人用	上古之法	第一生路也			

후천의 기원의 되는때를 전후하여 경(庚)의 시기에 천지를 진동하는 대호령이 들릴것이다. 부자는 망하고 가난한 사람은 부서지니 슬픈일이다. 사람들은 이때를 당하여 상고시대(上古時代)의 법(法)을 따르는 것이 살아남는 최선의 길이된다.

경(庚)을 경진년으로 보면 2000년이된다. 그리고 경(庚)의 전일후일(前一後一)이란말은 1999년과 2001년을 말한다. 이말은 역경의 손위풍괘(巽爲風卦) 구오(九五)의 "선경삼일 후경삼일(先庚三日 後庚三日)"이라는 유명한 문구를 팔공진인이 나름대로의 식견을 담아 응용한 것이다.

원래 손위풍괘(巽爲風卦) 구오(九五)는 경(庚)의 해를 기준으로 그 이전 3년과 그 이후 3년사이를 강조한 내용이다. 이 내용을 다시말하면 2000년을 기준으로 전 3년 후삼년 합 7년간의 재난을 말하고 있다.

이 역리(易理)를 응용하여 팔공진인은 경년(庚年)즉 2000년의 전후의 1년씩을 강조했다. 즉 1999년, 2000년, 2001년의 삼년을 말한 것이다. 이때가 대단히 위험한 때라는 것이다.

팔공진인의 예언이 말하는 삼년은 1999년의 그랜드 크로스와 2001년의 혹성집결이라는 우주적인 대사건을 모두 포함하고있다는 사실과 하나가 되면서 주목하지 않을 수 없는 예언이라 할 수 있다. 그리고 팔공진인은 경진년인 2000년을 후천의 시작점으로 설정하고 있다.

또한 팔공진인은 상진사(上辰巳)인 이때 살아남는 최선의 방법이 상고시대(上古時代)의 법이라 했다. 팔공진인이 말하는 상고시대(上古時代)의 법은 팔공진인의 스승인 자하선인이 자하선생훈몽에서 밝힌 "대황조 천부경 삼보고(大皇祖 天符經 三寶誥)"이다. 여기서 대황조는 한인, 한웅, 왕검할아버지이며 천부경 ,삼보고는 천부경과 삼일신고를 말한다.

천부경(天符經)을 말로 설명하면 삼일신고(三一神誥)이며 이를 다시 인간이 살아가며 만나는 모든 일에서 혼돈을 제거하는 내용이 곧 366사(참전계경)이다. 바로 이 경전들의 가르침이 팔공진인이 말

하는 상고지법 (上古之法)이며 이 법을 따르는 것이 상진사(上辰巳)
의 기간동안에 살아남는 제일생로(第一生路)라고 말하고 있다.

고급주택, 고급승용차
값비싼 보석

천부경, 삼일신고, 366사

　　팔공진인의 스승인 자하선인은 장차 동서양 세계(震兌)가 하나로
통일되는 원리는 한웅할아버지께서 전해 주신 천부경,삼일신고,366
사(참전계경)의 이수(理數)안에 모두 들어 있다고 말했다.
　　따라서 배달민족의 삼대경전이야말로 결정적인 시기에 살아남는
첫번째 길을 알려줌과 동시에 세계를 하나로하는 대진리가 있는 값
으로 따질수없는 보배중의 보배라고 강조하고있다.
　　그리고 상진사의 기간동안 배달민족의 불변하는 정신을 가진 사
람들이 자수성가(自手成家)하여 짧지않은 혼돈의 시대인 삼진사기간
동안 재세이화,홍익인간의 기틀을 마련하는 중요한 시기이다.

✪   격암유록 갑을가(甲乙歌)   ✪

사구금풍경신운   四九金風庚辛運

4.9 는 오행에서 금(金)을 의미하는 수이다. 금(金)을 시간으로 환산할때 경(庚)과 신(辛)의 년이 된다. 이는 2000 년의 경진년(庚辰年)과 2001 년의 신사년(辛巳年)을 말하고있다.

뿐만아니라 역경의 49 번째의 괘가 택화혁(澤火革)괘로서 상진사기간동안을 상징하는 괘이다. 이 예언은 그 두가지를 모두 말하고 있다.

✪   격암유록 생초지락 (生初之樂)   ✪

경신대호중제생 천지대도기환정
庚辛大號衆濟生 天地大道氣還定

경신년의 대호령에 백성들의 삶을 구제할지니 천지대도의 기운이 돌아와 정해진다.

경진,신사년에 일어나는 대호령은 그 목적이 우리 배달백성을 살리기 위함이라고 말한다. 그때 천지대도의 기운이 다시금 돌아온다 했다. 이는 단군조선의 기운이 진단구변을 거쳐 다시 돌아온다는 것을 말한다. 이 역시 배달정신으로 재세이화, 홍익인간할 인재들이 4320 년만에 다시 모여 자수성가(自手成家)를 이룸을 말한다.

❂   말운론   ❂

사구지운 백조일손 용사발동 쌍년간
四九之運 百祖一孫 龍蛇發動 雙年間

무죄지정 삼수불인출옥 비운 일사수
無罪之定 三數不忍出獄 悲運 一四數

부족지투화멸지후 생지집합지운.
不足之投火滅之後 生之集合之運.

사구지운은 4.9를 나타내는 말로 4와 9는 용도구서에서 그 오행이 금(金)이며 십간(十干)으로는 경(庚)과 신(辛)이다. 또한 역경의 49번째괘가 택화혁(澤火革)이 된다.

이 49의 운에 대변혁이 일어나 백명의 조상중 한명의 자손이 남는 대참상이 벌어진다는 것이다. 이때에 용사(龍蛇)가 발동하니 용사는 진사(辰巳)로서 경진년(庚辰年)과 신사년(辛巳年)의 진사(辰巳)를 보다 더 직접적으로 설명하고있다. 바로 이때가 백명의 조상중 한명의 자손이 살아남는 때라고 하였다. 만일 정말로 그렇다면 당연히 이때가 비운(悲運)이다.

또 우주삼라만상의 절대자를 감옥에 가두고 있는 이 상황을 더이상 참지못하고 일어나는 일이다. 14 수란 곤지책 144 ⌐ 를 의미하며 정법을 따르는 사람이 적어 이수에 부족하게 살아남은 사람들이 다시 집합하는 운이다.

✿　　격암가사　✿

> 칠칠절량기사경에　곡종삼풍선경일세　삼년불우불경지에
> 七七絶粮飢死境에　穀種三豊仙境일세　三年不雨不耕地에
>
> 무곡대풍십승일세
> 無穀大豊十勝일세

칠칠(七七):

7×7=49 로서 역시 두가지 해석이 가능하다. 하나는 4.9 금(金)으로서 경년(庚年), 신년(辛年)이며, 또 하나는 역경의 49 번째 괘에 해당하는 택화혁괘의 대변혁이다. 이 두가지는 결국 상진사의 기간인 2000 년에서 2011 년까지의 시간을 동시에 상징하는 것이다.

삼풍(三豊): 예언서에서 삼풍은 삼풍양백(三豊兩白)의 준말이며 삼풍양백은 역경의 삼천양지 ⌐ (三天兩地)에서 따온 말이다. 그리고 역

⌐ 천부경의 예언론 제 1 권 139-154P 최 동환 지음 도서출판 삼일
　　천부경 개정판　213- 226 P　최 동환 해설　도서출판 삼일
└ 한역　수출서물 239-246P　최 동환 지음 도서출판 강천

시 역경의 수출서물﹁ (首出庶物)을 설명하는 말로서 혼돈스러운 세상을 정리하고 새로운 질서를 창조하는 개천(開天)을 상징한다.

상진사의 대변혁과 함께 수반되는 환란상태의 상황에서 구세주가 내리는 은혜가 가득하다. 삼년간 비가 오지않아 경작하지 못한땅에 땅에 씨를 뿌리지 않아도 십승(十勝)에는 큰 풍년이 든다.

대변혁이 일어나는 바로 그상황에서 곡식없는 풍년이 든다는 말은 매우 의미심장한 말이다. 우주삼라만상의 대변혁을 가장 잘 설명하는 내용은 역경의 49 번째괘인 택화혁(澤火革)괘이며 그 내용중에서도 구오(九五)의 내용이다.그 내용에 이르기를 " 대인이 호랑이처럼 변하니 점치기도 전에 믿음이있다. [대인호변 미점유부(大人虎變 未占有孚)] "라하여 대변혁을 주도하는 인물을 설명한다.

그리고 이 택화혁의 육오(九五)는 음효로서 장차 양효로 변하게 된다. 그것이 양효로 변했을때 다음의 그림설명과 같이 뇌화풍(雷火豊)의 육오(六五)가된다.

예언서에서 택화혁의 대변혁의 시기에 풍년이 든다는 말은 그림설명과 같이 택화혁(澤火革)괘의 변효(變爻)가 뇌화풍(雷火豊)의 육오(六五)가 되는 역리(易理)를 말하는 것이다.

그 내용이 이르기를 "광명을 받아들이면 경사와 명예가 있다 .길하리라 [래장 유경예길 (來章 有慶譽吉)] " 고했다.

여기서 말하는 풍년이란 역경의 삼천양지(三天兩地)를 삼풍양백

﹁ 한역　수출서물 239-246P　최 동환 지음 도서출판 강천

(三豐兩白)이라하여 삼천을 삼풍으로본 것에서 보다더 구체적으로 설명된다.

삼천(三天)은 우주삼라만상의 절대자의 거처이다.

　짧은 예언안에 천부경과 역경의 심오한 원리를 모두 담아 설명하는 절묘한 내용이 아닐 수 없다.

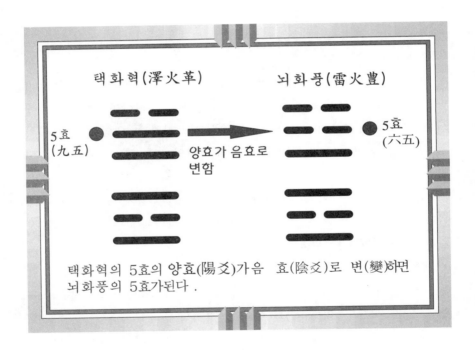

택화혁(澤火革)　　　　뇌화풍(雷火豊)

5효　　　　　　　　　　　　5효
(九五)　　　　　　　　　　(六五)

양효가 음효로
변함

택화혁의 5효의 양효(陽爻)가음　효(陰爻)로 변(變)하면
뇌화풍의 5효가된다 .

제 2 장　　신삼국설(新三國說)

　신삼국설은 우리나라 대부분의 예언서들이 공통적으로 다루는 주제이다. 그 내용은 우리나라가 남북으로 나누어진 다음 십승론의 시

대가 열리기 직전의 혼란기를 말하고있다.

　이 예언은 상진사기간인 2000년에서 2011년간 일어나며 중진사인 2012년에서 2023년의 초반에 가서야 비로소 정리가 된다고 말한다.

　그리고 그 기간동안 심한 시련을 겪어야 한다는 설이다.

제 1 절　　신삼국설의 예언들

✪　　도선비결(道詵秘訣)　　✪

기당인묘 남북여형정치　　其當寅卯　南北如形鼎峙

인묘년을 당하여 남북이 솥의 다리처럼 대치하게된다.

　정(鼎)은 솥으로서 다리가 셋이다. 그러나 여기서는 남북이라고만 나타나있어 뚜렸한 해석이 어렵다. 어쨌던 최소한 남북이 갈라진다는 사실만은 나타나있으니 맞은 예언이라고 말할수있을 것이다.

✪　　삼한산림비기(三韓山林秘記)　　✪

삼국정치 정재묘진지년　　三國鼎峙　定在卯辰之年

삼국이 솥의 다리처럼 대치하는때가 묘년과 진년으로 정해졌다.

이 예언의 내용은 우리나라가 삼국으로 나누어질때를 논하고있다. 고구려, 백제, 신라이후 삼국으로 나누어진것은 신라말에 고려, 후백제, 신라뿐이다. 따라서 이 내용은 아직 일어나지 않은 미래의 일을 말하고있다.

❁　　운기구책(運奇龜策)　　❁

> 초유 삼왕지성 종유삼왕지암 우유삼국지분 남유종 남기흥야
> 初有 三王之聖 終有三王之暗 又有三國之分 南有終 南起興也

조선이 시작할때 세명의 성왕이 있고 끝날때 세명의 어두운 왕이있다. 나라가 셋으로 분리되니 남쪽에서 끝나고 남쪽에서 시작한다.

❁　　청구비결(靑丘秘訣)　　❁

> 삼존삼읍자 사좌멸삼한　　三尊三邑者 四座滅三韓

존(尊) 과 읍(邑)은 합하여 정(鄭)이된다.

세명의 정도령이 네개의 자리에 나누어 앉아 삼한을 멸한다.

❁　　삼도봉시 (三道峰詩) ❁

> 정족지형 성어남북 누란지상 견어중외
> 鼎足之形 成於南北 累卵之狀 見於中外

솔다리와같은 형세는 남북으로 형성되고 알이 깨어지는 듯한
형상은 여기저기 보인다.

❋　　운기구책(運奇龜策)　❋

> 청괴만정지월 백양무아지일 북변선발 남란차기
> 靑槐滿庭之月 白楊無芽之日 北變先發 南亂次起

청괴만정지월(靑槐滿庭之月) :

　　괴(槐)는 회화나무. 주나라때 조정의 뜰에 화화나무 세그루를 심어
삼공(三公)의 좌석을 표시한데서 온뜻이다. 이는 우리나라를 정원의
뜰로 보아 세명의 실력자가 나라를 나누는 때를 말한다.

백양무아지월(白楊無芽之日) :

　　전국시대의 사상가 양자(楊子) 즉 양주(楊朱)는 천하를 위하는 일
이라 할지라도 자신의 몸에 털 한올도 뽑지 않겠다는 위아설(爲我
說)을 주장했다. 그리고 이 논리는 맹자에 의해 배척된 바가 있다.
백양무아지월(白楊無芽之日)은 양주(楊朱)를 양나무로 보면 양나무에
싹이 없다는 것은 곧 양주가 말한 천하를 위한다 해도 털한 올을
뽑지 않는다는 말의 비유 임을 알 수 있다.
　　이 예언에서는 나라를 세부분으로 나누는 세명의 실력자가 천하
를 위하는 일이라 할지라도 자신의 이익을 위하지 않는다면 자신의
몸에난 털 한올도 뽑지 않겠다는 극단적 이기주의가 표면화될 때를
말한다.　이는 정파싸움이 극단을 이룰때를 말한다고 볼수있다.

혼돈과
파천황

" 나라를 셋으로 나누는 실력자(三公)가 등장한다. 그 세명의
실력자(三公)가 자파의 이익을 추구하는데는 최선을 다하지만 ,
천하를 위한일에는 자신의 털 한올도 뽑지 않겠다는 이기적인
정파싸움을 벌린다. 그 정파싸움이 극단으로 치다를때 먼저 북
쪽에서 변란이 일어나고 , 남쪽의 어지러움이 다음으로 일어난
다.

예언서를 해독하는 일이 쉽지 않음을 말해주는 대목이다. 이 부분
은 예언서의 저자가 도달했던 역사와 교양에 대한 수준을 잘 말해
주고있다.

이같은 기초적인 학문수준위에 동서의 고대세계를 관통하는 오묘
한 학문을 자유자재로 구사할 수 있었던 사람들이 우리나라 예언서
의 저자들인 것이다.

이같은 예는 예언서의 구석구석에서 발견되는 흔한 현상이다. 이
러한 사람들이 필생의 노력으로 만든 작품들이 우리나라의 예언서
이다. 이 예언의 문장은 참으로 세련되고 아름다운 문장이 아닐수없
다. 이러한 문장이야말로 풍류(風流) 라고 할 수 있다.

그러나 그 안에 담긴 예언은 그야말로 날카로운 비수와 같은 무
서운 것이다. 극히 세련되고 아름다운 문장속에 숨겨진 날카로운 비
수와 같은 예언이 만드는 묘한 불균형속의 균형이 더욱 감동을 준
다.

그러나 이같은 풍류(風流)를 이해할수없는 사람들이 예언서를 함
부로 손 대다가는 저자들이 마련해둔 함정에 빠져 쉽게 일생을 망
칠수있 수 있는 무서운 지식이기도하다.

❁ 남격암산수십승보길지지(南格菴山水十勝保吉之地) ❁

> 임진이북 재작호지양경 이방불가론보
> 臨津以北 再作胡之壤境 二方不可論保
>
> 남지금강지서 동근풍악지북 적필위소민불안토
> 南至錦江之西 東根風岳之北 敵必爲巢民不安土

임진강 이북은 다시금 오랑캐의 땅이 되고 ,남쪽으로 금강의 서쪽에 이르고, 동쪽으로는 금강산의 북쪽에까지 반드시 적들의 소굴이 되니 백성이 살기에 불안할것이다. 따라서 이 장소들에 대해서는 보신을 논할수없다.

알면 살고 모르면 죽는다는 예언서의 유명한 말중 이미 현실에서 명백히 실증되고있는 예언중의 하나가 임진강 이북은 다시금 오랑케의 땅이 되니 보신을 논하지 말라는 것이다.

이러한 내용은 소위 남조선 사상ㄱ 으로 굳어지며 여러 예언서의 골격을 이루고있다. 이른바 우리나라 예언서의 중요한 부분인 삼풍양백(三豊兩白)이 바로 남조선 사상에서 출발한 것이다.

남쪽으로 금강의 서쪽이 적들의 소굴이 된적은 아직 없다. 이 부분은 현시점에서 미래의 일을 말하고있다. 또 금강산 북쪽을 적들의 소굴이 된적도 아직은 없다. 이 예언은 남북분단 이후에 일어날 일들을 말하고 있음을 알 수 있다.

ㄱ 한역 남조선지비장장비문(南朝鮮之秘藏之文) 327-329P
   최 동환 지음 도서출판 강천

혼돈과
파천황

❂ 낭선결 (郎仙訣) ❂

우왈 동출북우 화생남유 인창별리지조 가사병화지사
又曰 銅出北隅 火生南有 人唱別離之調 家事兵火之事

이르기를 북쪽의 귀퉁이에서 구리가 나가고, 남쪽에서는 불
길이 휘감으니, 사람들은 이별을 부르짖음이요 가정일은 병화
에 관한 일뿐이다.

북쪽에서는 압록강과 두만강을 넘어 북한치하를 탈출하는 사람들
이 갈수록 늘고있다 한다. 탈출하는 사람들은 모름지기 돈이 될만한
것을 지니는 것이 상례이다. 한가지 묘한 것은 북한에서는 구리를
가지고 탈출한다는 것이다. 구리가 중국에서 돈이 된다는 것이다.

이 예언은 이미 시작되었다고 생각되는 부분이며 다른 예언서에
서 말하는 북선변(北先變)이 시작되는 모습을 설명해주고있다.

남쪽에서 불길이 일어난다는 것은 북선변(北先變)이후 일어나는
남쪽의 어지러움을 설명하고있다.

❂ 토정가장결(土亭家藏訣) ❂

압록심파석교상 남동피처중인성
鴨錄深波石橋上 南東避處衆人聲

압록강 깊은 곳의 돌다리 위에서 남동쪽에서 피란나온 사람들

의 소리가 들려온다.

　최근에 중국에서는 북한에서 난민이 대규모로 발생할 것을 대비해 대규모의 난민보호시설을 짓고있음이 보도된 바있다. 미국의 인공위성에서 포착된 이 시설물들이 처음에는 군사시설인줄 알았지만 북한 난민을 위한 시설이라는 것이다.

　압록강 깊은 곳의 돌다리 위에서　남동쪽에서 피란나온 사람들의 소리가 들려온다는 예언과 연결하여 생각할수있는 상황이 이미 현실에서 벌어지고있는 것이다.

❀　격암유록 말중운　❀

장씨창의 북선변에 백미작란 삼국정치 張氏唱義 北先變　　白尾作亂 三國鼎峙

백미(白尾) :

　삼국시대 촉한(蜀漢)의 명참모인 마량(馬良)은 남달리 총명한 그의 다섯형제중에서도 가장 뛰어난 재주를 가졌었다. 그의 눈섭에 흰털이 나 있어 그의 고향사람들은 그를 백미(白尾)라고 불렀으며 그가 그의 다섯형제중 제일이라고 하면서 그의 성장을 지켜보았다고한다. 여기서는 경상도에서 일어나는 조씨성으로 상징되는 인물을 말한다.

　물론 예언서에 나오는 성씨는 상징적인 것에 불과하다.

　장씨가 의(義)를 주장하며 일어나고 ,북쪽에서 먼저 변란이 일어나며 , 백미 즉 조씨성을 가진 장수가 난을 이르키니 세나라가 솥발처럼 대치한다.

이 예언은 북선변(北先變)이후에 일어나는 남쪽의 어지러움의 양상을 구체적으로 설명하고있다. 그리고 남쪽을 어지럽히는 사람들은 모두 의(義)를 주장하며 일어난다는 것이다.

❂ 운기구책 ❂

> 범 장조이성 출이위자중지란 역옥만연
> 凡張趙二姓 出以爲自中之亂 逆獄蔓延

장씨와 조씨가 자중지란을 일으키니 옥사가 만연한다.

❂ 삼한삼림비기 ❂

> 무진(광주)지속흉한 고 산수역악 장이작란 조운불배자
> 戊珍(光州)之俗凶한 故 山水亦惡 張李作亂 遭運不北者
>
> 수 십년 만조관서 태평기사
> 數 十年 滿朝官庶 太平飢死

광주의 풍속은 흉하고 사나우니 산수역시 악하다. 장씨,이씨가 난을 일으키면 운좋게 패하지 않기를 십년에 이를것이나 만조백관이 태평한 가운데 굶어 죽을 것이다.

이 예언은 남쪽의 경상도와 전라도에서 일어나는 어지러움중 전

라도에서 일어나는 어지러움을 설명한다.

　정감록류의 예언서중에서도 특히 무학(無學)과 관계되는 예언서는 의도적으로 전라도를 폄하하여 지역감정을 유발시키는 매우 저질적인 면이 보인다. 그러나 이때는 전라도 뿐아니라 경상도 충청도도 사정은 마찬가지임을 예언서는 말하고 있다.

✪　격암유록 말중운(末中運)　✪

> 욕식추산 말세사댄 양인상쟁 장궁사요 이십구일 질주자는
> 欲識推算 末世事댄 兩人相爭 長弓事요 二十九日 疾走者는
>
> 앙천통곡 원무심을 실로방황 인민들아 조장났다 절단일세
> 仰天痛哭 怨無心을 失路彷徨 人民들아 趙張났다 切斷일세

　말세사를 추산해보니 두사람이 싸워 장씨가 활을 쏘고 조씨는 질주하나 하늘을 보고 통곡하니 죽음이로다. 길을 잃고 헤메이는 사람들아! 조씨와 장씨의 난리가 났으니 나라가 절단난다.

　이 내용은 지금까지의 여러 예언내용을 가장 잘 설명하고있다. 그동안 격암유록을 논하는 사람들은 이 부분을 해방정국의 조병옥 박사와 장면총리를 말한다고 주장해왔다. 지엽말단적인 예언문구만을 가지고 해석할때 필연적으로 생기는 문제점들인 것이다.

✪　동차결(東車訣)　✪

한양지말 유오재 일왈 양 이왈 왜 삼왈 청 사왈 가정
漢陽之末 有五災 一曰 洋 二曰 倭 三曰 淸 四曰 假鄭

오왈 진주이망어오중
五曰 眞主 李亡於五中

한양의 말년에 다섯의 재앙이있다. 첫번째가 서양이며 두번째가 일본 ,세번째가 중국, 네번째가 가짜구세주 ,다섯번째가 진정한 구세주가 출현하기전이다. 이 다섯가지 재앙으로 이씨는 망한다.

한양 즉 서울의 말년에 일어나는 다섯가지 재앙중 서양과 일본,중국의 재앙은 이미 일어났다. 개화기의 서양열국의 침입과 저질적인 서양문화의 침투, 그리고 일본의 침략, 또 6.25 때 중공군의 참여등이 그것일 것이다.

아직 일어나지 않은 것은 가짜구세주 즉 가정(假鄭)에 의한 피해이다. 예언서는 여덟명의 가짜 정도령이 지난날 개화기의 서양오랑케 와 일제36년 의 일본 그리고 6,25 때의 중공군 보다 훨씬 무서운 재앙을 가져다 준다는 것이다.

바로 이 부분이 상진사기간 동안 중요한 부분을 차지한다. 예언서는 이 가짜 구세주들의 난동을 평정하는 인물이 진정한 구세주이며 그를 정도령이라고 상징하고있다.

그리고 여기서 이씨를 이씨조선으로만 보아서는 곤란하다. 여기서 말하는 이씨는 한양 즉 서울의 운수라고 보는 것이 타당할 것이다.

그리고 이 서울의 운수는 계속중이며 네번째와 다섯번째의 재앙은 일어나지 않았다.

❂   격암유록 출장론 ❂

南靑西伯假鄭들이   天一世揚楊으로
남청서백가정들이 흔천일세양양으로

　남쪽과 서쪽에서 일어나는 가짜 정도령들이 하늘 높은줄 모
르고 한시대를 거쳐　의기양양하니

❂   격암유록 출장론 ❂

湖西白華蘇伐地에 口吐火將白尾로서 殺害人命主奪財
호서백화소벌지에 구토화장백미로서 살해인명주탈재로

富貴家中屠戮時에 蘇城百理人影絶을
부귀가중도륙시에 소성백리인영절을

　충청도의 공주지방에는 입에서 불을 토하는 백미장수가 일
어나니 인간을 죽이고 재물을 빼앗는것을 주로한다. 그 무리들
이 부귀한 집안을 도륙낼때 공주근처의 백리에 인간의 그림자
가 영영 사라진다.

❂   격암유록 출장론 ❂

湖南知理靑未將君 呼風換雨異跡으로 民痴人民統率하야
호남지리청미장군 호풍환우이적으로 맹치인민통솔하야

호남일대봉기시에 오호애재가련하라 미성아동하죄런고
湖南一帶蜂起時에 鳴呼哀哉 可憐하다 未成兒童何罪런고

남여십세이상으로 진피도거 비참쿠나
男女十歲이상으로 盡被刀鋸 悲慘쿠나

　　호남 지리산일대에는 청미장군이 일어나니　바람과 비를 부르고 일으키는 괴상한 이적을 일으킴으로서 어리석은 백성들을 이끌게된다. 이들이 호남일대에 봉기시엔 가련하게도 미성년자인 십세이상의 남녀를 도륙을 내는 비참한 일이 일어난다.

❀　　격암유록 출장론　❀

영북교동 와신인수 둔갑장신기사로서 자상천답혼돈기로
嶺北喬洞 蝸身人首 遁甲藏身奇事로서 自相踐踏混沌起로

종망기국요물일세
終亡其國妖物일세

　　경상도 북쪽에 사람머리에 달팽이 몸을 하고 둔갑술을 부려 몸을 감추는 괴상한 짓을 하는 사람이 혼돈을 일으키니 결국은 나라를 망치는 요물이다.

　　가정(假鄭) 즉 가짜 정도령, 가짜 구세주를 자칭하는 말세의 요물들은 대표적으로 세명으로 상징된다. 그러나 팔정(八鄭)으로 상징되

는 여덟명이라고도 하고, 구정칠이(九鄭七李)로 상징되는 16 명이라
고도한다. 이들중에는 괴상한 요술과 마술을 부리는 사람들이 혹세
무민하여 세상을 어지럽히는 사람들이 있다는 것이다.

근래에 들어 도(道)를 닦는 것이 남이 갖지 못하는 신비한 신통력
이나 , 특별한 초능력을 얻는 것으로 잘못아는 경향이 심화되고있다
는 점에서 이같은 예언을 현실화할 인물의 출현이 예고된다.

역사상 난세에는 신통력이나 초능력으로 혹세무민하여 난을 일으
킨 인물들이 많이있다. 하지만 그 결과가 좋은 경우는 단 한번도 없
으며 그것은 장차 다가올 미래에서도 마찬가지라는 것이다.

이같은 신통력이나 초능력은 단지 어두울때 빛나는 촛불과 같은
한때의 요술(妖術)이나 마술(魔術)에 불과하다. 따라서 태양과 같은
진리(眞理)가 나타나면 즉시 그 빛을 잃고 사라지는 것이다.

❂   정북창비결(鄭北窓秘訣) ❂

| 팔조인민 오삭적시   송백재식지시 연홍거래지월 |
| 八條人民 五朔積屍   松栢裁植之時 燕鴻去來之月 |

팔조인민(八條人民) :
단군의 단군팔조교(檀君八條敎)로 교화가 시작된 백성 .배달민족

송백재식지년(松栢裁植之年):
 소나무와 잣나무는 충의(忠義)를 상징한다. 따라서 소나무와 잣나무
를 심는 때란 새로운 세계를 건설할 충의로운 인재들이 모여 힘을
기르는 시기

혼돈과
파천황

연홍거래지일(燕鴻去來之日):

　이말은 '연작안지홍곡지(燕雀安知鴻鵠志)'라는 말을 미래의 시국에 맞추어 응용한 것이다. 이는 "제비나 참새와같은 작은 새가, 어찌 기러기나 고니와같은 큰새의 뜻을 알겠는가? "라는 말로서, 소인은 영웅의 원대한 포부를 이해하지 못한다는 의미이다.

　　따라서 연홍거래지일(燕鴻去來之日)이란, 제비나 참새에 지나지 않는 소인과 기러기와 고니와같은 원대한 포부를 가진 영웅이 서로 거래를 하고 있는 시국을 표현한 말이다.

　　단군의 백성들이 다섯달동안 시체가 쌓인다. 이때는 제비나 참새에 지나지 않는 소인과 기러기와 고니와같은 원대한 포부를 가진 영웅이 서로 거래를 하고 있고 , 그 사이 영웅을 따르는 충신과 열사가 힘을 기르는 시기이다.

　　또 다시 예언서 저자들의 품격을 말해주는 아름답고 세련된 풍류(風流)의 문구가 나왔다. 참으로 우리나라는 인재의 창고라 할만했다고 보여지는 대목이다.

　　여기서 연홍거래지일(燕鴻去來之日)을 제비가 날아오는 때와 기러기가 날아오는 사이의 기간으로 해석한 사람들이 있었다. 그러나 그건 예언에 대해 걸음마를 할때의 수준이다.

　　이 예언은 먼저 참새나 제비같은 작은 그릇의 인물들에 의하여 수많은 단군의 자손들이 산과 들에서 죽어갈 것이라는 것이다. 그리고 그 비참함이 극에 달할때라야 새로운 통합의 기운이 싹트고 진정한 영웅이 대업을 성취할 할 여건이 조성된다는 것이다. 이 시대를 사는 우리는 이렇게 까지 어리석은 존재로 미래의 후손들애게 알려진다는 것이다.

❀   정북창 비결   ❀

우왈 족불도관동지지 택불주공양지계 어무적왈 한도지말
又曰 足不蹈關東之地 宅不住公楊之界 魚無跡曰 漢都之末

이르기를 관동지방을 밟지말고 공주와 양주의 근처에 집을
정하지마라. 물고기가 자취를 감출때가 한양도읍의 말년이다.

예언서의 내용에서 임진왜란이나 병자호란이나 일제시대 6.25 등
어느 특정한 시간을 찾아내기는 쉽지않다. 그러나 이 예문은 그 시
기를 가늠할 수 있게한다. 관동지방은 곧 대관령 동쪽지방으로 강원
도지방이다. 이는 곧 6.25 의 격전지이다. 또 다른 예언에서 말하는
오대산 북쪽의 도적이 이 지방이다. 양주도 역시 경기도의 요충지이
다. 공주는 동학농민 혁명때의 격전을 말하는지 또는 무엇을 말하는
지 확실치않다. 대체로 이 내용은 구한말에서 6.25 를 지적한다고 해
도 무방하다.

그러나 그리고 물고기가 자취가 없을때가 한양도읍의 말년이라
했다. 유사이래 한양 즉 서울을 흐르는 한강에서 물고기가 자취가
없을때는 없었다. 오직 근래에 각종 오염으로 한강물이 물고기가 살
기 어려워졌고 심심찮게 떼죽음을 당하는 일이 많아졌다. 따라서
이 내용은 바로 현재 이후에 일어날 일을 말하는 예언으로 보는것
이 타당할 것이다.

❂ 감결(鑑訣) ❂

연왈 후세지우안 이용문위은신지방 개산수지법 이외언지

淵曰 後世之愚眼 以龍門爲隱身之方 蓋山水之法 以外然之

유생기연이 이탈어한양고 중기세개사혈 후인약처차산

有生氣然而 已奪於漢陽故 中氣勢皆死穴後人若處此山

즉 오대지북 적민수탐 불일년지내 만명회사

則 五大之北 賊民搜探 不一年之內 萬名灰死

연이 말하기를 후세인들의 어리석은 눈으로는 용문산을 은신할 곳으로 삼을것이되 산수를 보는 방법이 아닌것으로 말하면 용문산이 생기가 있다할수있으되 용문산은 서울에 그 기운을 다빼앗겼기때문에 산 가운데의 기세가 모두 죽어버린 혈이다.

따라서 후세의 사람들이 이 산에서 살면 오대산 북쪽의 반역자들이 수소문해서 알아내게된다. 따라서 일년도 안되는 사이에 일만명의 목숨이 재로 변해 죽어버릴 것이다.

1996년 9월 강릉앞바다에 잠수함을 타고온 무장공비들이 태백산맥을 타고 도주할때, 언론은 북한의 남침계획의 골격을 밝힌바있다. 남침개시 5일에서 7일안에 강릉에서 오산까지를 밀고 내려온다는 소위 5, 7계획이 그것이다.

이 남침계획은 예언서의 내용과 일치하는 바가 없지않다. 예언서에서는 강원도 오대산 북쪽의 반역자들이 경기도 용문산까지 습격

하여 사람들을 학살한다고 경계하고 있다..

오대산은 강릉에 인접한 산이며 오대산은 험준한 태백산맥의 중간이다. 그리고 경기도의 용문산(龍門山)은 경기도 양평군에 자리잡은 해발 1157m 의 높고 산세가 매우 큰 산이다. 용문산(龍門山)은 강원도에 인접해있음과 동시에 여주군과 광주군, 남양주군에 인접해있는 그 일대에서 가장 높고 큰 산이다.

강릉에서 오산까지가 전쟁터가 된다는 북한의 5.7 계획이 현실에서 정말로 벌어진다면 그 중심이 되는 전쟁터는 오대산과 용문산이 될 것임은 국민학생이 지도를 보더라도 금방 알 수 있다.

오대산을 중심으로한 태백산맥에 들어온 북한의 유격부대가 경기도 오산 북쪽까지를 장악하기 위해서라면 경과해야할 산이 경기도의 용문산이기 때문이다.

공개된 비밀은 이미 비밀이 아니다. 이미 남한의 언론에 까지 공개된 북한군 5.7 계획이 그들의 생각대로 이루어질 리는 만에 하나도 없을 것이다. 북한의 유격부대가 오대산에서 용문산에 이르는 통로를 장악한다는 것은 가정에 불과한 것이지만 그대로 된다면 경기도의 여주, 광주와 수원과 남양은 북한군 총칼앞에 그대로 노출된다.

경기도의 광주와 여주 그리고 수원과 남양사이가 시체로 덮힌다는 예언은 이미 현실에서 이루어지기는 어려운 예언이 되었다. 그러나 이 예언이 주는 경고적 기능만은 무시해서는 안될 요긴한 것으로 보인다.

❂ 감결(鑑訣) ❂

> 안죽지간 적시여산 여광지간 인적영절 수당지간 유혈성천
> 安竹之間 積屍如山 驪廣之間 人影永絶 隨唐之間 流血成川
>
> 한남백리 계견무성 인영영절
> 漢南百里 鷄犬無聲 人影永絶

안성과 죽산간에 시체가 산처럼 쌓이고 여주와 광주사이에 사람의 그림자가 없어지며 수원과 남양사이에 유혈이 냇물을 이루며 한강남쪽 백리에 동물의 울음소리가 사라지며 사람의 그림자가 영원히 사라진다.

이 예언도 오대산과 용문산을 잇는 적민(敵民)들의 난동과 연결점에서 생각할 수 있는 경고성 예언이다.

❂ 감결(鑑訣) ❂

> 백두지북 호마장추 양서지간 원혈창천 한남백리 인하거언

白頭之北 胡馬長추 兩西之間 寃血張天 漢南白里 人何可焉

　백두산 북쪽에 오랑케의 말이 길게 우니 충청도 전라도지방에 원한이 하늘에 사무치게되고 한강 이남 백리에 사람이 어떻게 살수있으랴 ?

　이 예언은 입체적인 상황을 말한다. 즉 북한을 위협하는 세력은 백두산 이북에서 출현하고, 남한을 위협할 세력은 한강 이남에서 출현한다는 예언서의 기본논리를 말하는 것이다.

제 3 장 소두무족설(小頭無足說)

　소두무족 (小頭無足)은 우리나라 예언서에서 토정가장결, 서계 이 선생가장결, 동차결, 남격암 산수십승 보길지지, 격암유록등에서 다루어지는 주제이다.

　따라서 신삼국론과 같이 우리나라의 대다수의 예언서에서 다루어지는 전체적이고 공통적인 주제는 아니다. 또 소두무족설(小頭無足說)을 말하는 예언서들도 그 해석이 두가지로 나뉜다.

　하나는 소두무족 (小頭無足)을
병란(兵亂)의 도구인 총알이나
대포알, 미사일 등으로 본다. 심
지어는 난세(亂世) 자체를 소두
무족 (小頭無足)으로 보기도한다.
이 경우는 신삼국론의 내용에
포함되는 것이다.

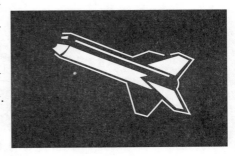

　또 하나의 소두무족설(小頭無足說)은 하늘에서 떨어지는 별로 보는 것으로서 병란(兵亂)과는 다른 내용의 예언이 된다. 필자로서는 상진사(上辰巳)의 천발살기(天發殺機)가 성립하기 위해서는 1999 년의 그랜드 크로스와 2001 년의 혹성 집결로 이미 충분하다고 말한바 있다.

　그러나 일부 예언서에서는 그 정도가 아니라 별들이 우박같이 떨어지는 대참상이라고까지 말한다.

　이는 상진사를 상징하는 택화혁(澤火革)괘의 해석으로 충분히 주장될 수 있는 것이지만 대단히 과격한 해석에 속한다. 이 두가지의 해석은 상진사의 상징인 화(火)를 설명하는 두가지의 단서를 제공한다. 따라서 이 부분의 예언도 상진사의 핵심에 속한다고 할 수 있다.

제 1 절 소두무족설(小頭無足說)의 예언들

❂　　서계 이선생가장결　　❂

> 살아자수 소두무족 활아자빈 혈하궁신 ....
> 殺我者誰 小頭無足 活我者貧 穴下弓身
>
> ....인기아취 인거아류
> 人棄我取 人去我留

혈하궁신(穴下弓身) :窮 즉 가난

　나를 죽이는 자는 머리는 작고 다리는 없는 소두무족(小頭無足)이요 나를 살리는 자 가난이로다. 남이 버리는 것을 나는 취하고 남이 떠날 때 나는 머문다.

　이 내용은 읽으면 읽을 수록 예언서 전체를 관통하는 명언 중의 명언이다.　자본주의의 극성기에 남들이 재물에 모든 것이 구속될 때 유유히 가난을 즐기고, 남들이 이익을 찾아 다투어 떠날 때 비록 혼자라도　여유 있게 남아 있는다는 것이다. 난세를 살아가는 용기와 지혜가 아닐 수 없는 것이다.

❂　　동차결(東車訣)　❂

> 소두무족자 순전성명어황란지세
> 小豆無足者 筍傳姓命於荒亂之世

혼돈과
파천황

소두무족은 순전히 어지러운 난세를 칭하는 이름이다.

동차결(東車決)에는 소두무족(小豆無足)이라 하여 두(頭)를 두(豆)로
사용했다. 이를 직역하면 "작은 콩알에 발이 없는 것"이다. 작은 머
리에 발이 없는 것이라는 소두무족(小頭無足)과 같으면서도 다르다.

동차결에서는 소두무족(小豆無足)이 순전히 어지러운 세상의 이름
이라 했다.

여기서 잠시 모택동을 생각해 보
자. 그는 말하기를 '권력은 총구(銃
口)에서 나온다' 라고 했다. 모택동
의 말처럼 권력이 총구에서 나오기
까지는 수많은 사람이 총구에서 나
오는 총알 세례를 받아야 하는 과정이 필요하다. 이 시대의 난세(亂
世)와 총알과는 불가분의 관계가 있는 것이다.

어지러운 세상에 나를 죽이는 자 소두무족(小豆無足)이라고 했다
면 가장 직접적인 말로 '총알'이라고 할 수 있을 것이다. 우리는 실
탄을 총알이라고하며 또 콩알이라는 말로도 흔히 사용하기 때문이
다.

보다 더 큰 총알로서 포탄이나 미사일 더 나아가 하늘에서 떨어
지는 유성도 물론 소두무족(小豆無足)이라 할 수 있을 것이다.

❂　격암유록 말중운(末中運)　❂

천화비락 소인간에 십리일인 난불견이라
天火飛落 燒人間에 十里一人 難不見이라

> 십실지내무일인에 일경지내역무일인
> 十室之内無一人에 一境之内亦無一人

　　하늘에서 불이 날라 와 떨어져 인간들이 불에 타 죽으니 십
리에 한 사람도 보기 힘들며 십리에 한사람도 없게 되며 한
지역에 역시 한 사람도 살아 남지 못한다.

　　이 예언의 경우는 총알정도가 아니라 적어도 고성능 미사일이거
나 화학탄이나 생물학탄 또는 핵탄두를 실은 미사일정도를 말하고
있다. 또는 엄청난 크기의 운석을 말하고있다.

❂　　격암유록 말중운(末中運) ❂

> 조판이후 초유대란 무고금의 대천재
> 肇判以後 初有大亂 無古今의 大天災

유사이래 처음 있는 대란이며 고금에 없던 하늘로부터의 대재
앙이다.

❂　 격암유록 남사고예언 ❂

> 飛火落地 混沌世 西方庚辛 四九金 從金妙數 大運也
> 비화락지 혼돈세 서방경신 사구금 종금묘수 대운야

　　하늘에서 불이 날라 와 땅에 떨어지는 혼돈의 시기에는 서

쪽을 의미하는 경신(庚辛)인 49 금(金)인 때로서 진사삼변의 대
변혁으로 가는 시작점의 해이다.

　　예언서의 모든 내용 중 가장 무서운 때인 비화락지(飛火落地)의
시기가 경신인 금(金)의 해임을 설명한다. 이 말은 금(金)의 시기에
하늘에서 내려오는 불인 인 천화(天火)를 설명한다. 바로 택화혁(澤
火革)을 설명하는 것이다. 그 시기는 상진사인 2000 년에서 2011 년
간을 상징한다.
　　여기서 종금(從金)이란 금(金)의 시기인 상진사에 금(金)과 같이
아무리 시간이 지나도 변치 않는 불변하는 만고의 진리를 따를 때
그 시기를 극복할 수 있다는 것이다.

✪ 　　　격암유록 말중운(末中運)　　　✪

┌───┐
│　소두무족 비화락에 천조일손극비운을 괴기음독중병사　│
│　小頭無足 飛火落에 千祖一孫極悲運을 怪氣陰毒重病死　│
└───┘

　　하늘에서 불덩이가 날라 와 떨어질 때 천명의 조상 가운데
한명 정도가 살아 남는 극히 비참한 운을 당한다. 이때 괴이한
기운과 독성으로 사람들이 중병에 걸려 죽는다.

　　여기서 괴이한 기운과 독성으로 사람이 죽는다는 말은 다소 묘한
여운을 남긴다. 하늘에서 떨어지는 운석으로는 해석하기 어려운 내
용인 것이다. 그보다는 오히려 원자탄이나 생물학탄, 화학탄을 실은
미사일이 날라오는 것으로 해석될 수 있는 내용이다.

❁　　격암유록 송가전　❁

> 소두무족 살아리 화재기중귀부지
>
> 小頭無足　殺我理　化在其中鬼不知

　하늘에서 내려오는 불이 나를 죽이는 이치이다. 이 하늘에서
내려오는 불이 곧 신(神)이 화현한 이치를 귀신들은 절대로 알
지 못한다.

　진사삼변의 화우로(火雨露) 삼인(三印)은 그 가장 큰 목적이 이 세
상의 귀신들을 쓸어 내는 것이다. 그 중에서도 상진사(上辰巳)의 화
(火)가 신(神)의 화현으로서 그 역할을 가장 크게 하는 것이다. 상진
사의 화(火)가 바로 소두무족(小頭無足)인 이치를 귀신들이 알 리가
없다는 것이다.

❁　　격암유록 생초지락(生初之樂)　❁

> 江山熱湯　鬼不知... 長安大道正道令
>
> 강산열탕　귀부지... 장안대도정도령
>
>
> 土價如糞是何設　穀貴錢柰且何　落盤四乳弓乙理
>
> 토가여분시하설　곡귀전내차하　락반사유궁을리
>
>
> 葉錢世界紙貨運　小頭無足殺我理　弓弓矢口誰知守
>
> 엽전세계지화운　소두무족살아리　궁궁시구수지수

世人自稱金錢運 天下壯士未能覺
세인자칭금전운 천하장사미능각

　말세에 강산이 열탕이 되니 귀신은 이를 알지 못한다. 장안
의 대도(大道)는 정도령이며 땅값이 똥값이 되는 것은 무슨 말
인가 ? 곡식이 귀하니 돈이 무슨 소용이 있겠는가 ? 궁궁을
을전전의 이치를 알아라.

　엽전 세계의 화폐 운을 따르는 것이 소두무족이 나타날 때
나를 죽이는 이치이다. 궁궁의 이치를 누가 알고 이를 지키겠
는가 ? 세상 사람들은 스스로 이 시대를 돈이 지배한다 하나
천하장사라도 이를 알지 못한다.

　만일 대도시에 엄청난 위력의 미사일이 날아온다면 죽은 사람은
차치하고 살아남은 사람들은 우선 물과 전기와 양식을 공급받기 어
렵게된다. 그런 상황이라면 땅값을 논할 상황이 아닐 것임은 자명하
다. 또 이런 상황에서 당장 먹고 사는 일이 급하니 식량이 문제지
돈이 세상을 지배할 아무런 가치를 지니지 못하는 것도 당연한 이
치일 것이다.

❁　　토정가장결 (土亭家藏訣)　❁

백납금운　성락천구　기운수변　차후대침병병
白臘金運　聖落天丘　氣運遂變　此後大浸兵病

호환선험　수한면면　인재도탄　세정오오

虎 患 先 驗水旱綿綿 人材塗炭 世情오오

백락금운(白臘金運) : 경진,신사년의 운

경진,신사년에 별이 중심에 떨어지니 기운이 변하여 이후에 는 병란과 질병이 크게 일어난다. 먼저 범의 화환이 먼저 징험 을 보이고 홍수와 가뭄이 꼬리를 잇고 사람들은 도탄에 빠지 며 세상의 인심은 시끄러워진다.

이 예언은 하늘에서 별이 떨어지는 것을 시작으로 하여 세상이 병 란과 질병으로 어지러워진다고 말하고 있다. 1999 년이나 2000 년에 이 세상에 종말이 온다는 서양의 예언들 보다는 훨씬 설득력이 있 는

단계적이고 체계적인 예언으로 보인다.

✪　　남격암산수십승보길지지 (南格菴山水十勝保吉之地)　　✪

성침한수 만가여일　　　星沈漢水 萬家餘一

별이 한강물에 잠기면 만 가구에 한 가구만 남는다.

✪　　격암유록 말운론　　✪

엄택곡부성산지 비화불입도인심
奄宅曲阜聖山地　飛火不入道人尋

일월무광성락박 산만암만엄신갑 사인불인천신강
日月無光星落雹 山萬岩萬掩身甲 似人不人天神降

육각팔인지자생 음귀발동종자사 무도병귀부지망
六角八人知者生 陰鬼發動從者死 無道病鬼不知亡

성락박(星落雹):별이 우박처럼 떨어짐.
육각팔인(六角八人):천화(天火)

　하늘에서 별이 우박처럼 떨어지니 그 폭발 연기에 태양과 달이 그 빛을 잃는다. 사람들이 산과 바위에 몸을 숨길 때 인간 같으면서 인간이 아닌 천신(天神)이 강림한다. 하늘에서 내려오는 불덩이를 아는 자는 산다.
　또한 이때를 당하여 귀신을 따르는 무리들이 창궐하니 이들을 따르면 죽는다. 무도하고 병균과 같은 귀신을 따르는 사람들은 진리를 모르니 죽는다.
　엄택곡부의 성산에는 나르는 불이 들어오지 못한다. 이곳을 찾으려면 이를 아는 도인(道人)에게 찾아가 물어 보라.

[풀이 1]
　곡부(曲阜)란 중국 산동성의 고을 이름이다. 공자의 탄생지로 그의 무덤과 사당이 있는 곳이다. 금나라가 중국을 횡행하며 송나라의 경부를 파할 때 구성공단이 남쪽으로 피란하다 군졸들이 공자묘를 건드리려 함을 보고 즉시 군졸을 참하며 공자는 성인이니 범하여선 안된다 하고 만일 경부의 곡부현 서북 팔리의 공자묘를 건드리는 자는 참한다고 했다.

이제 엄택곡부(奄宅曲阜)가 무엇인지 알 수 있게 되었다. 엄(奄)은 언덕 위의 지붕을 상징하니 택(宅)자를 설명하는 말로서 곡부에 있는 집을 의미하니 이는 곧 공자묘를 말한다.

예언에서 말하는 공자묘란 송나라때 고사를 의미하며 이 말은 잡인들이 건드리지 못하게 천병(天兵)들로 하여금 엄하게 지켜지는 땅이란 의미다.

이는 소위 십승지(十勝地)이다. 그러나 십승지(十勝地)라 하더라도 누구나 찾을 수 있는 십승지(十勝地)는 아닌 것이다.

[풀이 2]

> 기세 좋은 세찬 비가 두개의 군세를 멈추게 한다.
> 하늘로부터 우박과 불덩이가 내리고
> 바다는 가벼운 돌로 덮히게 되리라
> 죽음은 일곱개의 대륙과 바다를 단숨에 휩쓴다.

위의 예언은 노스트라다무스의 예언이다. 여기서 흥미로운(?) 것은 하늘로부터 우박과 불덩이가 떨어져 전세계를 단숨에 죽음으로 몰아 간다는 것이다.

이 예언은 토정가장결 (土亭家藏訣)과 남격암 산수 십승 보길지지 (南格菴山水十勝保吉之地)와 격암유록 말운론의 예언과 만나면서 서로가 서로를 보완해 주고 있다는 사실을 발견할 수 있다.

수백년전 세상을 떠난 프랑스의 예언가와 역시 수백년전 우리나라의 예언가들이 하나의 목소리로 똑같은 내용을 말하고있다.

그리고 이 예언으로 보면 우박과 불덩이는 우리나라뿐 아니라 일곱개 대륙과 바다를 순식간에 휩쓴다고 한다.

[풀이 3] 이른바 하늘에서 별이 우박처럼 떨어진다는 예언은 도대체 무엇일까 ? 이 같은 일이 일어날 수 있는 것일까 ? 그 대답은 지금이라도 당장 얼마든지 일어날 수 있다는 것이다.

예를 들면 ㄱ 1868 년 바르샤바에서는 약 10 만개의 운석이 그야말로 우박 쏟아지듯 떨어졌다. 그 중 큰 것은 10 킬로그램이나 되었다. 1938 년 6 월 24 일에는 미국 펜실바니아의 하늘이 갑자기 불을 토해내듯 휘황 찬란해진 채 귀를 찢는 소리가 피츠버그 시민들의 잠을 깨웠다. 이날밤 소리는 피츠버그시 근교에 운석이 떨어질 때 난 폭음이었다. 이때 운석이 약간만 각도를 달리해 떨어졌다면 피츠버이그 시민들은 몰살 당했을 것이다.

운석이 사람이 사는 집에 떨어진 기록만해도 1790 년에서 1954 년까지 27 건이나 된다.

운석중에서 가장 압권을 이루는 것은 남아프리카에 있으며 운석이 떨어진 곳의 지름이 40 킬로미터이다.이 운석은 수소폭탄 중 가장 큰 것의 20 배에 달하는 크기로 폭발했다.

그리고 지구와 충돌위험이 있는 궤도를 넘나들면서 우주를 돌아다니는 소행성이 무려 400 여개나 있다한다. 그중 4 년주기로 지구옆을 지나는 길이 6 ㎞ 폭 2 ㎞타우타니스 소행성은 1996 년 12 월 1 일 지구로부터 그야말로 간발의 차이인 겨우 530 만㎞ 떨어진 지점을 통과했다한다.(1996-12-3 동아일보)   천문학자들은 이 소행성의 불규칙한 궤도를 감안할때 언젠가는 지구와 충돌할 가능성이 있다고 한다. 그리고 만일 충돌할 경우 그 충격으로 생태학적 재앙이 초래해 인류가 파멸할 수도 있다고 경고하고 있다.

과연 우리나라 예언서에서 말하는 천화(天火)란 무엇인가 ?

ㄱ 잃어버린 고대문명 32-35p 알렉산더 고르보프스키 자작나무

❀　격암유록 은비가　❀

소두무족비화리　화재기중종귀사　쌍궁천파을을지
小頭無足飛火理　禍在其中從鬼死　雙弓天破乙乙地

삼인일석수도생　야귀발동귀부지　귀살신활명심각
三人一夕修道生　夜鬼發動鬼不知　鬼殺神活銘心覺

천파(天破):

파천황(跛天荒)을 바꾼 말로서 사전적인 의미는 "천지 미개의 혼돈
한 상태를 깨뜨려 개벽을 이룸" 또는 "무슨 일을 함에 있어 고래의
범용한 상태를 처음으로 깨뜨림." "아무도 못한 일을 처음으로 해
냄"이라는 뜻이다.

소두무족의 불덩이가 날라 와 떨어질 때 그 화(禍)는 귀신을
따르는 자를 죽이는데 있다. 천지 미개의 혼돈한 상태를 깨뜨
려 개벽을 이루는 파천황의 대변혁 때에는 궁궁을을을 아는
사람들이 모인 곳에서 삼일신고(三一神誥)의 후천 원리로 수도
를 하면 산다. 밤 귀신이 발동하되 귀신은 이 원리를 모르는
것이니 귀신들을 죽이고 신(神)이 본격적으로 활동하게 하는
것이 곧 소두무족의 불덩어리임을 명심하여 알라.

이 예언도 하늘에서 불이 떨어지는 상진사(上辰巳)의 때를 파천황
(跛天荒)이라는 의미로 설명했다. 이는 곧 새로운 시대의 시작이라는
말이다. 그리고 소두무족의 불덩어리가 하늘에서 날라 오는 목적은
귀신을 죽이고 그 귀신을 따르는 자들을 죽이는데 있다 했다. 또 신

혼돈과
파천황

(紳)이 본격적으로 활동을 함으로서 신(神)을 따르는 자를 살리는데 있음을 명심하여 알라는 것이다.

　따라서 소두무족의 불덩어리는 악을 멸하고 선을 살려 아직까지 아무도 해내지 못한 새로운 희망의 시대를 열고자하는 우주적인 신호탄이라는 것이다.

✿　　격암유록 가사총론　　✿

日月無光塵霧漲天 일월무광진무창천	自古無今大天災로 자고무금대천재	天邊地震飛火落地 천변지진비화락지
三災八亂幷起時에 삼재팔란병기시	時를아노世人들아 시　　　세인	三年之凶二年之疾 삼년지흉이년지질
流行瘟疫萬國時에 류행은역만국시	吐瀉之病喘息之疾 토사지병천식지질	黑死枯血無名天疾 흑사고혈무명천질
朝生暮死十戶餘一 조생모사십호여일	山嵐海藏萬人多死 산람해장만인다사	大方局手할길업서 대방국수
五運六氣虛事되니 오운육기허사	無名惡疾免할소냐 무명악질면	當服엄마常誦呪로 당복엄마상송주
萬괴皆消海印일세 만괴개소해인	狂風淫雨激浪怒濤 광풍음우격랑노도	地震火災不虞之患 지진화재불우지환

毒瘡惡疾殺人强盜　飢饉餓死여기저기　戰爭大風忽起하야
독창악질살인강도　기근아사　　　　전쟁대풍홀기

自相踐踏昊哭聲에　安心못할世上일세　三人一夕雙弓알소
자상천답호곡성　　안심　　세상　　삼인일석쌍궁

十承福地弓乙일세
십승복지궁을

　해와 달이 빛을 잃고 검은 구름이 하늘을 가리니 자고로
없었던 대천재로서 소두무족이 날라와 땅에 떨어지는 변이 일
어난다. 그리고 잇달아서 땅에서 지진이 일어나고 삼재팔난이
잇달아 계속해서 일어난다.

　삼년간의 흉년과 이년간의 질병이 일어나고 유행병이 만국
을 휩쓰니 토하고 설사하는 병과 천식을 몹시 하는 질병과 피
가 마르며 까맣게 타
서 죽는 이름 모를
병은 아침에 병이 들
면 밤에 죽게 되니

열집에 한명이 남기 어렵게 된다.

　산바람과 바다의 독기로 수많은 사람이 죽게 되어 어떻게
손쓸 방법이 없어지며 오운 육기가 허사가 되어 버리니 어떻
게 무명의 악질을 면하겠는가 ?

　항상 천부경과 삼일신고를 외우고 그 진리를 따르라. 이는
만가지 괴상한 일들이 해소되는 해인(海印)인 것이다.

혼돈과
파천황

미친 바람과 오래도록 내리는 비와 바다의 격랑과 노한 파도(해일) 및 지진과 화재는 안심하지 못할 환란이다.

독(毒)에 중독된 종기와 악독한 질병과 살인강도와 식량이 떨어져 굶어 죽는 사람들이 여기저기 널려지며 전쟁이 크게 일어나 서로가 서로를 발로 밟아 눌러 하늘을 보고 곡을 하는 소리가 들리니 안심 못할 세상일세.

궁궁을을의 이치를 알고 수도를 하소. 도(道)를 구하는 수도자들아! 궁궁을을 이치를 닦는 사람들이 모이는 곳이 곧 십승지(十勝地)이다.

소두무족이 날라 올 때는 단순히 소두무족만이 무서운 것이 아니라는 내용이다. 삼재팔난 즉 인간 사회에서 일어날 수 있는 각종 문제가 연달아 일어나며 각종 중독병과 이름 모를 괴질이 창궐하며 병란이 일어난다는 것이다.

예언서 전체에서 거듭해서 강조하며 천부경(天符經)과 삼일신고(三一神誥)를 외우라 한 것은 바로 이때를 맞아 필요한 것임을 알 수 있다. 또 궁궁을을의 대도(大道)의 사람들이 모여 자수성가(自手成家)하는 시기도 이때인 것이다.

✪　　노스트라다무스와 상진사(上辰巳)　✪

1999년 7의 달
하늘에서 공포의 대왕이 찾아와서
앙골라모아의 대왕을 되살아 나게 한다
그 전후 마르스는 행복 속에 통치하리라.

노스트라다무스의 예언 중에서 이 내용은 너무도 유명한 내용이라서 모르는 사람이 없을 정도인 내용이다.

　　그러나 아직까지 납득할 만한 해석이 나오지 않고 있는 내용이기도 하다.

1999 년 7 월의 달

우선 천문학적으로 볼 때 1999 년 8 월 19 일에 우주에 태양계의 별들이 십자(十字)를 그리는 우주 쑈가 벌어지는 것을 들 수 있다.

　　천부경의 예언론 제 1 권의 음부경에서 천발살기(天發殺機)에 해당하는 현상인 것이다.

앙골라모아의 대왕

　　여기서 하늘에서 찾아오는 공포의 대왕은 누구이며 공포의 대왕이 되살리는 앙골라모아의 대왕은 누구인가 ?

　　그리고 공포의 대왕과 앙골라모아의 대왕은 어떠한 관계인가 ? 서양의 학자들은 공포의 대왕을 핵미사일,혜성,혹성,운석,인공위성 등이 땅에 떨어지는 것 등으로 설명하며 그 외에 외계인의 래습 등으로 설명하기도 한다. 즉 그들의 문화적 배경에서 가능한 모든 상상력이 동원되었음을 일단 알 수 있다. 그러면 앙골라모아의 대왕은 누구인가 ? 이에 대해 몇 가지 설이 있다.

　　첫째로 14 세기의 프랑스에서 폭동을 일으킨 농민을 ‘앙골모아’라고 하고 그 농민을 지휘한 사람을 ‘그랑사탄(대마왕)’이라고 했는데 결정적인 시기에 출현하는 민중의 대반란을 지휘하는 자가 ‘앙골라모아의 대왕’이라는 설이다.

둘째로 가장 폭 넓은 지지를 받고 있는 설로서 앙골모아(Angolmois)＝몽골리아스 (Mongolias)로 보는 설이다. 이 설은 과거 몽고의 징

기스칸이 유럽을 휩쓸었던 점에서 유럽인들의 의식구조에 남아 있
는 동양인에 대한 공포감을 설명한다는 점에서도 유럽인들에게 큰
설득력이 있을 것이다. 즉 앙골모아＝징기스칸으로 상징되는 동양에
나타나는 새로운 강력한 존재, 또는 세력으로 보는 것이다.

또한 요한계시록에서 2억의 군단으로 유프라테스강을 건너오는
기마병을 동원할 수 있는 나라가 중국이 유력하다는 점에서도 이
설은 지지 받고 있다.

여기서 필자가 제시하는 새로운 관점을 생각해 보자.

이 예언의 구성을 살펴보면 대단히 중요한 구성체계가 발견된다.
하늘의 공포의 대왕이 앙골라모아의 대왕을 부활시킨다는 내용이다.
여기서 하늘의 공포의 대왕은 누구이며 또한 앙골라모아의 대왕은
누구일까 ? 그리고 이 두 대왕간의 관계는 무엇인가 ? 이상하게도
이 부분은 눈여겨보지 않는 듯하다.

　　“하늘에서 공포의 대왕이 찾아와서

　　　앙골라모아의 대왕을 되살아 나게 한다.”

라는 내용을 살펴보면 공포의 대왕은 하늘을 주체로 하는 절대신의
성격을 갖는다. 또 공포의 대왕에 의해 부활하는 앙골라모아의 대왕
은 인격신(人格神)적인 성격을 갖느다.

다시 말해 하늘의 주체인 절대신으로서 공포의 대왕과 인격신적
인 존재로서 앙골라모아의 대왕으로서 관계이다. 그리 볼 때 우선
이 예언은 예언이 갖추어야 할 기본적인 체계를 훌륭히 갖추고 있
다.

하늘의 본질적이고 근원적인 존재인 공포의 대왕이 인격화된 앙
골라모아의 대왕과 하나의 목적으로 하나의 행동을 발생시킨다는
것이 중요한 골자이다.

여기서 앙골라모아의 대왕은 하늘의 공포의 대왕의 대리자인 것

이며, 공포의 대왕의 화현(化現)임을 알 수 있다. 그리고 중요한 착안점은 앙골라모아의 대왕은 처음으로 나타나는 존재가 아니라는 점이다.

즉 부활하는 존재라는 점에서 시작한 존재가 끝에 다시 출현한다는 "씨앗이 열매가 된다."는 예언의 기본논리에 충실하다.

앙골라모아의 대왕은 과거에 이미 존재했었으며 하늘의 공포의 대왕에 의하여 다시금 부활하는 존재라는 점이다.

다시 말해 과거에도 앙골라모아의 대왕은 노스트라다무스가 말하는 공포의 대왕에 의해 이 땅에서 공포의 대왕의 대리자의 역할을 수행한 바 있는 존재임을 생각해 낼 수 있다.

노스트라다무스는 이론에 의해 예언을 한 것이 아닌 것으로 알려졌으며 주로 직관에 의해 예언을 한 것으로 알려져 있다.

그러나 노스트라다무스의 이 예언은 동서양의 모든 전설과 경전에서 설명하는 인격신이 출현했던 전형적인 형태를 취한 것이다.

한가지 이상한 것은 왜 "하늘의 공포의 대왕"이라는 표현을 썼을까 ? 라는 점이다. 노스트라다무스가 환상 속에서 보았던 말세의 모습과 말세를 심판하는 하늘의 주재자가 놀랍고도 무섭게 보였을까 ? 그래서 '공포'라는 말로 설명을 했을까 ? 어쩌면 그가 환상에서 보았던 유럽를 장차 심판하는 '하늘의 지배자'가 그가 평생 생각해온 고정관념과 전혀 다른 존재였기 때문일까 ? 어쨌든 그가 이 예언에서 취한 내용을 추리면 "절대신의 뜻 -> 인격신의 부활"이라고 할 수 있다.

그리고 그 전후를 화성(火星) 즉 전쟁의 신이 행복 속에 통치한다는 것은 "하늘의 주재자의 뜻 -> 인격신의 부활"이 하늘의 주재자인 공포의 대왕은 앙골라모아의 대왕을 부활시킨 것으로서 모든 것을 끝내는 것이 아님을 알 수 있다.

그리고 하늘의 주재자의 뜻은 앙골라모아의 대왕이 부활한 후에
도 계속해서 이어진다고 할 수 있다.

　　여기서 강한 의문이 생긴다. 과연 인격신 즉 앙골라모아의 대왕
의 부활이 인간의 형태로 실제로 우리들의 눈앞에 나타날지 아니면
앙골라모아의 대왕은 모습을 나타내지 않고 그 권능에 의해 전에는
결코 없었던 대환란이 일어나는 것으로 그칠지 알 수 없다는 것이
다.

　　왜냐하면 앙골라모아의 대왕이 부활하기 전이나 부활한 후나 마
르스의 지배 , 다시 말해 군신(軍神)의 지배는 계속되기 됨으로 환란
은 앙골라모아의 대왕의 부활을 전후해서 계속 이어지기 때문이다.

　　앙골라모아의 대왕을 몽골로이스로 보고 공포의 대왕이 징기스칸
을 부활시킨다는 해석은 폭 넓게 지지를 받고있다. 그러나 보다 깊
이 생각해 보면 이 역시 유럽인의 관점에서 앙골라모아의 대왕을
설명한 것이다. 노스트라다무스는 단지 유럽인의 관점으로만 예언을
하지 않았다는 것은 명백하다.

　　따라서 이 부분도 범 세계적으로 폭을 넓혀 생각할 필요가 있다.
과연 유럽인들의 인식처럼 징기스칸이 동양에서 출현한 가장 위대
한 왕일까 ? 노스트라다무스가 본 앙골라모아의 대왕이 꼭 유럽인
들이 익히 아는 인물이라고 보는 것은 무리가 아닐까 ?

　　유럽인들이 전혀 모르며 노스트라다무스 자신도 미쳐 몰랐지만
그의 환상에서 귀에 들렸고 눈에 보였던 인물이 있다면 그가 누구
일까 ? 그만한 힘을 가졌던 강력한 인물을 동양에서 찾는 다면 누구
일까 ? 유럽인들이 동양의 고대사를 보다 깊이 이해했다면 징기스칸
이 살아 생전에 하늘의 왕으로 모셨던 '탱그리ᄀ (TENGRI)'를 생각

───────────────

ᄀ　천부경 개정판 **165-168P** 최 동환 해설　도서출판 삼일

해 내었을 것이다.

'탱그리'는 서양 사람들이 미처 생각 못한 동양의 핵심적인 존재임은 중국 대륙에 남아 있는 지명만 보아도 알 수 있다. 텡구라 산맥은 문자 그대로 '탱그리(TENGRI)'산맥이다. 또 중앙아시아의 천산(天山)을 현지에서는 '한 텅구리'산이다.

이 말은 한=대(大), 텅구리=텡구리=탱그리(TENGRI)=단구리=단군(檀君)= 당골이다. 즉 천산(天山) = 대단군산(大檀君山)이다. 이는 곧 우리 민족의 최초의 국가인 한국(桓國)을 세운 한인 할아버지를 칭하는 이름이다. 한인, 한웅, 왕검 할아버지는 모두가 탱그리(TENGRI)인 것이다. 징기스칸의 몽고족이 신으로 숭배하였고 실제로도 과거 중국 대륙과 만주 등의 모든 민족을 무력을 쓰지 않고 하나로 하여 통일하여 다스렸던 '탱그리'는 우리말로는 '단군'이다.

그러면 단군왕검과 앙골라모아의 대왕과 직접적으로 어떤 연결점이 있을까 ? 이제 '앙골라모아'를 우리말로 다시 바꾸어 단군왕검과 비교해 보자.

> 앙골모아 : 앙 + ㄱ + 올 + ㅁ + 오 + 아
> 왕검　　 : 왕 + ㄱ + 어 + ㅁ

한국어와 프랑스어는 근본적으로 공통점이 전혀 없다. 그러나 그 근본적이 차이에도 불구하고 '앙골모아'와 '왕검'은 그 말의 구조가 완전에 가깝게 맞아 떨어지고 있다.

물론 이미 노스트라다무스의 예언에서 나타나는 앙골라모아의 대왕이 하늘의 공포의 대왕의 화현인 것처럼 단군왕검은 삼성(三聖)으

로서 우주 삼라만상의 지배자인 일신(一神)의 화현인 점도 개념상
일치하고 있다.   이 기묘하기 짝이 없는 이상한 일치점은 무엇일
까 ? 단순한 우연에 불과한 것일까 ?

> 구원은 어디에도 없습니다.
> 멸망할 수밖에 없는 것이 그때 그 사람들의 운명입니다.
> 저에게 보이는 것은 대지진,기근,전쟁...불가사의한 탈것이나
> 빛나는 새
> 그리고 대왕이 내려온 다음의 참상 그것뿐입니다.
> 만약 다른 존재가 나타난다면 종말의 양상이
> 사라질 것으로 생각됩니다.
> 나타날지의 여부는 모르겠습니다.

> 세기가 바뀌게 될 때
> 악인에 대한 심판이 내려지고
> 더 이상 없는 공포가 찾아온다.
> 달은 달라진 각도로 기울고
> 태양은 자기 궤도보다 더 높은 곳에서 나타난다.

> 위대한 20 번째의 해는 끝나고
> 동시에 달의 위치도 끝장을 알린다.
> 다음의 7 천년은 다른 왕국이 하늘을 차지하리라
> 그리고 태양도 그 장소를 뒤바꿀 때
> 나의 예언은 완료되며 끝나게 된다.

제 4 장   상진사(上辰巳)의 밝은 소식

상진사   2 4 3

세상이 가장 어두울 때 가장 밝은 희망이 있다. 예언서는 상진사 (上辰巳)의 기간 동안 일찍이 없었던 밝은 소식을 설명한다.

❂   격암유록 정각가(精覺歌)   ❂

> 경신금구사구리   庚辛金鳩四九理,

4,9 의 이치인 경신년의 금 비들기.

❂   격암유록 은비가   ❂

> 金鳩班鳥聖神鳥 紅鸞異跡降雨露
> 금구반조성신조 홍란이적강우로

반(班):돌아옴
란(鸞): 홍란(紅鸞)이라고 굳이 강조안해도 란(鸞)은 붉은 바탕에 다섯색깔이 섞인 봉황이다.

떠났던 곳으로 어김없이 돌아오는 금 비들기는 붉은 봉황새로 상징되는 성신(聖神)으로서 은혜를 내려 주시는 구세주이다.
[금구조(金鳩鳥]

금구조(金鳩鳥)란 진사삼변에서 대단히 중요한 개념을 가진 내용이다. 위의 예문에서는 모두 동격인 '금구조(金鳩鳥)=반조(班鳥)=성신조(聖神鳥)=홍란(紅鸞)'으로서 금구조(金鳩鳥)를 설명했다.

이 동격인 단어들을 풀어서 맞추어 보면 금구조는 "경신(庚辛)년에 돌아오는 성스러운 봉황새이다." 반조(班鳥)란 돌아오는 새의 뜻이며, 홍란(紅鸞)은 봉황새를 상징한다.

　　여기서 봉황새는 곧 "태양 안의 까마귀"로서 일중지군(日中之君)임은 이미 설명했다. 그러면 경신년 즉 2000년에 돌아오는 성스러운 봉황새는 누구인가 ? 그 의문을 설명하는 단어는 '구(鳩)'로서 반드시 자신의 집으로 돌아오는 새라는 의미가 있다. 그러나 이러한 의미는 뒤이어 설명한 반조(班鳥)에서 충분히 설명되는 말이다.

　　따라서 구(鳩)에는 또 다른 의미가 있다고 보아야 한다. 구(鳩)는 九+鳥 이다. 여기서 구(九)는 예언서 전체의 골격이 되는 진단구변(震檀九變)이다. 그리고 조(鳥)는 성스러운 신(神)을 상징하는 봉황새이다. 이를 합성하면 구(鳩)는 "진단구변(震檀九變)이 시작되는 단군조선을 창업하고 4320년이라는 기나긴 세월 동안 지구를 돌다가 진단구변(震檀九變)이 끝나고 열번째 승리 (十勝) 할 때 다시 떠났던 장소로 되돌아오는 봉황새로 상징되는 성스러운 신(神)" 이라고 설명된다. 그렇다면 이 봉황새로 상징되는 신(神)은 단군왕검이 될 것이다.

　　여기서 비둘기를 나타내는 구(鳩)는 또한 평화의 상징이다. 격암유록의 저자가 단군왕검께서 전해 주신 단군팔조교를 평화문(平化文)이라고 말한 이유가 여기에도 있는 것이다.한편 비둘기는 동서양에서 모두 길조(吉鳥)로 여긴다.

　　이제 봉황에 대한 과거의 기록을 살펴보자. 죽서기년(竹書紀年)에 봉황은 살아 있는 벌레를 먹지 않고 살아 있는 풀을 딛지 않는다 했다. 고금도서집성(古今圖書集成)에 봉황은 오동나무가 아니면 앉지 않고 죽실(竹實)이 아니면 먹지 않는다 했다.

설문고문소증(說文古文疏證)에 "봉황은 신조로서 동방 군자의 나라에서 출생하여 사해의 밖을 날라 다닌다. 봉황이 나타나면 천하가 크게 평안해진다.(鳳凰神鳥也 --出於東方君子之國 國(皐羽)翔四海之外 --見則天下大安)" 특히 설문고문소증(說文古文疏證)의 내용은 격암유록의 내용과 완전히 그 개념이 일치하는 것이다. 격암유록의 봉황새에 관한 내용은 단순한 예언이 아니라 오래 전부터 전해져 내려오는 기록을 천부경의 원리에 맞추어 진단구변론과 진사삼변론에 도입했음을 알 수 있다. 즉 예언서에서 말하는 돌아오는 신

조인 봉황이 온 세계를 날아다니다 원래 떠났던 장소인 동방의 군자의 나라에 다시 돌아올 때 천하가 크게 편안해진다는 내용을 잘 말하고 있다.

격암유록에서 말하는 금구조(金鳩鳥)는 바로 이러한 신조(神鳥)인 봉황으로 말하고 있으며 이는 곧 단군왕검께서 돌아오심을 말한다. 2000,2001년은 이러한 소식을 지니고 있는 해이다. 이를 노스트라다무스의 예언서에서 말하는 알골모아대왕의 부활과 연결해서 생각해 보는 것도 한가지 참고사항이 될 것이다.

천부경의 이론으로 볼 때는 무한한 근본인 무진본(無盡本)이 움직이지 않는 근본인 부동본(不動本) 이 되어 돌아오는 상황인 것이다. 여기서 단군왕검께서 직접 환생하신다는 것은 마음 깊이 바랄지언정 현실에서 기대하기는 다소 무리가 있을 것이다. 그러나 최소한

단군왕검께서 전해 주신 천부경, 삼일신고, 366 사, 단군팔조교등의 경전이 중요한 역할을 하게 될 것임은 의심의 여지가 없다. 그리고 눈에 보이지 않는 강한 힘이 2000 년에서 2011 년 사이에 이 예언들이 무엇인지를 알게 해줄 것이다.

또 그 사이에 단군팔조교(檀君八條敎)에 명문화되고 4320 년 이상을 우리 민족에게 구전되어 온 "하늘이 무너져도 솟아날 구멍이 있다."는 내용이 진정으로 의미하는 바가 무엇인지는 분명히 드러날 것으로 보인다.

제 5 장 도하지(道下止)란 무엇인가 ?

소두무족(小頭無足)을 피하는 방법으로 도하지(道下止)라는 내용은 매우 중요한 개념으로 예언서에서 말해진다. 이 부분을 생각해보자.

❂   격암유록 은비가 ❂

활아자수 삼인일석 도하지 천파 活我者誰 三人一夕 道下止 天破

삼인일석(三人一夕):
 삼신(三神)이 일체가 되는 후천(夕)세상에서 영원한 삶을 누리기 위한 수도(修道).

천지 미개의 혼돈한 상태가 깨어지면서 개벽이 이루어지는 파천황(跛天荒) 의 시대에 나를 살리는 자는 삼신(三神)이 일체가 되는 원리인 삼일신고(三一神誥)의 가르침에 따라 수도를 하는 것으로서 삼신일체(三神一體)의 대도(大道) 앞에는 나를 죽이려는 모든 것이 멈추어 버린다.

위의 내용은 천파(天破)라는 시점 즉 파천황의 시기에 두 가지의 선택을 말하고 있다. 하나는 은비가에서 "나를 죽이는 자 소두무족(殺我者誰 小頭無足)"이며 또 하나는 "나를 살리는 자 삼인일석 도하지(活我者誰 三人一夕 道下止)"이다.

죽고 사는 두 갈림길에서 삼인일석 도하지(三人一夕 道下止)가 나를 살린다는 것이다. 삼인일석(三人一夕)은 제 1 권에서 설명한바 있으며 이는 삼일신고(三一神誥)의 후천 원리를 닦는다는 것이다.

삼일신고는 삼(三)인 인간이 일(一)인 신(神)의 세계로 들어가는 진리이다. 삼일신고의 진리는 바로 선후천 대전환의 시점에 가장 필요한 진리이다. 따라서 격암유록은 사이사이에 삼일신고의 중요성을 설명했다.

"소 울음 소리나는 곳으로 가라"는 내용도 곧 소(牛)+울음(口)+소리(言) =고(誥) "로서 삼일신고를 의미하는 것이다. 또 아침인 조(朝)가 선천일 때 석(夕)은 후천을 상징하는 말이다.

따라서 삼인일석 도하지(三人一夕 道下止)란 "삼일신고의 후천원리로 수도를 하면 소두무족은 멈춘다."는 의미이다.

또한 이 내용을 부연해서 잘 설명하는 경전이 단군팔조교이다. 즉 "하늘이 무너진다 해도 반드시 먼저 벗어난다."는 내용이 파천황의 시대를 직접적으로 말해주고 있는 것이다.

　단군께서는 파천황의 시기에 먼저 벗어날 수 있는 방법을 여덟 가지나 밝혀 놓으셨다.

✿ 　격암유록 도하지(道下止) ✿

　　궁궁지도　유불선합일지도　천하지종야
　　弓弓之道　儒佛仙合佚之道　天下之宗也

　　결운 리재 궁궁 을을 전전시 천파지 삼인일석 시종자생의
　　訣云 利在 弓弓 乙乙 田田是 天破之 三人一夕 柿從者生矣

궁궁지도(弓弓之道):
　배달민족 고유의 현묘한 도.

시(柿):
　시(市)+목(木) 으로서 신시(神市)의 목(木)을 의미. 한웅할아버지께서 백두산 신단목 아래 내려오셔서 신시(神市)를 열고 천부경, 삼일신고, 366사로서 가르침을 베푼 일을 상징.

　궁궁의 도 다시 말해 배달민족의 고유한 현묘한 도는 유불선 삼교를 포함하는 천하의 으뜸이 되는 대도(大道)이다. 말하기를 궁궁을을전전은 파천황의 대변혁기에 삼일신고의 가르침

을 따르는 것으로서 개천과 함께 전해진 이 진리를 따르는 수
도자는 산다는 것이다.

궁궁을을과 이재전전,삼인일석은 본서 제 1 권에서 충분한 해설을
한바 있다. 이러한 이치는 일찌기 최 치원선생이 난랑비서에서 밝힌
유불선 삼교를 근원적으로 포함하는 대도(大道)로서 9000 년간을 한
인,한웅,단군할아버지를 통해 전해진 천부경,삼일신고,366 사,단군팔
조교 등의 가르침에 담겨 있다.

그리고 그 가르침이 천하의 으뜸이 되는 대도(大道)라는 것이며
파천황 다시 말해 선후천 전환의 대전환의 시기를 맞아 이 가르침
을 따르는 수도자는 산다고 했다.

제 6 부 중진사(中辰巳)

중진사 中辰巳

1. 언제가 중진사인가 ?
임진년(壬辰年)--서기 2012년,
계사년(癸巳年)--서기 2013 년

2. 중진사의 핵심내용은 ?
화풍정(火風鼎)괘가 설명하는 안정
지발살기(地發殺機)

3. 중진사를 설명하는 핵심예언은 ?
통합(統合),지벽(地闢),물(水)

중진사(中辰巳)는 2012 년에서 2123 년까지이다. 그 중 임진년과 계사년(2012-2013)에 중진사가 시작된다. 중진사인 임진,계사년은 오행으로 수(水)에 해당하며 이 기간을 지배하는 중요한 변수는 물(水)이다. 또 물과 상극이 되는 토(土)이다.

따라서 이기간을 설명하는 예언에서 중요한 단어는 지벽(地闢)이된다. 생각해보면 과거 중앙아시아에서 시작된 대륙문명이 지금 해안선을 낀 도시문명으로 발전한 것은 기후와 상관이있다. 기후가 추워질수록 극지방의 얼음이 두터워지고 바닷물의 수위는 낮아진다.

또 기후가 더워질수록 극지방의 얼음은 얇아지고 바닷물의 수위
는 높아진다. 과거 대륙문명이 지금의 해안선으로 내려온것은 기후
가 낮아졌기 때문이다. 즉 지금부터 6000 년전에는 온도가 지금보다
3-5 도정도 높았고 바닷물의 수위도 지금보다 훨씬 높았다.

　이때 우리민족은 중국대륙의 중앙인 태백산에서 배달국을 세웠다.
그리고 이 당시만해도 산동반도와 발해만 ,만주의 일부 ,한반도의
서해안지역등의 해안선은 지금의 육지안으로 깊숙히 들어와 있었다.

　그리고 단군조선이 세워졌던 당시에는 온도가 점차 내려가 내륙
지방인 태백산일대의 기후가 살기에 부적합해지고 바닷물에 잠겨있
었던 중국의 동해안과 발해만 ,만주의 일부 ,한반도의 서해안지방의
해안선이 점차 바닷쪽으로 물러나 새로운 땅이 생겨나기 시작하여
살기에 적합한 땅이되어 대거 이 지방으로 이주했다는 말이된다.

　그리고 단군조선이후 4320 년이 지난 지금 기후가 점차 상승하는
것은 해안선을 긴 도시문명이 점차 물에 잠기고 처음 문명이 발생
한 장소로인 대륙쪽이 보다 살기가 좋아진다는 것을 의미하는 것이
다.

　1981 년 미대통령 자문기관인 환경위원
회의 보고는 2020 년까지 지구를 둘러싸고
있는 탄산가스의 량이 지금의 두배가 될것
이며 극지방의 기온이 7-10 도 높아져 빙
산이 녹아 바닷물의 수위가 지금보다 10
미터 더 높아지리라고 보고한바 있다. 여
기서 2020 년은 바로 중진사의 기간에 속
한다. 만일 2020 년까지 바닷물의 수위가
10 미터 높아진다면 런던을 비롯한 많은 대도시가 바다와 마주하는
항구가 되는 것이다.

혼돈과
파천황

　대부분의 해안지방은 바닷물에 잠기게되며 지구의 지도는 전면적인 수정을 필요로 하게되는것이다. 미래를 말하는 가장 온건한 내용이지만 인류의 미래를 가장 분명하게 바꾸는 변화가 바로 지구 온난화로인한 바닷물 높이의 상승인것이다. 그리고 그 속도도 전체적인 역사개념으로 볼때 엄청나게 빠른것으로서 그야말로 혁명적인것이 아닐수없다.

　워싱턴 소재 기상연구소(CI)는 60명의 전문가와 아시아 8개국정부가 27개월동안 실시한 조사결과 "남아시아와 동남아시아에 걸쳐 기후의 변화와 해수면의 상승으로 대대적인 변위(變位)현상이 일어날것으로 나타나고있다" 고 말했다.

　이 조사보고는 방글라데쉬와 인도 ,말레이지아, 필리핀, 스리랑카, 베트남의 해안지역이 침수, 침식되고 염수(鹽水)가 맑은 물의 공급을 차단하며 연안의 어류생산이 줄어들고 폭풍의 피해가 증가할 가능성이 있다고 지적했다.

　이들 7개국중 말레이시아와 스리랑카를 제외한 적어도 5개국에서는 "그같은 해안지구의 변화로 대규모의 인구 전위(轉位)를 초래하여 수백만명의 환경난민이 발생할 가능성이있다."고 주장했다 (1994-8-11 자 조선일보).

　살기가 좋아 인구밀집지역이던 곳이 인간이 살기에 부적합지역이 된다는 말은 뒤집어서보면 살기가 나빠 황량한 허허벌판인 곳이 인구밀집지역이 된다는 말과 같다.

　즉 지구의 온도가 상승하면 해안선을 낀 여러나라가 어려움을 겪는 반면에 혹한의 추위로 사람이 살기어려운 만주와 시베리아가 세계의 곡창이되고 인구밀집지역이 된다는 중요한 사실을 말하고 있다. 이점을 놓쳐서는 곤란하다. 그리고 그 변화가 우리와 직접적인 관계가 있을 때는 더더욱 그러하다.

우리 배달민족의 역사가 중앙아시아의 한국에서 중국대륙의 배달국 그리고 만주의 단군조선 그리고 고구려, 신라, 백제, 가야의 한반도와 일본의 경영으로 점차 이동경로가 변한것은 기후의 냉각에 따른 변화와 일치한다.

그리고 우리의 예언에서 다시금 단군조선의 영역으로 되돌아간다는 것은 지금까지 대륙에서 해안선으로 이동한 경로와 완전히 역순을 밟아나가는 시작이 된다는 것을 의미한다. 이 또한 예상되는 기후의 변동과 일치하는 것이다. 이제부터 우리민족의 역사와 예언은 역순으로 진행된다는 것을 알수있다.

다시말하면 "씨앗이되었던 지역으로 열매를 맺기위해 돌아간다"는 것이다. 소위 바다가 육지가 되고 육지가 바다가 되는 대변혁의 지벽은 이와같이 기후적 변화에 따른 지리적 변화로서 바닷물의 수위변화와 극점의 얼음과 직결되는 것이다.

직접적으로는 대홍수로 나타날 것이며 온도상승에 따른 갖가지 질병의 창궐과 바닷물 수위상승에 따른 해안지방의 식수부족등과 맞물릴 것을 예상할수있다.

그것이 2012 년에서 2023 년사이에는 누구나 피부에 와 닿을 정도로 가시화 된다는 것이다.

"땅이 살기(殺機)를 발할때 용과 뱀(龍巳)이 가만 있지 않고 나와 움직인다."

상진사가 하늘이 살기를 발하는 시기라면 중진사는 하늘의 변화에 영향을 받아 땅이 움직이는 때이다. 즉 지진, 화산폭발, 해일, 홍수등을 상징하는 때이다.

또 상진사는 택화혁(澤火革)의 대변동이라면 중진사는 화풍정(火

風鼎)으로서 열탕같은 솥을 상징한다. 즉 화풍정(火風鼎)은 솥을 나타내며 솥은 발이 세개로서 그 안에 음식을 삶는 것이다. 그리고 몸이 하나요 다리는 셋이다. 이는 하나가 셋으로 나뉘고 셋이 하나로 통합됨을 말한다.

중진사(中辰巳)와 연결될 수 있는 예언은 서양에서는 발견하기가 어렵다. 단 직관력을 주무기로하는 에드가 케이시의 예언에서 유일하게 참고할 내용이 있는 정도이다. 서양의 예언은 대체로 2000년에서 종결되기 때문이다. 그리고 놀랍게도 중앙아메리카의 마야문명의 나르는 뱀으로 상징되는 구세주 케트살코아틀이 돌아온다는 시기가 중진사와 정확하게 일치하며 배달문명의 예언 원리와 절묘하게 하나가 된다.

제 1 장   에드가 케이시가 말하는 지벽(地闢)

잠자는 예언가로 알려진 에드가 케이시는 노스트라다무스 이래 가

장 위대한 예언가로 불린다. 케이시ㄱ 는 서기 2100 년 네브라스카주
에서 다시 태어나는 환상을 보았다.

　그는 미래의 미국이 어떤 모습인가 궁금하여 둥근 모습을 한 비
행선을 타고 비행하다가 어느 커다란 도시의 폐허에 착륙했다.

　거기서 노동자들이 개미떼처럼 무리를 지어 재건 사업을 하는 것
을 목격하고 "여기는 어디입니까 ? " 라고 물었다.

　노동자들은 어이없다는 표정을 지으며 "물론 뉴욕입니다."라고 대
답했다. 이 예언은 서기 2100 년 이전에 뉴욕이 완전히 파괴되며 그
후 재건된다는 내용을 전해 주고 있다.

　그리고 그는 다시 놀랄 만한 내용의 예언을 했다. 1958 에서 1998
년까지의 시기에

　　　(1) 미국의 서부의 육지가 갈라진다.

　　　(2) 일본의 대부분이 바다에 가라앉는다.

　　　(3) 유럽 북부에 갑작스러운 큰 변화가 일어난다. 새로운
육지가 미국의 동해안에서 출현한다. 그 곳은 과거 문화의 상징인
아틀랜티스 대륙이 존재하고 있다고 전해지는 장소다. 또 과거 레무
리아 대륙이 번영을 누렸다는 곳에서도 새로운 육지가 출현할 것이
다. 라고 했다.

　또 그는 " 수십년 내에 세인트 로렌스 강을 통해 북대서양으로 흘
러 들어가는 오대호의 물이 멕시코만으로 흐르게 될 것이다." 라고
못박아 말했다.

　에드가 케이시는 분명 지벽(地闢)을 말하고 있는 것이다.

ㄱ 세계의 대예언 182P 나카오마 도시야 윤철모역 가나출판사

❏ 역리(易理)로 살펴본 일본열도 침몰설과 지벽(地闢)

 에드가 케이시가 언급한 일본열도의 침몰설은 일본과 지리적으로
가장 가까운 나라인 우리와도 무관할 수 없을 것으로 볼때 관심이
가는 부분이다.
 에드가 케이시의 일본열도 침몰설은 역리(易理)와도 일치되는 부
분이 있다. 세계를 역리(易理)로 설명할 때 환태평양 지진대는 동남
방으로서 손괘(巽卦)에 속하며 그안에 일본이 속해있다. 손괘(巽卦)
는 바람과 지진으로 상징되는 괘이다. 또 팔괘에 의미를 부여한 우
리의 고유한 경전인 366 사에서는 보다더 구체적으로 손괘(巽卦)가
설명된다. 팔괘는 366 사에서 팔강령(八綱領)으로 구체화된다. 그 여
덟개 강령중에서 유독 손괘(巽卦)만이 흉(凶)한 내용인 화(禍)로 설
명된다.
 그리고 366 사(事)의 상경(上經)인 팔강령의 성신애제(誠信愛濟)를
선천으로 보고 ,하경(下經)인 화복보응(禍福報應)을 후천으로 볼수있
을 것이다. 그때 선천에서 후천으로 바뀌는 첫번째가 곧 손괘(巽卦)
로 상징되는 화(禍)이다.
 여기서 선천과 후천의 변동기에 지구의 동남방인 일본을 위시한
환태평양 지진대가 무사하기는 어렵다는 생각을 할 수 있다.
 특히 일본의 경우 일본자체에 다시 팔괘를 배치해보면 너무도 심
각한 문제가 있다는 것을 다음의 자료그림에서 찾아낼 수 있다.
 이 그림은 태풍과 화산과 지진의 나라 일본에서도 가장 태풍과
화산과 지진의 피해가 큰 지역이 다른 곳도 아닌 일본의 심장부인
동경앞바다라는 사실을 말해주고있다. 즉 일본자체에 팔괘를 배치했
을때 동남쪽인 손괘(巽卦)에 해당하는 지역이 바로 동경과 요코하마,
오오시마섬과 이즈반도는 물론 일본을 상징하는 후지산(富士山)까지

포함돼는 지역이다.

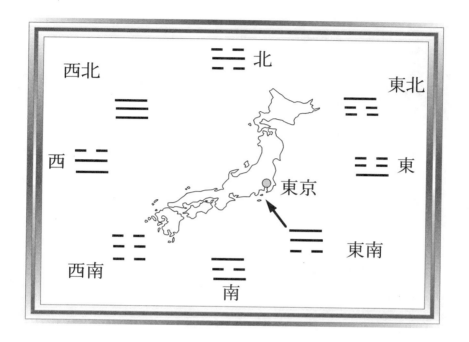

    따라서 장차 일본의 지진과 화산이 결정적인 규모로 일어난다면 일본의 수도 동경을 중심으로한 지역을 바로 강타한다는 것을 역리 (易理)는 말하고 있다. 일본의 지형을 역리(易理)로 살펴볼때 최악의 장소에 수도를 정했다는 사실을 알 수 있다.

    이는 일본의 국운과도 직결되는 가장 중요한 문제임을 어렵지 않게 생각해낼 수 있다.

    에드가 케이시는 그 결정적인 시기를 1998 년 이전으로 못박아 말했다. 이 예언은 개인적인 직관력이므로 왈가왈부할 성질의 것이 아닐 것이다. 그러나 그때가 아니더라도 2012 년에서 2023 년의 중진사가 말하는 지벽(地闢)의 기간동안 일본열도가 아무일 없이 넘어간다는 것은 쉽지 않을 것으로 보인다.

❏ 우리나라의 손방(巽方)

　　　우리나라의 경우도 지진에 안전지대는 아니라는 것이 지진전문가들의 주장이다. 우리나라에 팔괘에 배치하면 지진을 상징하는 손방(巽方)은 부산에서부터 영일만에 이르는 지역이된다. 이 지역은 오래전부터 지구전체의 손방(巽方)인 일본과의 통로로 사용되는 곳이기도하다.

제 2 장 중진사와 마야의 구세주 케트살 코아틀

　　중진사인 2012,2013 년에 대한 예언을 이해하기 위해 참고가 될 만한 내용은 멀리 중앙아메리카의 정글 속의 문명인 마야문명에서 찾아진다.

제 1 편   마야력의 비밀

아메리카의 많은 신화,기념물,시간 계산법,우주발생에 관한 사고는 동아시아와 놀랄 만큼 유사하다. 사실로 보아 태고시대에는 서로 어떤 관계가 있었음을 알 수 있다.” (고고학자   A.훔볼트)

　　중앙아메리카의 마야문명에서 천부경의 비밀이 명백히 설명됨은 마야의 카스티요 피라밋과 마야의 숫자ㄱ 로서 확인된바 있다. 그리

ㄱ 한역 마야문명의 카스티요의 피라밋 60-62p 최 동환 지음 강천

고 역시 천부경과 삼일신고의 숫자 계산에서 만이 설명되는 장승의 존재가 북아메리카에도 존재한다.

　뿐만 아니라 우리나라의 고대국가인 가야에서 지배 계층에서 성행했던 편두(아기 때 앞머리를 납작하게 눌러 앞머리를 변형시키는 것)가 마야문명의 지배 계층에서도 똑같이 성행했다.

　또 마야의 귀족들에게는 여름에 격리된 장소에서 단식을 하는 전통이 있었다. 이같은 마야문명과 우리의 고대 문명과의 여러 가지 유사성 중에서도 마야의 수학ㄱ에서 설명되는 시간의 비밀과 천부경의 예언론이 일치하는 것이 가장 놀라운 것이다.

제 1 항　마야의 개천(開天)

　마야력은 현대인이 만든 것을 제외하고는 가장 정확한 역법이다. 마야인 만든 역법은 그야말로 마야인이 가진 가장 훌륭한 능력 중의 하나라 해도 무리가 없을 것이다.

　마야문명의 비밀은 그들이 가지고 있는 독특한 우주관과 종교관을 집약 시킨 역법에 있다고 해도 과언이 아닐 것이다.

　마야의 역법에 대하여 알기 위해서는 이 분야를 30 년간 집중적으로 연구한 마야학의 대가인 Jose Argulles ㄴ의 저서 'The Mayan Factor'를 살펴볼 필요가 있다.

ㄱ 한역 마야의 숫자와 윷놀이 118-119p 최 동환 지음 도서출판 강천

ㄴ The　Mayan Factor　History Of Solar System 116-117p

　Jose　Arguelles Bear & Company

혼돈과
파천황

이책에 의하면 마야력은 대주기를 가지고 있으며 마야력의 대주기(great cycle)는 BC 3113 - AD 2012 년까지이다 (5125 년).

우리는 천부경에서 시간을 재는 두가지 척도를 알 수 있었다. 하나는 6000 년을 주기로하고 또 하나는 4320 년을 주기로하는 것이었다.

마야인은 우리의 두가지 시간의 척도 중 6000 년의 주기와 비슷한 5125 ㄱ 년 주기를 가지고 있었다는 사실이다.

여기서 놀라운 사실은 마야인들은 마야력 대주기의 시작을 'Beam Entry' 라고 하였다는 사실이다. 이는 우리 배달 문명의 시작이 6000 년 주기의 시작이며 그것을 개천(開天)으로 불렀다는 사실과 똑같은 개념의 어휘인 것이다. 참으로 놀라지 않을 수 없는 일치점이다.

또 마야력 대주기의 끝인 2012 년은 임진년(壬辰年)이 되면서 진사삼변론중 두번째인 중진사(中辰巳)와 그 시점이 같다는 점을 주목하지 않을 수 없다. 그들의 대주기는 2012 년 12 월 23 일에 끝난다.

그리고 그때는 종말이 아니라 파천황의 때이다. 바로 그 시점에 마야의 구세주 케트살코아틀이 돌아온다는 것이다. 역시 나르는 뱀이다. 이는 마야판 용사(龍巳)이다.

그리고 그 시기 또한 용사(龍巳)의 시기인 진사년(辰巳年)과 만나게 되는 것이다. 이같이 거듭해서 겹치는 우리배달문명과의 일치점은 그야말로 한 위대한 스승 밑에서 동문수학한 제자들이 아니면 발견하기 어려운 것이라 할 수 있을 것이다.

[1] B.C 3113 년- A.D 2012

ㄱ The   Mayan Factor   History Of Solar System 116-117p
   Jose   Arguelles Bear & Company

이제 마야력에 대해 보다 깊이 알기 위해 Jose Argulles 의 저서 'The Mayan Factor' 를 살펴보자.

그의 긴 연구 끝에 밝혀진 내용에 의하면 B.C 3113 년- A.D 2012 에 대한 설명으로서 먼저 B.C 3113 년을 'Beam Entry'라고 하였다.

즉 "빛이 열린 시기" 로 번역될 수 있는 이 내용은 배달국의 한웅할아버지께서 개천(開天)을 하신 내용과도 부합되며 이시기를 대시(大始)라고 부르는 뜻과도 부합된다.

즉 "빛이 열린 시기"는 "하늘이 열린 시기"와 일맥상통하는 것이며 큰 주기가 시작된다는 마야력의 개념과 배달국의 대시(大始)라는 개념과 맞물리고 있는 것이다.

이를 Jose Argulles 는 마야역법의 대주기인 5200 년의 시작으로 설명하였다. 대주기의 끝인 A.D 2012 년에 대하여 Jose Argulles 는 이를 설명하기를 'Galactic Synchoronization' 이라 하여 "대성군(大星群)의 또는 은하계(銀河系)의 시간 또는 속도가 동시성을 갖게 하는 때"라고 번역될 수 있는 대단히 묘한 여운을 남기는 말을 했다.

[2] 마야의 구세주

2012 년 이후는 어떻게 될 것인가 ? 이 부분에 대해서 마야인들은 케트살코아틀(또는 쿠쿨칸) 이 다시 돌아온다고 굳게 믿고 있었다.

케트살코아틀 또는 쿠쿨칸ㄱ 으로 불리는 신은 "하늘을 나는 털이 난 날개 달린 뱀"으로 상징되는 신이다.

이 부분 또한 산동성의 무씨 사당에서 발견된 단군의 역사를 상징하는 벽화에서 날개 달린 뱀이 그려져 있고 배달국의 우사(雨師)

ㄱ 한역 쿠쿨칸과 날개달린 뱀 67-71P 최 동환지음 도서출판 강천

직에 있다 서방(西方)으로 가서　그야말로 짐승처럼 살던 미개한 한
족(漢族)들을 교화한 복희씨와 그의 누이동생 여와씨의 그림에도 털
이 난 뱀으로서 나타 나있는 것을 현묘지도 천부경¬에서 설명한바
있다.　마야의 케트살 코아틀(쿠쿨칸)은 이같이 우리 민족의 위대한
인물들과 비슷한 외모와 비슷한 학문의 소유지이다. 그리고 천부경
의 무한한 근본(無盡本)이 움직이지 않는 근본(不動本)이 되어 다시
돌아오듯 케트살 코아틀도 다시 돌아오는 것으로 되어 있다.

마야의 카스티요의 피라밋

카스티요의 피라밋은 참성단과 바둑판과 완전히 같은 구조를 이룬다. 즉
아홉개의 큰 계단이 사방에 있어 4*9=36으로 천부경의 무궤이며 태극이다
. 또 중앙의 91개 계단이 사방에 있어 91*4=364이며 꼭대기 층의
신전을 합하면 365로 일년이며 신전의 주인 구세주 케트살 코아틀을
합하면 366으로 366사(참전계경)의 수 이다.

우리와 마야가 다른 것은 우리는 삼성(三聖)께서 천부경,삼일신고,366 사,한역,음부경,삼륜구서등을 전해 주어 이 경전의 원리로 모든 것을 알 수 있게 되어 있지만, 마야는 정복자 스페인 사람들에 의해 모든 기록과 문서는 이단자의 것으로 간주되어 불태워지고 그 정보를 가지고 있던 사람들 역시 남김없이 학살당했다.

따라서 그들의 위대한 문명을 설명하는 자료는 단지 피라밋 뿐이라는 점이 다르다. 그리고 그들의 문명을 연구하는 주체도 그들 스스로가 아니라 그들을 정복한 민족이라는 점이 우리와 크게 다르다.

우리는 한국이래 9000 년,배달국이래 6000 년 단군조선이래 4329 년 동안 우리 고유의 문명이 한번도 단절되지 않았다. 즉 한국에서는 구전(口傳)으로 전해지던 정보가 배달국에서 녹도문자(鹿圖文字)로 바뀌고 그것은 다시 단군조선에 와서 전서(篆書)로 바뀌었다. 그리고 삼국시대에는 한자(漢字)로 바뀌었고 지금은 한글로 바뀌면서 천부경, 삼일신고, 366 사, 단군팔조교, 삼륜구서등이 고스란히 전해진다. 바로 이점이 우리 민족을 지구상에 존재하는 여러 민족 중 가장 위대한 민족이라고 말하는 근거가 되는 것이다. 또 인류의 지식산업의 총본산이라고 말하는 근거가 되며 동시에 미래의 정신문명을 이끌 주역으로 말해지는 것이다.

제 3 장 중진사(中辰巳)와 요참(謠讖)

우리 민족의 역사를 보면 동요로서 예언을 한 예가 많이 있다. 이 매력적인 장르를 요참이라한다. 결정적인 시대라 할 수 있는 이 시대에는 어떤 요참이 있는가 ?

제 1 절   과거의 요참(謠讖)들

우리 역사에 있었던 유명한 몇 가지를 요참을 참고로 예를 들어 보면 다음과 같다.

[1] 후백제의 견훤의 아들 신검의 패망을 예언한 동요

"가엾은 완산 아이 아비를 잃어 울고 있네ㄱ"라하여 완산 아이를 후백제 견훤의 아들 신검으로 은유하고 있다

.[2] 조선조 태조 말에

" 남산의 돌을 치면 남은 정(釘)도 없어진다ㄴ."는 동요가 있었다. 그리고 그 후 얼마 안가 남은 과 정여립이 참수당했다. 이 요참에서 남은 정이란 남은과 정여립으로 은유하고 있어 이들이 없어진다고 말한 것이다.

[3] 동학혁명때
"새야 새야 파랑새야 녹두 밭에 앉지 마라.ㄷ " 는 유명한 노래가 있었고   이는 전봉준이 몸집이 작은 것을 녹두에 비유 실패할 것을 예언한 것이다. 또한 "가보세 가보세 을미적 을미적 병신이면 못간

ㄱ 조선의 점복과 예언 498-499P 村山智順 著 김희경역 동문선

ㄴ 상게서 50-501P

ㄷ 상게서 504-505P

다"하여 동학이 갑오년에 성공 못하면 을미년과 병신년으로 이어짐에 따라 실패할것을 예언한것이다. 이상으로만 보아도 우리민족에게는 오래전부터 노래 속에 예언을 담은 경우가 많음을 알 수 있다.

제 3 절 ' 오늘날의 요참 '

언제부터인지 알 수 없지만 우리나라의 어린이들 사이에서 다음과같은 노래가 불려지고 있음을 기억할 수 있을 것이다.

> " 미리 미리 미리 뽕 가야스로 나가세
>
> 우리 우리 우리는 주먹 뽕 가위 뽕 보자기 뽕 유리 항아리 "

지금 이 순간에도 우리나라 전국의 어느 동네에서나 어린이들 사이에 불려지고 있는 이 노래를 자세히 살펴보면 이 시대의 가장 중요한 요참이라는 놀라운 사실을 발견할 수 있다.

언제부터인지 아무도 모르고 저자가 누구인지도 아무도 모르는 사이에 불려져 온 이 노래야말로 동서양의 모든 예언과 천부경을 비롯한 경전과 우리나라의 예언서들과 모두 통하는 예언이 담겨 있는 절묘한 요참인 것이다.

[1] '미리'

이 요참에서 사용된 단어는 대단히 의미심장한 것들이다. ' 미리' 라는 단어를 살펴보자. 우리말 큰사전은 '미리'가 경상도와 제주도의 방언으로 '용(龍)'을 의미한다고 했다. 또 '미리내'란 제주도의 방언으로 은하수(銀河水)를 의미한다고 했다.

따라서 '미리ㄱ'는 용(龍)을 나타내는 순수한 우리말이다. 그리고 용(龍)은 우리 민족의 시조중 특히 한웅할아버지와 대단히 밀접한 관계에 있다. 태호복희씨는 지나족이 떠받드는 삼황오제중 수위에 있는 인물로서 용(龍)으로서 상징된다. 그리고 태호복희씨는 한웅할아버지의 5 세손인 태우의한웅의 막내아들이다.

그리고 태호복희씨에 의해 역경(易經)이라고 불리는 변화의 책이 배달국에서 지나족에게로 전해졌으며 역경(易經)에서 용(龍)은 시간

을 주도하는 중심이며 광명(光明)을 상징하는 주체로 설명되어 있다.

베달민족을 광명민족이라고 말하는 것과도 연결되는 내용이다. 이 모든 내용은 용왕(龍王)인 한웅할아버지에게 귀착되는 내용이며 우리말로는 '미리'로 설명되는 말이다.

이 '미리'라는 말이 요참에서 가장 많이 반복되는 단어이다. '미리'라는 단어가 사용된 예를 살펴보면 우리

ㄱ 366 사(참전계경) 화엄사상과 미륵사상 106-124P 최 동환 해설
　도서출판 삼일

는 은하수를 '미리내'라고 말한다.이를 한문으로 고치면 용천(龍川)
이 된다.그리고 우리나라 각처에는 '미리내'라는 이름의 하천이 있다.
　이는 하천이 용(龍)과같이 꾸불꾸불한 모양으로 흐름을 상징한 것
이다.

[2] 단재 신채호 선생의 소설 '용과 용의 격전ㄱ '

'미리'라는 단어가 설명하는 구체적인 개념을 소설에서 사용한 분은
저명한 독립운동가이자 역사학자인　단재 신채호 선생이다.
　단재 신채호 선생의 소설 '용과 용의 대격전'에는 용(龍)을 "미
리"라고 설명했을 뿐 아니라　'미리'가 갖는 구세주라는 성격까지
정확히 묘사하고 있다.

> "나리신다,나리신다,미리(龍)님이 나리신다.신년 무진년이 왔다고
> 미리님이 동방아세아에 나리신다.
> 몽고의 사막에 태풍이인다. 태백산 꼭대기에는 오색구름이 모여든
> 다. 이 모든것이 미리님이 내리신다는 보고이다.
> 미리(龍)님이 나리신다는 보고에 우랄산 이동의 모든 중생이
> 일제히 머리를 들었다."

이 내용에서 신채호선생은 몇 가지 주목할만한 내용을 말한다.
　첫째로 미리=용(龍)이라는 등식을 확인해 주고 있으며
　둘째로 미리님이 나리시는 것을 우랄 산맥 동쪽의 모든 중생이

ㄱ 꿈 하늘 "용과용의 대격전"　신채호　동광출판사

일제히 머리를 들었다고 했다. 이는 우랄 산맥 동쪽의 모든 민족에
게 "미리" 의 출현이 공통적인 구세주가 출현으로 받아들일 수 있는
것임을 말한다.

셋째로 '태백산 꼭
대기에 미리님이 나
리신다' 라고 하여
우랄 산맥 동쪽의 모
든 민족의 중심이 백

두산 천지이며 그 곳이 용왕담(龍王潭)이라는 등식을 사용했다. 이는
과거 태백산에서 일어난 문명이 우랄 산맥 동쪽의 모든 민족의 근
본이 되는 뿌리임을 말하고 있다.

넷째로 무진년(戊辰年)이라는 시간의 단위를 사용함으로서　단군
조
선의 출발인 무진년(戊辰年)이 단군조선이래 72 갑자인 4320 년인 서
기 1988 년을 지목하고 있다.(72×60=4320)

이 부분은 본서의 가장 중심이 되는 예언의 열쇠인 칠십이재해인
금척과 진사삼변론의 중요한 개념을 단재 신채호 선생이 비치고있
는 것이다.

단 용왕을 한웅할아버지가 아니라 왕검할아버지로 설명하고 있는
것을 볼 때 당시 독립 지사들 간에는 단군조선을 우리 역사의 최고
의 한계로 설정했음을 말해 준다.

'미리'가 용이라 할 때 그 의미는 두가지가 있다. 하나는 ' 미리=
미스라,미트라,미트라스,미륵'이 됨으로서의 구세주적 의미이다⌐ .

⌐ 366 사(참전계경) ' 칠일래복(七日來復)과 인류역사 6000 년설
　　　그리고 미륵' 　121-124 P 　최 동환 해설 도서출판 삼일

또 하나는 시간적인 단위로서의 의미로서 '미리=용(辰)'이 되어 제 1
권의 음부경ㄱ (陰符經)에서 설명한 용사(龍巳)가 되어 진사년(辰巳
年)이 되는 것이다.

　단재 신채호 선생은 '미리'를 말하면서 구세주적인 의미와 진사
년이라는 시간적인 의미를 모두 말하고 있다.

　저명한 독립운동가이자 역사학자이며 소설가인 신채호 선생은 역
사를 설명함으로서 예언의 기본법칙도 자연스럽게 설명하고 있는
것이다.

제 4 절　요참(謠讖)의 해석

"미리 미리 미리 뿅 가야스로 나가세
우리 우리 우리는 주먹 뿅 가위 뿅 보자기 뿅 유리항아리 "

신채호 선생의 소설에서 '나리신다, 나리신다, 미리(龍)님이 나리신
다.'라는 내용이 동요에서는 '미리 미리 미리 뿅'으로 설명되어있다.
그리고 '미리'가 세번 강조되어 있다.
이는 '미리'를 시간 단위로 환산하면 진(辰)년이며 세번 강조됨으로
서 삼진사(三辰巳)를 말한다.
　그리고 주먹,가위,보자기는 각각 천지인을 나타낸다.
　주먹은 1 이며 천(天)으로서 천발살기 ---상진사(上辰巳)
　가위는 2 이며 지(地)로서　　지발살기----중진사(中辰巳)
　보자기는 3 이며 인(人)으로서 인발살기---하진사(下辰巳) 를 의미

ㄱ 천부경의 예언론 제 1 권 '음부경(陰符經)' 79-96P 최 동환 삼일

혼돈과
파천황

한다. 이 역시 진사삼변(辰巳三變)을 의미하는 것이다.

(여기서 주먹은 하나로서 1의 모양이며, 가위는 두개의 손가락으로 2 이며   보자기는 손가락 두개인 가위를 낸 상태에서 다시 손가락을 세개를 펴면   보자기가 됨으로써 3이다.)

그러면 뽕은 무엇일까 ?   미리가 용(龍)으로 한웅할아버지를 상징할때 , 뽕은 봉(鳳)으로서   왕검할아버지를   상징한다. 이 내용 역시 예언론에서 가장 중요한   주제 중의   하나이다. 예언서에서는 란(鸞)이라   하여 붉은 봉황으로서 왕검할아버지를   묘사했다. 그리고 이 봉황이란 '태양안의 까마귀'인 일중지군(日中之君)의 변형임을 이미 설명한바있다.

그러면 ' 유리 항아리'란 과연 무엇일까 ? 유리 항아리란 깨어지기 쉬운 물건이며 출입구가 하나뿐이다.

이 동요의 저자는 진사삼변(辰巳三變)의 시기를 마치 유리 항아리처럼 깨어지기 쉬운 상황으로 판단하여 경고하려는 의도가 있다고 보여지는 것이다. 또한 유리 항아리처럼 출입구가 하나뿐인 상황을 설명한다.

항아리 모양은 인간의 자궁(子宮)의 형태이다. 그리고 십승지(十勝地)의 모양이 자궁의 형태를 한 지형을 추구한다.

십승지(十勝地)를 유리 항아리로 표현하여 결정적인 시기에 깨어지기 쉬운 유리로 된 항아리로 표현 했을까 ? 그렇다면 옳은 말이다.

"가야스로 나가세"란 무엇일까 ? '가야스'라는 말은 '가에' 라는 말의 충북, 평북 사투리로 '가위'라는 말이다. 이는 곧 중진사이다.

또 가에라는 말은 중심에서 벗어난 구석진 곳이라고 해석할 수 있다. 따라서 중심 되는 곳을 벗어나 구석진 곳으로 가라는 말로 볼 수 있다. 이 말과 같은 개념의 예언을 아래와 같은 노스트라 다무스의 예언에서 찾을 수 있다.

도망가라 ! 도망가라 모든 제네바로부터 도망가라 !

황금의 샤튜르느는 쇠로 변하리라

거대한 빛의 반대되는 것이 모든 것을 파괴하리라

그전에 하늘은 전조를 보이리라.

제네바 :

중세유럽 당시의 제네바는 유럽의 중심이었다. 따라서 이 내용은 국제적인 대도시를 의미한다. 즉 모든 국제적인 대도시로부터 도망가라는 것이다.   샤튜르느: 중금속의 독

거대한 빛의 반대되는 것 :

원자핵이나 운석의 폭발이 빛이라면 그에 대한 방사능의 피해와 먼지가 태양을 가리는 등의 이차적 재해를 말하는 것일까 ?

이 노스트라다무스의 예언은 명백히 중심에서 벗어난 구석진 곳으로 도망가라는 것을 말하고 있다.

그전에 하늘이 전조를 보인다는 것은 음부경(陰符經)이 말하는 천발살기(天發殺

機)를 말한다. 즉 1999 년의 혹성 직렬과 2000 년의 황소자리의 항성 집합이다. 그 후에 모든 것을 파괴시킨다는 내용은 요참의 유리 항 아리와 같은 개념이 된다.

　　이로서 이 요참이 얼마나 주도면밀한 구성을 하고 있나를 잘 알 수 있는 것이다. 도대체 누가, 언제 ,어떤 이유로 이 같은 예언을 노 래로 만들어 우리나라 방방곡곡과 골목 골목까지 빠짐없이 유행하 도록 만들었을까 ? 참으로 놀라운 요참이 오래 전부터 우리나라 전 체에서 불리워지고 있는 것이다.

제 4 장　중진사와 화풍정

　　상진사가 상징하는 택화혁(澤火革)괘는 문자 그대로 혁명을 말한 다. 택화혁(澤火革)괘에 대한 종(綜)괘가 곧 화풍정(火風鼎)괘로서 택 화혁의 대변혁에 대한 안정(安定)을 상징한다.

　　이 괘의 상(象)인 솥(鼎)은 발이 셋이며 몸체가 하나이다. 이는 곧 삼(三)이 하나(一)되어 각각의 역 할을 하나의 목적을 위해 통합한 형상을 말한다. 셋이 하나가 된다 는 것은 정감록,격암유록등의 예 언서에서 대단히 중요한 내용이 다. 그리고 그 통합한 결과 솥에

음식을 삶아 많은 사람들이 배를 채우는 상황이 된다.

　　또 택화혁이 하늘을 나르는 불덩이로 설명될 때 화풍정은 땅위에

서 터져 나오는 불덩어리로 현상화된다. 즉 화산폭발과 지진등으로
상징되는 땅의 대이변으로 상징되는 시기인 것이다.

제 5 장 중진사(中辰巳)와 예언

제 1 절 중진사의 예언들

❂　격암유록 갑을가 ❂

> 중대책임육십일 육십일세삼오운
>
> 重大責任六十一 六十一歲三五運

육십일(六十一): 1.6 수(水)를 나타내는 말.임진,계사년의 은유
삼오운(三五運): 용도수(하도수)로서 삼(三)은 이괘(離卦),오(五)는 손
괘(巽卦)로서 이를 합하면 화풍정(火風鼎). 괘가 된다.

　임진, 계사년은 중대한 책임이 있는 때로서 천부경의 일적
십거도에서 출현하는 궁궁을을(弓弓乙乙)에는 두개의 화살이
있다. 하나는 택화혁이며 이는 2000년의 경진,신사로서 대변
혁이며 또 하나는 화풍정으로서 대안정이다. 임진,계사는 안정
을 추구할 중대한 책임이 있다.

　역경의 화풍정괘의 내용을 살펴보면
“목상유화정 군자이 정위응명 木上有火鼎 君子以 正位凝命”

혼돈과
파천황

이라 하여 나무 위에 불이 타오르니 군자는 이를 보고 질서를
정비하고 주어진 천명을 성취한다 했다. 또한 혁명을 뜻하는 택화혁
괘를 아래에서 위로 보면(종괘) 곧 화풍정괘가 되며 천부경의 일적
십거도를 궁궁을을의 그림으로 했을 때 두개의 화살의 머리인 택화
혁과 화풍정이 된다..

❂　　격암유록 말운론　❂

일육호세 임삼지운　백조십손임삼운
一六好世 壬三之運　百祖十孫壬三運

산붕해고 금석출 열방호첩견광래
山 崩海枯 金石出 列邦蝴첩見光來

천하만방 일사시 천지반복 차시대
天下萬邦 日射時 天地反復 此時代

천강재인 차시대
天降在人 此時代

1.6 은 수(水)로서 십간(十干)으로는 임계(壬癸)를 말한다. 임
삼지운(壬三之運)에서 첫번째 임(壬)운은 임신(壬申)년으로 이
조의 건국이며 두번째 임(壬)운은 임진(壬辰)년으로 임진왜란
이며 세번째 임(壬)운은 2012 년의 증진사이다.
이때에도 역시 진사년의 용사발동(龍巳發動)이 이어지는 때
로 이때는 백명의 조상 중 열명이 살아 남으며 산이 무너지고

바다가 마르며 금석(金石)이 출현하니　많은 나라에서 우리나
라의 변한 모습을 보러 온다 하였다. 천하 만방에　태양 빛이
쏟아질 때 천지 반복이 이때이며 하늘에서 신이 인간에게 내
려오시는 때가 이때이다. (이 부분은 마야의 역법에서 케트살
코아틀이 내려온다는 때와 일치한다.)
그리고 천하 만방에서 우리나라의 바뀐 모습과 구세주를 보러
온다.

　하늘에서 구세주가 내려오는 시대가 이 시대라 했고 천하 만방에
태양이 비춘다 했다. 이는 태양으로 상징되는 영웅이 등장한다는 것
이다. 여기서 알 수 있는 것은 상진사의 대변혁에도 불구하고 천하
만방은 모습을 완전히 잃지는 않는다는 점이다. 이점 역시 서양의
2000년 지구 종말론과 완전히 다른점이다.

✿　격암유록 말운론　✿

一六好世　壬三之運　或悲或喜　仁富之間　夜泊千수　　和氣東豊萬邦和
일육호세　임삼지운　혹비혹희　인부지간　야박천수　　화기동풍만방화

　임진년과 계사년의 즐거운 시절은 혹은 슬프고 혹은 기쁘리
라. 인천과 부천간에 밤에 천척의 배가 머물 것이니 우리나라
에 화기가 가득하며 천하 만방이 화합하는 때이다.

　이 내용에서　인부지간에 밤중에 천척의 배가 나타난 때를 6,25
로 생각할 수 도있다. 그러나 인천 상륙작전이 일어난 때는 1950년
9월 15일로서 경인년 기유월 갑오일이다.

여기서 말하는 임삼지운은 임진년으로 결코 6,25 가 아니다. 그리고 여기서 말하는 화기동풍만방화는 평화를 상징하는 용어로 인천 상륙작전과는 거리가 멀다.

❂ 격암유록 갑을가 ❂

> 기죽기죽거기죽 전로전로송송개 명진사해육십일
> 其竹其竹去其竹 前路前路松松開 名振四海六十一

기죽은 듯이 기죽은 듯이 가면 앞길이 절로 송송 열리니 그 이름이 사해를 진동하는 육일수(六一水) 즉 증진사이다.

기죽(其竹) = 기축(己丑) 기죽은 곧 기축으로서 기(己)는 토(土)로서 토(土)는 그 색이 황(黃)을 나타낸다. 축(丑)은 소(牛)를 의미하니 기죽=기축-=황우(黃牛)이다. 역경에 황우(黃牛)는 택화혁(澤火革)의 초구(初九)의 내용에 있다. 즉 공용황우지혁(鞏用黃牛之革)으로서 황소의 가죽으로 굳게 동여맨다는 뜻이다. 따라서 이 의미는 기축년에는 아직 때가 아니니 기죽은 듯이 굳게 지켜라는 뜻을 내포한다. 전로전로송송개 (前路前路松松開)는 기축년 이후의 앞길이 송송 열린다는 의미로서 전로(前路) =전로(田路)로서 이재전전(利在田田)으로서 전전(田田)이 의미하는 144 ㄱ 의 후천운을 의미한다.
즉 기축년 이후에 144 의 후천운으로 다가서기 시작한다는 의미이

ㄱ 천부경의 예언론 제 1 권 '이재전전(利在田田)' 139-152P
　최 동환지음　도서출판 삼일

다. 명진사해육십일(名振四海六十一)에서 그 이름이 사해를 진동하는 육십일이란 6.1 이 의미하는 임년(壬年)이 바로 구세주의 출세가 있는 때 라는 것이다. 그러면 기축년은 언제이고 임진년은 언제인가? 앞으로 오는 기축년은 2009 년이고 임진년은 2012 년이다.

❀   격암유록 가사총론(歌辭總論)   ❀

전세소동해운개로 일야천수출항시에 한강수를 시러가며
全世騷動海運開 로 一夜千수出航時에 漢江水를 시러가며

십승물품해외출을 육대구월아오리까
十勝物品海外出 을 六大九月아오리까

십승운왈 일렀으되 인중즉시물성이요 물승즉시지벽이요
十勝運曰 일렀으되 人衆則時物盛이요 物勝則時地闢이요

지벽즉시고진감래
地闢則時苦盡甘來

지벽(地闢):

상진사가 천(天)의 살기(殺氣)가 동하는 때라고 하면 중진사는 지(地)의 살기(殺氣)가 동하는 때이다. 지벽은 지진과 화산폭발 등이 예고되는 무서운 시기이나 격암유록에서는 이때에 우리나라는 오히려 지형이 바뀌어 넓은 땅과 물자가 풍부한 대국이 된다고 했다.

혼돈과
파천황

　바다가 변하는 지벽의 시대에 우리나라가 바뀐 것을 보고 전세계가 소동을 일으키니 하룻밤에 천척의 배가 와서 한강물을 실어 간다.

　이러한 십승 물품이 해외로 나가는 재세이화, 홍익인간의 시기를 알겠느냐? 그동안 배달민족의 정성이 지벽으로 나타나니 지벽이 곧 고진감래인 것이다.

[풀이 1]

　"하룻밤에 천척의 배가 와서 한강물을 실어 간다."는 내용은 우리나라의 십승 물품중 '물'이 중요한 부분을 차지함을 말한다.

　그것도 서울의 한복판을 흐르는 한강물이 그 역할을 한다는 것이다. 이러한 예언의 내용은 물론 한강물이 오염의 위협에서 벗어난 상태임을 말한다.

[풀이 2]

　'육대구월(六大九月)'이라는 암호는 우리나라 예언서의 암호 중 매우 비중 있게 생각해야 할 내용이다. 지벽이 일어나 우리나라의 물을 상징하는 한강과 바다에서 물질적인 풍요를 얻게 된다는 것은 중진사의 상징인 임진,계사년이 물(水)을 상징하는 때라는 것을 응용한 예언이다.

　그러한 문맥 중에 갑자기 '육대구월(六大九月)아오리까 ?'라는 알 수 없는 내용의 말이 나타나 혼란을 일으킨다. 이 예언은 육대(六大)라는 문구에서 육(六)과 대(大)가 어떻게 연결되는 가를 알면 그 실마리를 풀 수 있다.

　여기서 육(六)은 숫자이므로 대(大)도 숫자를 상징한다. 대(大)는 크다는 우리말인 '한'이며 '한'은 곧 하나로서 일(一)이다.

따라서 육대(六大)는 곧 육.일(六一)이다. 이는 곧 임진,계사년의 천간(天干)인 일(一)과 육(六)의 순서를 뒤집어 놓은 것이다. 따라서 '육대구월(六大九月) 아오리까 ?'라는 말은 2012년과 2013년의 두 해중 하나의 9월을 말하고 있음을 알 수 있다.

이 내용을 다시 한번 더 깊히 생각해 보면 六九 + 大月은 6×9= 54 로서 5=손(巽), 4=진(震) 합하면 풍뢰익(風雷益)이며 巽은 닭,震은 용으로 계룡(鷄龍)이 된다. 풍뢰익패로 상징되는 계룡(鷄龍)은 곧 하진사의 상징으로 홍익인간이 이루어지는 시대를 말한다.

홍익인간은 재세이화의 완성 위에 이루어질 수 있다. 따라서 1.6 이 의미하는 중진사에 일어나는 지벽은 곧 제세이화의 기틀이 되어 물질적인 풍요를 가져온다는 것이다. 또 그것이 바탕이 되어 하진사의 계룡(鷄龍)즉 풍뢰익이 말하는 홍익인간의 기틀이 마련된다는 대단히 함축성 있는 예언인 것이다.

❂　격암유록 새 삼오 장 (賽 三五 章) ❂

> 광야용출사막류 천이산도 수해고
> 廣野勇出沙莫流 泉移山倒 水海枯

광야와 사막에 물이 솟아 흐르며 , 물이 솟아나는 근원이 옮겨지고 산의 위치가 바뀐다.

이 예언은 제목부터가 중진사(中辰巳)를 의미한다. 제목에서 삼오(三五)라고 한 것은 삼(三)이 이패(離卦), 오(五)가 손패(巽卦)이다. 이를 합하면 화풍정(火風鼎)패가 되는 것이다.

특히 격암유록의 경우 이 같은 내용의 제목이 몇 개 있다. 예를 들면 새 사일 장(賽 四一 章)은 뇌천대장(雷天大壯)괘이며 ,새 사오 장(賽 四五章)은 뇌화풍(雷火豊)괘이다.

여기서 공통적인 앞 글자인 새(賽)라는 말은 "베풀어진 은혜에 감사하다."라는 의미이며 또 그 은혜에 보답하는 제사라는 의미도 있다.

따라서 이 앞 글자가 붙은 제목의 예언들은 모두 베풀어진 은혜에 대한 감사라는 의미이다.

여기서 화풍정(火風鼎)은 곧 중진사(中辰巳)의 상징으로서 지벽(地闢)이 대표적인 변화이다. 따라서 새 삼오 장 (賽 三五 章)은 지벽(地闢)으로 인한 은혜에 감사한다는 내용으로 구성된다.

그것이 " 광야와 사막에 물이 솟아 흐르며 , 물이 솟아나는 근원이 옮겨지고 산의 위치가 바뀐다." 는 구체적인 내용으로 나타나 있는 것이다.

마찬가지로 새 사일 장(賽 四一 章)은 뇌천대장(雷天大壯)괘가 의미하는 " 위대한 인물이 올바르게 행동함으로서 만물이 순조롭게 질서를 찾는다."는 것에 대한 은혜에 감사하는 내용이다.

역시 마찬가지로 새 사오장(賽 四五章)은 뇌화풍(雷火豊)괘가 의미하는 "중천의 태양과 같이 성대함의 극치"를 이루게 해준 은혜에 감사하는 내용인 것이다.

또 새 사사 장(賽 四四 章)은 진위뢰(震爲雷)괘가 의미하는 "천하를 울리는 위대한 인물의 바른 소리와 천자(天子)의 지위를 계승하고 하나님에게 제사를 지내는" 은혜에 감사하는 내용이다.

여기서 뇌천대장(雷天大壯), 뇌화풍(雷火豊), 진위뢰(震爲雷)괘는 공통점이 있다. 모두가 진(震)괘가 의미하는 제출호진(帝出乎震)을 상징한다는 것이다. 이는 위대한 인물의 출현이다.

여기서 진(震)은 동방의 우리 민족을 상징하는 말로서 일찌기 신라가 스스로를 진국으로 불렀고 고구려를 계승한 대조영이 나라이름을 대진국(大震國)으로 불렀으며 ,고래로 우리나라를 진단백민국(震檀白民國)으로 스스로를 칭했었다.

　이 예언서의 저자는 중진사(中辰巳)를 설명하면서 이 같은 내용을 한꺼번에 설명하고 있다. 이는 중진사의 밝은 면을 강조한 것이다.

　그리고 역경(易經)의 내용과 우리나라의 역사를 이처럼 자유자재로 예언에 사용할 수 있었다는 사실이 참으로 놀라울 뿐이다.

❂　　격암유록 래패예언 육십재(來貝豫言六十才)　❂

무죄인생영거궁 유죄인생불입성 배천지국영파멸 부귀빈천반복일
無罪人生永居宮 有罪人生不入城 背天之國永破滅 富貴貧賤反覆日

궁을성산무소불통 금은보화용잉여 화평용관정의립
弓乙聖山無所不通 金銀寶貨用剩餘 和平用官正義立

　죄 없는 사람이 영원히 머무르는 궁전이며 ,죄 있는 사람은 들어올 수 없는 궁전이로다. 나라와 하늘을 등진 사람들은 영원히 파멸 당할 것이며 부귀빈천이 뒤집어지는 날이로다.

　궁을인들이 모인 성산(聖山)은 통하지 않음이 없으니 금은보화가 쓰기에 남음이 있다. 또 나라를 다스리는 관리들이 정의로우며 화평한 시대가 열린다.

　중진사(中辰巳)를 설명하는 화풍정괘의 의미인 안정(安定)을 잘 설명하는 예언이다.

　이 예언에서도 제목에 매우 함축성 있는 예언이 숨어 있다. 래패

예언 육십재(來貝豫言六十才)라는 말에서 래패(來貝)라는 말은 뢰
(賚)라는 말의 파자이다.

뢰(賚)는 시경(詩經)의 편 이름으로서 그 내용은 "주(周)나라 무왕
(武王)이 폭군 주(紂)를 치고 공신을 봉한 일을 노래한 것"이다. 따
라서 이 말은 하사하다, 위로하다라는 말로 사용된다.

그리고 육십재(六十才)라는 말에서 재(才)는 기본 ,바탕,재주,재능
이다. 그러면 육십(六十)은 무엇인가 ? 고대 수학에서 십(十)은 가득
찬 수로서 일(一)과 같은 의미로 사용된다. 따라서 육십(六十)은 곧
육일(六一)이다. 이는 곧 오행에서 물을 의미하는 1.6 을 꺼꾸로 배
치한 것이다. 그리고 1.6 은 천간(天干)으로 임(壬)과 계(癸)이니 중
진사(中辰巳)인 임진(壬辰)과 계사(癸巳)년을 말하는 것이다.

따라서 래패예언 육십재(來貝豫言六十才)라는 제목이 의미하는
바는 " 임진(壬辰)과 계사(癸巳)년이 의미하는 중진사(中辰巳)인 2012
년에서 2023 년까지의 12 년간은 상진사에서 혼돈을 일으키는 무리
들을 토벌하고 국가를 새롭게 일으키며 그 공을 세운 사람들을 위
로하고 대우하는 중대한 시기"라는 것이다.

제 3 절   과학이 말하는 지벽(地闢)

지벽(地闢)은 땅이 열린다, 갈라진다, 넓어진다는 의미이다. 이 같
은 일이 과거에도 있었다는 증거는 많이 있다. 그 예를 들어 보면
(1)히말라야산맥 정상에서 조개 껍질과 바다고기의 뼈가 발견되었다.
(2)브라질이나 마가가스카르에 빙하가 있었다.
(3)미국의 미시간 호수에 고래가 있었다.
(4) 알라스카에 석탄이 있다.

(5) 시베리아의 뉴 시베리아 섬에는 코키리나 들소 따위의 뼈가 산더미를 이루고 있다.

는 등의 수많은 증거에서 과거에 있었던 지구의 대이변을 짐작할 수 있을 것이다.

이 같은 사실을 가장 실증적으로 증명하는 증거가 이미 설명한 시베리아의 냉동 맘모스와 토프카피의 지도일 것이다.

무엇이 원인으로 작용하던 바다였던 곳이 육지가 되고 육지였던 곳이 바다가 된 예는 수없이 많이 있고 또한 열대였던 곳이 한대가 되고 한대였던 곳이 열대가 되기도 했다.

그리고 과거에 있었던 이러한 지벽(地闢)은 내일 당장 다시 일어난다해도 이상할 것이 없다는 것이 그분야 과학자들의 입장이다. 이 부분은 과학자들이 말하는 예언이 된다.

혼돈과
파천황

제 7 부 하진사(下辰巳)

하진사 下辰巳

1. 언제가 하진사인가 ?
   갑진년(甲辰年)--서기 2024년,
   을사년(癸巳年)--서기 2025년

2. 하진사의 핵심내용은 ?
   풍뢰익(風雷益)괘가 설명하는 홍익인간.
   인발살기(人發殺機)

3. 하진사를 설명하는 핵심예언은 ?
   계룡(鷄龍)

하진사(下辰巳)는 2024 년에서 2035 년까지를 말하며 갑진년과 을사년(2024 - 2025)에 시작된다.

예언서에 나타난 하진사의 형태는 하진사의 갑을년(甲乙年)이 오행으로 목(木)인 것을 상징한 것이 많다. 즉 목(木)을 계절로 보면 봄이 되어 춘(春)으로서 상징했다. 괘로는 목(木)인 손(巽)과 진(震)을 조합하여 풍뢰익(風雷益)으로 상징하여 상진사가 택화혁괘, 중진사가 화풍정괘인 것에 이어서 괘로 설명했다.

이 풍뢰익괘의 손괘는 닭, 진괘는 용인 것을 상징하여 계룡(鷄龍)으로 상징했다. 흔히 말하는 계룡이란 바로 이 하진사를 말하는 것

이다. 이 모든 것이 2024 년에서 시작하여 2035 년간에 해당하는 예언이다. 갑진, 을사가 목(木)에 해당하며 이 기간을 지배하는 중요한 단어는 곧 금(金)이 된다. 즉 나무를 다스리는데 금속을 사용한다는 것이다. 따라서 금(金)을 따르라 해서 종금(從金)으로 상징되는 것이다.

인간이 살기(殺機)를 발할 때 각자가 욕심을 채우려하니 서로 반목하고 다투어 천지가 뒤집힌다.

상진사에 하늘이 살기(殺機)를 발하고 중진사에 땅이 살기(殺機)를 발한다면 하진사는 하늘과 땅에 뒤이어 인간이 살기(殺機)를 발하는 때이다.

따라서 모든 인간에게 골고루 이로운 진리, 모든 인간이 함께 더불어 사는 진리인 홍익인간(弘益人間)의 이상(理想)이 전면적으로 현실화되지 않을 수 없는 때이다.

제 1 장 하진사와 풍뢰익(風雷益)

상진사가 택화혁, 중진사가 화풍정괘를 상징할 때 하진사는 풍뢰익(風雷益)괘를 상징한다.   조선의 이성계가 도읍을 삼으려 했다 해서 유명해진 계룡산(鷄龍山)이라는 내용은 각종 예언서에서 그 지리적인 부분이 크게 부각 되어 있다.   그러나 진정한 의미의 계룡(鷄龍)은 결코 풍수지리적인 의미로서의 계룡(鷄龍)이 아니다. 계룡(鷄龍)이란 곧 풍뢰익(風雷益)괘가 상징하는 의미가 진실로 중요한 것이다. 위를 덜어서 아래에 보태는 의미인 풍뢰익(風雷益)괘의 진정한 의미

는 홍익인간(弘益人間)이다.

  소위 말하는 계룡(鷄龍)이란 4320 년 전 단군조선이 출발할 때의
국시(國是)인 재세이화(在世理化), 홍익인간(弘益人間)이 이루어지는
시기를 말하는 것이다. 바로 이것이 인발살기(人發殺機)를 정리하는
상진사의 내용이다.

제 2 장 아리랑

단군조선이래 진단구변의
4320 년이 끝나면서 다시
단군조선의 시작과 같은 위
대한 역사가 시작된다는 것
이 우리나라 예언의 기본
골격이다. 아리랑이 예언서
에 사용된 것은 이 같은 예
언의 가장 큰 골격을 설명
하는 여러 가지 접근 방법
중의 하나로 응용된 것이다.

  예언서에 사용된 아리랑
은 어아가(於阿歌)라는 단
군조선 초기에 나온 경전에
서 사용된 원리를 응용한
것이다. 어아가(於阿歌)는
우리 민족의 가장 오래된
노래로서 아리랑의 원전이
며 동시에 천부경,삼일신고,366 사 등의 원리가 압축된 경전이다.

이 부분 역시 우리나라 고대 역사와 경전과 예언이 하나가 되는 한 마당이다.

이 장에서는 예언서에서 말하는 아리랑과 그 원전이 되는 어아가 (於阿歌)의 역사적인 배경과 원문 전체를 알아봄으로서 예언에 대한 이해의 폭을 확대해보자.

제 1 절   예언서가   말하는 아리랑

❊   격암유록 갑을가(甲乙歌)   ❊

아리령유정거장 고대고대다정임
亞理嶺有停車場 苦代苦代多情任

아아리령하하령 극난극난거난령
亞亞理嶺何何嶺 極難極難去難嶺

아리아리아리령 아리령각정거장
亞理亞理亞理嶺 亞理嶺閣停車場

아리(亞理):

아(亞)는 그 글자 모양 자체로 궁궁을을(弓弓乙乙)의 이치가 설명된다. 특히 태극의 이치를 상징한다. 이는 아무리 외부의 태풍이 거세도 마치 태풍의 눈과같이 고요한 세계를 말한다. 즉 삼라만상의 불변하는 철리이며 태극이다.

예언에서는 후천세계의 지상천국.

　후천세계의 지상천국으로 가는 고개에는 정거장이 있으니
그렇게도 기다리던 다정한 님을 만나는 곳이다.
　후천세계의 지상천국이 고개너머에 있으나 넘어가기가 극히
어렵구나. 아리랑 고개여 ! 그 고개에 정거장이 있구나

[풀이 1]

　아리랑 다정님
　진단구변의 4320 년의 시작점에서 단군조선을 창업하신 분

아리랑 고개
　진단구변의 기간인 4320 년 후 진사삼변의 36 년간. 아리랑 고개
이전은 님을 그리는 고통의 기간이며 아리랑 고개 넘어는 돌아온
님과 살아가는 희망의 시대. 하진사(下辰巳)가 곧 그 경계선의 정거
장

　4320 년이라는 장구한 세월에 걸려 올라온 아리령의 꼭대기에는
정거장이 있어 오랜세월 기다려온 다정한 님을 만나는 장소이며 때
이다. 이제 이 정거장만 지나면 그 어떤 어려움도 범할 수 없는 후
천세계의 지상천국에서 그리던 님과 영원히 살수있지만 마지막 이
곳을 통과하기가 극히 어렵구나 .

　아리랑 다정님을 요즈음 말로 설명한다면 말세의 구세주이다. 그
러나 아리랑의 가락에서 나오는 다정한 님은 말세의 구세주와 같이

인간에게 준엄한 심판을 내리는 어색하고 멀게만 느껴지며, 거북스럽고 무섭게 느껴지는 대상이 아니다.

아리랑 다정님은 마치 친 혈육과 같이 정말로 다정한 대상으로 그려져 있어 원망도하고 투정도 부릴 수 있는 대상이다. 이러한 아리랑의 정서는 우리 민족의 경전과 예언론이 공통적으로 가지는 독특한 정서를 잘 반영하는 것이다.

한인, 한웅, 왕검할아버지는 배달민족 모두의 친 할아버지가 된다. 따라서 우리 민족의 경전에 나오는 절대적인 존재 ,구세주는 배달민족 모두의 친 할아버지이다.

여기서 '할아버지'는 곧 '한 아버지'로서 ' 큰 아버지 ' 또는 '위대한 아버지' 라는 의미와 함께 '하늘에 계신 아버지' 이다. 바로 이분들이 세상에 둘도 없는 아름다운 풍속을 남겨 주신 분들이며, 직접적으로는 우리에게 피와 살을 주신분으로 우리의 근본이다. 또한 천부경, 삼일신고, 366 사를 전해주신 위대한 스승이다. 그리고 동시에 예언론의 주인공인 다정한 님 이 된다.

아리랑 고개 너머의 지상천국을 우리 민족은 마치 친할아버지, 친할머니에게 마음껏 사랑받을 수 있는 곳으로 설정했다.

이는 하나님의 친 혈육인 천손민족(天孫民族)이 아니면 상상도 못할 구세주 재림사상인 것으로 이것이 바로 우리 배달민족의 근본을 이루는 정서이다.

단군팔조교에서 "너희들은 부모에게서 유래했고 부모는 하늘에서 강림하셨으니 오로지 부모님을 바르게 모시는 것이 하나님을 바르게 모시는 것이다. "는 내용에서 말하는 부모님중의 부모님이 곧 아리랑 다정님이다.

아리랑 다정님은 과거에 하늘에서 강림하신 것과 마찬가지로 미래에도 하늘에서 강림하실 분이 곧 아리랑 다정님인 것을 예언론

은 말하고 있다.

이 역시 씨앗이 곧 열매가되며 ,역사가 곧 예언이되는 우리나라 예언의 독특한 모습을 잘 보여주는 예이다.

제 2 절　어아가(於阿歌)

단군조선은 초대 단군인 왕검할아버지께서 단군팔조교(檀君八條敎)를 전해주신 이래 역대 단군께서 경전을 전하는 전통이 있었다. 이세 단군인 부루할아버지께서 어아가(於阿歌)를 남긴 것도 이러한 전통의 일환으로 볼 수 있다.

여러 주옥 같은 경전들 중에서 특히 단군팔조교(檀君八條敎)와 어아가(於阿歌)는 우리 민족에게 의미심장한 경전이 된다.

단군팔조교(檀君八條敎)는 구전으로 전해지며 이미 우리 민족의 일부가 되어 경전을 몰라도 그 내용을 모르는 한국인은 단 한 사람도 없다. 마찬가지로 어아가(於阿歌)는 아리랑이라는 노래로 전해져 이를 모르는 한국인은 단 한 사람도 없는 것이다.

　어아가(於阿歌)는 원문(原文)과 고원문(古原文)이 함께 전해져 그 학문적인 가치가 매우 큰 것이다. 우리의 국악(國樂)인 아리랑은 어아가와 만날 때만이 구체적으로 설명이 되고 예언론과 만날 때 그 의미가 명료해지는 것이다.

　그리고 예언론에 공통적으로 나타나는 궁궁을을(弓弓乙乙)의 원리를 노래 자체로서 설명하고 있어 궁궁을을(弓弓乙乙)이라는 어휘의 출처로 생각된다. 궁궁을을(弓弓乙乙)은 곧 아리(亞理)를 중심으로 하는 원리이다. 격암유록의 저자는 바로 이점을 응용하여 예언을 하고 있다.

제 1 항   어아가(於阿歌)의 개요

　어아가(於阿歌)는 한단고기 단군세기에서 단군조선 제 2 세 단군 부루 단군의 재위기간을 설명하는 내용에 기록되어 있다. 그리고 이 노래는 배달국이래 하늘에 제사지내는 국중대회(國中大會)때 함께 노래부르고 큰 덕을 찬양하며 서로 화합하던 노래이다.

　아마도 우리 민족의 노래 중 가장 오래된 노래가 분명한 이 노래는 우리 민족이 하늘에 제사지낼 때 부르던 노래였으며 고구려의 광개토대왕께서 전쟁터에서 군사들에게 부르게 한 군가(軍歌)였다 .

　한단고기의 태백일사 고구려국 본기에 의하면 고구려를 광대한 제국으로 만든 광개토경호태황께서 나이 18 세에 광명전에 등극하시며 하늘의 음악(天樂)을 연주케 했다 하고 군진(軍陣)에 나갈 때마다 병사들에게 어아가를 부르게 하고 사기를 북돋웠다고 하였고 제(帝)께서 마리산 참성단에 올라 천제를 지내고 역시 천악(天樂)을 사용

하였다는 기록이 있다.

이 기록들을 살펴보면 어아가(於阿歌)는 신시 개천이래 국중대회(國中大會)에서 불리던 천악(天樂)이 단군조선 초기 부루 단군때 다시 널리 알려졌고 고구려의 전성시대에는 천악(天樂)의 의미에 더하여 군가(軍歌)로까지 부르게 되었음을 알 수 있다.

이 내용을 비추어 볼 때 고구려의 광개토대왕이 국가의 영토를 확장하는 민족적 대사업의 의미가 배달국과 단군조선에서 물려주신 영토를 되찾는다는 일종의 종교적인 의식이었음을 알 수 있게 하는 대목이다.

고구려의 군사들은 활을 쏜다는 자체가 종교적 의미가 있었음을 그들이 전쟁터에서 불렀던 어아가의 내용을 통하여 알 수 있다.

국가적으로 치루는 제사나, 수도를 하는 수두(蘇塗)에서 전쟁을 치루는 전장에서 똑같이 불리워졌던 노래가 어아가였던 것이다.

이러한 노래가 불리웠던 기간은 배달국의 신시 개천이래 고구려 멸망할때 까지로 볼 수 있다. 즉 B.C. 3898 년 배달국 출발이래 A.D. 668 년 고구려가 망할 때까지의 기간이다. 합하면 4566 년이라는 엄청난 기간이 된다.

고구려가 망하고 지금까지의 기간은 A.D. 1997 − 668 = 1329 이다. 즉 이 노래가 공식적으로 불려지던 배달국이래 고구려멸망까지의 기간은 민요로 전해지던 기간의 3.4 배나 되는 엄청난 기간이다. (4566/1329 = 3.4 이다.)

이 시간 계산만 보더라도 어아가의 원형이 우리민족에게서 결코 사라질 수 없다는 것을 알 수 있다.

또 이 노래가 공식적으로 불려지는 동안은 우리 민족은 그 기개가 동북아 전체를 울렸고 , 이 노래가 민요로 바뀌었을 때는 쓰리리고 슬픈 한(恨)의 노래가 되었을 것이다.

 발산하지 못하고 억압되어야만 했던 천손 민족의 기개는 한(恨)이
되었다. 그러나 언제가는 옛날처럼 아리랑을 부르며 다시 그 아리랑
의 태평성대가 오기를 기원했던 것으로 볼 수 있다.

 참으로 한(恨)이 되기에 너무도 충분한 것이다. 지금도 아리랑은
한민족이 존재하고 있는 세계 각국에서 살아서 스스로가 한민족임
을 아리랑을 통하여 확인하고 있다.

 국내의 다양한 아리랑은 말할 것도 없고 일본, 중국, 구소련, 미주,
유럽 등지에서 우리 민족이 모이면 어김없이 부르는 노래가 아리랑
인 것이다. 그리고 아리랑의 곡조에 현실적인 한(恨)으로서 아리랑
고개로 설정하고 그 고개 너머의 이상향으로 넘어가려고 해 왔음을
알 수 있다.

제 2 항 어아가(於阿歌)의 원문해설

 한단고기의 단군세기에서 이세 단군 부루님의 재위기간을 설명
하는 내용에서 "신시(神市)이래로 하늘에 제사를 지낼 때마다 국중
대회(國中大會)를 열어 함께 노래부르며 큰 덕을 찬양하여 모두가
어아가를 부르며 즐기고 감사하며 신인(神人)이 사방을 화합하는 식
을 올리니 참전의 계(參佺之戒)가 되었다."

 배달국의 신시이래 국중대회에서 불리워지던 노래가 어아가이며
이것이 참전의 계가 되었다는 것이다. 이 노래는 대조신(大祖神)을
영접하는 노래라는 성격을 가졌다. 그리고 또한 수도(修道)를 위한
노래라는 것이다.

❁　　어아가 원문　　❁

어아어아 아등대조신 대은덕 배달국 아등개 백백천천물망
於阿於阿 我等大祖神 大恩德 倍達國 我等皆 百百千千勿忘
어아어아 선심 대궁성 악심 시적성
於阿於阿 善心 大弓成 惡心 矢的成

아등 백백천천인 개 대궁현동선심직시일심동
我等 百百千千人 皆 大弓絃同善心直矢一心同

어아어아 아등백백천천 인개대궁 일중다시적관파비탕
於阿於阿 我等百百千千 人皆大弓 一衆多矢的貫破沸湯

동선심중일괴설악심 어아어아 아등 백백천천 인개
同善心中一塊雪惡心 於阿於阿 我等 百百千千 人皆

대궁경경동심 배달국광영 백백천천년 대은덕
大弓堅勁同心 倍達國光榮 百百千千年 大恩德

아등대조신 대조신　 아등대조신 대조신
我等大祖神 大祖神　 我等大祖神 大祖神

[본문뜻]

어아 어아 우리의 대조신(大祖神)의 큰 은덕
배달나라 우리 모두 백 백년 천 천년간 잊지 마세
어아 어아 착한 마음 큰활을 이루고 악한 마음 과녁일세
우리들 백 백 천 천인 모두가 큰활의 활줄처럼 똑같으며
착한 마음 곧은 화살로서 한마음으로서 똑같도다.
어아 어아 우리 백백 천천인 모두가 큰활이니
모두가 하나 되어 많은 과녁 관통하여 깨뜨리고
끓는 듯한 마음 똑같이 착한 마음
눈 한 덩어리 악한 마음일세
어아 어아 백백 천천인 모두가 큰 활이라
굳세고 강건한 똑같은 마음 배달나라 영광일세
백백 천천 대은덕 우리의 대조신(大祖神)
우리의 대조신(大祖神)

✿　　원본신가¬ (原本神歌)　✿

어아어아 나리한배검 가미고이 배달나라나리다모
於阿於阿 我等大祖神　大恩德　倍達國　我等皆

골잘너나도가오쇼　어아어아 차마무가한라다시 거마무니셜데다라
百百千千勿忘　　於阿於阿 善心 大弓成　　惡心 矢的成

¬ 단군교부흥경략　원본신가(原本神歌) 42p 정진홍　계신당 1937 년

나리골잘다모한라두리온차마무　　　구셜하니마무온다
我等 百百千千人 皆 大弓絃同善心　　直矢一心同

어아어아 나리골잘다 모한라하니
於阿於阿 我等百百千千 人皆大弓一

무리셜데마부리아　　　다미온다차마무나　　　하니유모거마무다.
衆多矢的貫破　　　　沸湯同善心中　　　　一塊雪惡心

어아어아 나리골잘다모한라고비온마무배달나라달이하소
於阿於阿 我等, 百百千千 人皆 大弓堅勁同心倍達國光榮

골잘너나가미고이　　　나리한배검나리　　한배검
百百千千年大恩德　　　我等 大祖神　　　大祖神

[뜻]
어아가의 내용은 크게 아래의 다섯개의 단어가 설명하고 있다.

1.배달국 대조신　2.큰활(大弓)　3.활줄　4.화살　5.과녁
이 다섯 가지를 나누어서 생각하면

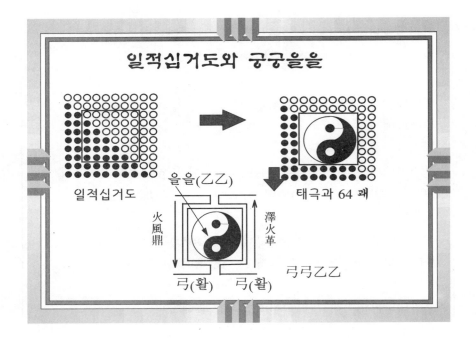

일적십거도와 궁궁을을

일적십거도

을을(乙乙)

火風鼎

澤火革

태극과 64 괘

弓(활)   弓(활)

弓弓乙乙

1.대조신(大祖神)

대조신은 우리 민족의 근본으로 우리 민족 모두의 큰 어른이신 한인,한웅,왕검할아버지를 의미한다. 어아가에서 말하는 대조신은 배달나라가 사용된 것으로 보아 특히 배달국의 한웅할아버지를 지칭한 것으로 보여진다. 어찌 보면 배달국과 단군조선을 구분하는 것은 후세인들의 기준일뿐 당시 단군조선은 배달국을 계승하여 이름만 바꾼 나라였음을 알 수 있게하는 대목이다.

고문으로 씌인 내용에서 말하는 한배검은 한(크다,빛)＋밝(밝은)＋검(머리) 로서 유라시아 대륙을 뒤덮는 고대 세계의 공통적인 상징적인 존재인 태양신으로서 태양안의 까마귀로 상징된 흑점을 말하고 있다.

그리고 이 어아가가 단군왕검을 계승한 2세 단군 부루님이 만드신 노래임을 상기할 때 대조신이라는 주제는 바로 단군왕검께서 만드신 단군팔조교의 가장 중요한 부분과 연결시킬 수 있다.

즉 "너희는 부모로부터 태어났고 부모는 하늘로부터 강림하셨느니라." 는 내용의 부모(親)의 정상에 있는 분이 곧 대조신(大祖神)인 것이다. 이 내용은 우리를 천손민족(天孫民族)이라 부르는 중요한 근거가 되는 것이다.

2. 큰활 (大弓)

배달민족 모두의 선심(善心)이 하나의 큰 활이 되어 모두의 마음에서 모든 악귀(惡鬼)를 쫓아내어 대조신이 물려주신 그대로의 삼진(三眞)인 선청후(善淸厚)를 회복하여 이땅에 지상천국을 건설하자는 것이다. 우리 민족을 칭하던 동이(東夷)의 이(夷)가 대(大)+ 궁(弓)=이(夷)가 된다. 이 말은 그대로 어아가의 대궁(大弓)을 설명하는 말이다.

배달민족 전체가 선심(善心)으로 뭉쳐져서 하나로 이루어진 큰활로서 어아가는 설명하고 있다.

어아가를 살펴볼 때 이민족들이 배달민족을 부르는 이름인 이(夷)라는 단어는 씌여질만한 타당한 이유를 발견할 수 있는 것이다. 또한 올림픽의 양궁이 금메달 창고인 것도 납득할 만한 내용인 것이다.

3.큰 활줄(大弓弦)

　모든 배달민족이 활줄처럼 똑같이 삼진(三眞)인 선청후(善淸厚)의
으뜸인 선심(善心)을 가지고 있다는 것으로 상징되었다.

4.화살(弓矢)

삼진(三眞)인　선청후(善淸厚)의
으뜸인 선심(善心)을 곧은 화살
에　실어　악귀(惡鬼)를　없앤다는
내용으로　상징되었다.

5. 과녁(貫革)

　포괄적인 악(惡)이 과녁이다. 수도(蘇塗)에서 수도하는 수도자들에
게는 악한 마음이 과녁이며 ,내 나라를 멸하고 부모 형제 처자식과
이웃을 노예로 만들려는 침략군을 물리치는 군사들에게는 이들 침
략군이 악(惡)이며 ,마도(魔道)에 접어들어 생귀(生鬼)가 된 자들이
내 가족 내 이웃을 덮치는 것도 악(惡)이다.
　또 천손 민족의 자손들이 자라는 가정을 파괴하려는 못된 풍습들
도 악(惡)인 것이다.

◎ 뜻 2

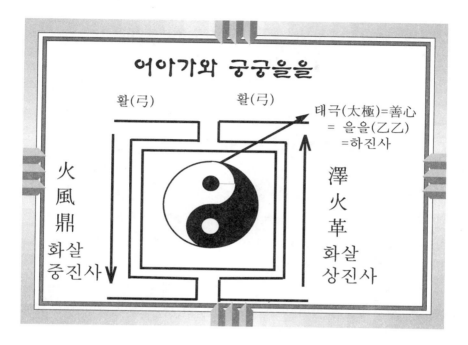

어아가와 궁궁을을

활(弓)   활(弓)   태극(太極)=善心
                            = 을을(乙乙)
                              =하진사

火風鼎   澤火革
화살   화살
중진사   상진사

1. 궁궁

또한 착한 마음을 싣는 활(弓)은 일적십거도에서 궁궁(弓弓)이 의미하는 64괘를 가르키며(정확히는 48개의 괘) 64괘란 변화를 의미하며 변화는 시간 속에서 나타난다. 따라서 백백 천천년간을 그 은혜 잊지 말자고 한 것이다.

2. 화살

착한 마음을 화살에 실어 악한 마음을 쏜다는 것은 궁궁의 64괘 중 택화혁괘(澤火革卦)과 화풍정괘(火風鼎卦)를 머리로 하는 두개의

화살로서 8 개씩 16 개의 괘이다. 여기서 택화혁괘(澤火革卦)는 상진사(上辰巳)이며 화풍정괘(火風鼎卦)는 중진사(中辰巳)였다.

이는 백백 천천년간의 시간이 흐르는 동안에 상진사인 택화혁과 중진사인 화풍정에 해당하는 결정적인 시기에 화살로서 악(惡)을 토멸시킨다는 것이다.

1. 선심(善心)

선심(善心)은 곧 태극이다. 이는 곧 하진사의 기간으로서 삼일신고의 제오장에 진성선무악 (眞性善無惡)이라 하여 '진성(眞性)은 선(善)하여 악(惡)함이 없다.'라는 내용이 현실세상에서 이루어지는 홍익인간의 시기이다.

상진사와 중진사에 택화혁과 화풍정의 두개의 화살로 악(惡)을 멸종시켜 깨끗해진 세상에 인간의 본성인 선(善)으로 홍익인간이 이루어진다는 것이다.

제 3 장 하진사와 예언

❂　 격암유록 갑을가(甲乙歌)　 ❂

조을시구여자운수
肇乙矢口女子運數

조(肇):시작하다.비롯되다. 조국(肇國):처음으로 나라를 시작하다.

시구(矢口): 矢＋口＝ 知 . 또 矢는 화살 口를 천부경의 무궤로 생각하

면 이는 태극인 을을(乙乙)이 된다. 하진사가 태극으로 상징되는 을(乙)의 해임을 다시 한번 강조한 것

을(乙)의 해에 여자 운 다시 말해 후천운이 시작함을 알아라(矢+口=知). 이때가 좋을시구로다.

　　여자 운수란 곧 후천을 말하는 것이다. 즉 을사년이 후천의 시작이라는 것이다. 후천의 시작점은 상중하 진사에서 공통적으로 사용되고 있다.

❊　　격암유록 농궁가(弄弓歌)　❊

십오진주 조을시구 불아종불 십수지인 만인고대진인이라
十五眞主 肇乙矢口　　亞宗佛 十數之人 萬人苦代眞人이라

십오진주(十五眞主):
용도(하도)의 중앙 5.10 토(土),즉 천상의 주재자 무극.

불아종불(　亞宗佛):
천부경의 일적십거도에서 설명되는 궁궁을을,다시 말해 시간과 공간의 모든 것의 주재자. 불(佛)은 곧 불(市)로서 신시(神市)를 상징.

십수지인(十數之人):
배달민족의 진단구변이 끝나고 열번째에 승리하게(十勝)이끄는 지도자, 구세주.

을(乙)의 해에 진단구변이 끝나고 새로운 지상천국이 건설될 것이니 배달민족이 아홉번 변하고 열번째는 드디어 승리한다(十勝).이때 배달민족을 이끄는 분이 만인이 고대하던 진인(眞人)이다.

십승이 이루어지는 시기가 이때라면 이때야말로 모든 사람이 모두가 아는 지식사회가 이루어진 때로 볼 수 있다.

❀   격암유록 남사고예언 ❀

화기동풍진인출   和氣東風眞人出

동풍(東風):
동(東)은 오행으로 목(木),이를 시간으로 환산하면 갑을(甲乙)이다.

갑을(甲乙)의 시기에 진인이 출현하여 천하를 조화롭게 한다.

❀   격암유록 성운론(聖運論) ❀

악화위선되는날이 천수대명입춘일세 惡化爲善되는날이 天受大命入春일세

입춘(入春): 춘(春)은 오행으로 목(木)이며 시간으로는 갑을(甲乙)이다.

악(惡)이 변하여 선(善)이 되는 날이 진인(眞人)께서 하늘로부터 대명(大命)을 받는 갑을(甲乙)년이다.

❋　　격암유록 남사고예언　❋

전무후무초락도 불가사의불망춘
前無後無初樂道 不可思議不忘春

갑을의 해를 잊지 말라 ,이때가 불가사의한 해이며 전에도 후에도 없이 처음으로 있는 즐거운 때이다.

❋　　　남사고 예언서　　❋

兩弓雙乙知牛馬　田兮從金槿花宮
량궁쌍을지우마　전혜종금근화궁

우마(牛馬):
역경의 설괘전에서 우(牛)는 곤(坤),마(馬)는 건(乾)을 말하며 천부경의 일적십거도에서 하늘을 의미하는 55 수인 용도(하도)가 선천, 땅을 의미하는 45 수인 구서(낙서)가 후천을 의미함.

양궁쌍을(兩弓雙乙):
천부경의 일적십거도에서 태극과 64 괘가 출현함을 말함.

전(田): 예언서의 가장 중요한 내용인 송가전(宋家田)에서 송(宋)은 임진란의 이여송,가(家)는 병자호란때 피난 가지말고 집에서 추위를 피하라는 말이며,전(田)은 선후천 변동시 전(田)의 이치를 따라야 산다는 것.

근화궁(槿花宮):
근화는 곧 무궁화,근화궁은 무궁화의 궁전이다. 이는 천부경의 무궤가 설명하는 36 궁이며 태극을 상징.

　선후천의 원리와 태극과 64 괘의 원리를 알아라. 천부경의 36 궁에서 전(田)의 원리가 출현하며 (36) 바둑판의 중앙에서 전전(田田)의 원리가 출현한다.(144 곤지책) 전(田)의 이치란 후천의 무궁화 궁전(天宮)에 진입하는 길목에서 금(金)의 시기에서 살아 남는 이치이다.

　무궁화는 역사서인 한단고기와 규원사화 등에서 한화(桓花)라고 설명하고 삼신(三神)의 단(壇)를 봉축하며 주변에 심었다고 했으며 또한 삼신을 노래하며 함께 찬양하던 꽃이다.한화란 곧 하늘나라의 꽃이며 이 말을 바꾸면 천궁화(天宮花)이다.
　한단고기 한국본기에 의하면 "한인을 추대하여 한화(桓花)가 피어난 돌로 쌓은 단(壇) 위에 모시니 줄지어 경배하고 환호하는 소리가 넘치고 귀의하는 자가 성시를 이루었다. 이를 인간의 최초의 우두머리라 한다."고 했다. 바로 이러한 옛날의 일이 다시금 갑을년에 일어남을 말하고 있는 것이다.
　격암유록에서 말하는 갑을년의 무궁화 궁전이란 곧 천궁(天宮)으로서 도형으로는 천부경(天符經)의 일적십거도의 중앙인 36 궁을

말한다.

　그리고 후천에서는 바둑판의 중앙 144 의 중앙에 놓이는 36 궁을 말한다.(제 1 편 신지비사와 이재전전참조) 여기서 말하는 종금(從金)의 시기란 목(木)인 갑을년을 지배하는 금(金)을 따르라는 것이다.

❀　　격암유록 남사고예언　❀

四方中正從金理　日月無光不夜城　落盤四乳十字理
사방중정종금리　일월무광불야성　락반사유십자리

　제 1 편 신지비사에서 설명한 바둑판의 내부 144 수가 의미하는 후천의 정중앙에 천궁이 내려올 때. 다시 말해 지구상에 지상천국이 이루어질 때 해와 달이 빛이 없는 가운데 밝은 빛은 밤이 없는 불야성을 이룬다. 이것이 곧 진단구변에서 한민족이 승리하여 십승을 이룰 때이다.

❀　　격암유록 남사고예언　❀

從金從金何從金　光彩玲瓏從是金　日月無光光輝城
종금종금하종금　광채령룡종시금　일월무광광휘성

邪不犯正眞從金　眞經眞經何眞經　妖魔不侵是經
사불범정진종금　진경진경하진경　요마불침시경

　금을 따르라 하나 금을 따르는 것이 무엇인가 ?　광채가 영롱한 것을 따르는 것이 금을 따르는 것이며 해와 달이 빛이

없어도 빛나는 성이며 사악한 것이 접근 못하는 것이 곧 금을 따르는 것이다.

진경 진경하는데 무엇이 진경인가? 요사스러운 마귀들이 침범 못하는 것이 진경이다.

종금(從金)에서 말하는 금(金)은 천부경의 이치이며 북극성(北極星)이 의미하는 우주삼라만상의 불변하는 존재 또는 이치이다.

절대로 깨어지지 않는 불변하는 이치를 금(金)이라한 것이다. 즉 고대로부터 중국이나 인도인 등이 동경해 오던 우리나라의 명산 금강산(金剛山)의 금강(金剛)은 깨어지지 않는 것을 말한다.

종금(從金)이란 깨어지지 않는 진리를 따르라는 것이며 천부경의 일적십거도에서 중앙 36궁이 곧 깨어지지 않는 성(城)인 금강성(金剛城)이며 무궁화가 피어 있는 근화궁(槿花宮)이며 하나님과 모든 신령들과 철인들이 살고 계시는 신국(神國)의 하늘궁전(天宮)이다.

갑을년에는 바로 이 깨어지지 않는 천부경의 만고불변의 진리를 세상에 전한 분이 다시금 세상을 다스리라는 것이며 그것을 따르라는 내용이다.

❂   격암유록 은비가   ❂

사인비인 인옥비옥 부금냉금종금 종재생
似人非人 人玉非玉 浮金冷金從金 從在生

옥(玉):

三 + ㅣ 으로서 구슬 세개를 끈으로 꿴 모습을 딴 글자. 여기서는 삼(三)이 하나(一)되는 삼일원리(三一原理)로서 천부경, 삼일신고, 366

하진사

사등의 기본 원리이며 삼신일체(三神一體)사상의 기본 바탕을 의미함.

인간 같으면서도 인간이 아니며 삼신일체로 화현하는 모습도 아니니 부금 냉금 종금의 원리로서 이를 따르면 삶이 있다.

부금 냉금 종금(浮金冷金從金)이란 진사삼변을 설명하는 중요한 단어이다. 상진사는 부금(浮金),중진사는 냉금(冷金) 하진사는 종금(從金)이다.

이 말은 부금은 금(金)이 상진사에 금(金)이 불을 만나 끓어오름을 말하며 냉금은 상진사에 끓어 오른 금이 흙으로 만든 주물에 들어가 평화의 종(鍾)이 되고 물을 만나 냉각됨을 말한다.

종금은 만들어진 종(鍾)이 나무로 만든 높은 누각에 놓여져 하진사에 천하의 백성들에게 평화가 왔음을 알린다는 내용이다.

종(鍾)으로 비유한 이 평화의 상징은 영원불멸의 깨어지지 않는 진리이며 ,우주 삼라만상의 혼돈의 중심이며 천부경의 일적십거도의 중앙 36 궁이며 태극이며, 무궁화 궁전인 근화궁이며 삼일신고의 천궁이다. 또 진사삼변의 성격을 잘 말해 준다.

✿   격암유록 정각가 ✿

경신금구사구리 갑을목토삼팔리   일승일패종횡
庚辛金鳩四九理 甲乙木兎三八理   一勝一敗縱橫

사구지간 십승처   욕지금구목토리
四九之間 十勝處   欲知金鳩木兎理

목토(木兎):

　토(兎)는 토끼로서 달(月)에 대한 이칭. 달에 토끼가 있다는 전설에서 유래한 말이다. 목토의 목(木)은 달에 있다는 토끼와 계수나무의 계수나무를 상징하는 말. 이 말은 곧 달(月)을 상징하는 말로서 해(日)가 선천을 상징할 때 달(月)은 후천을 상징한다. 여기서 목토(木兎)라고 한 것은 목(木)의 해가 후천의 시작이라는 것이다. 즉 갑을(甲乙)의 해를 말한다.

일승일패종횡(一勝一敗縱橫): 십(十)을 의미 .즉 십승(十勝)

　　경신(庚辛)의 금 비둘기가   4.9의 금(金)이며   갑을(甲乙)의 계수나무와 옥토끼가 3.8이다. 4.9의 사이에 십승의 자리가 생겨나니 금 비둘기와 계수나무 옥토끼의 이치를 알라.

❂　격암유록 성운론　❂

> 노소남여상하계급 유무식을 막론하고
> 老小男女上下階級 有無識을 莫論하고
>
> 생명로에 희소식을 불원천리전하올제
> 生命路에 喜消息을 不遠千理傳하올제
>
> 자일전십십전백과 백전천에 천전만을
> 自一傳十十傳百과 百傳千에 千傳萬을

> 천하인민다전하면　영원무궁영광일세
> 天下人民다傳하면　永遠無窮永光일세
>
>
> 조을시구십방승지　거수두족천호만세
> 肇乙矢口十方勝地　擧手頭足天呼萬世

조을시구(肇乙矢口): 을사년(乙巳年) 즉 2025년을 알라.

십방승지(十方勝地):
십구지가 오구일심(十口之家　五口一心)과 같은 말로서 배달민족의
진단구변후 열번째 승리.

　나이가 많고 적고 ,사회의 아래 위, 많이 알고 모르고를 막
론하고 생명의 길을 찾는 반가운 소식을 천리를 멀다 않고 전
하라.
　이 반가운 소식을 한사람이 열명에게 전하고, 열사람이 백명
에게 전하며 백사람이 천명에게 전하고 ,천명이 만명에게 전하
여 천하의 모든 사람에게 이 소식을 다 전하면 모두가 영원무
궁토록 영광일세. 갑을의 때에 배달민족이 아홉번 변한 후 열
번째 승리여 ! 손과 머리와 다리를 모두 들고 하늘을 향해 만
세 부르자.

　이 예언서의 저자는 배달민족의 경전과 역사와 예언론은 물론 유
불선의 모든 경전과 예언론에 통달한 분으로 볼 수 있다. 거기에 더
해 찬탄할만한 풍자와 해학을 지니고 있다. 대단히 엄격한 내용을
말하면서도 웃을 수 밖에 없게 하는 매력이 있는 것이다.

혼돈과
파천황

3 1 2

배달민족이 진단구변동안 겪었던 갖은 고초와 또 진사삼변동안의 갖은 고초를 모두 겪고 을사년을 맞는 기쁨을 격암유록의 저자는 함께할 수 없다.

그럼에도 그는 그 기쁨을 표현하기를 "손과 머리와 다리를 모두 들고 하늘을 향해 만세 부르자."라 하였다. 상상 해보라 ! 아무리 기쁜 일이 있다 한들 손과 머리와 다리를 모두 들고 만세를 부른다면 그 모습이 어떠하겠는가 ?

❊   격암유록 도부신인(挑符神人) ❊

弓乙仙人相逢하야 不死消息다시듣고
궁을선인상봉   불사소식

궁을선(弓乙仙):
삼신(三神)이 구세주임을 알고 이를 알리는 사람으로 천부경,삼일신고등의 원리를 가르치는 사람. 다른 말로는 우명자(牛鳴者)라고도 함.

궁을선(弓乙仙)을 다시 만나 영원히 죽지 않는 소식을 다시 듣고

궁을선(弓乙仙) 또는 우명자(牛鳴者)는 삼신(三神)이 구세주임을 능히 아는 인물로서 삼신(三神)이 전해 주신 경전을 정리하고 삼신이 다시 오실 것과 불사소식 즉 영생 원리를 말해 주는 사람이다.

우리 민족이 고대로부터 군자불사지국(君子不死之國)으로 불렸던 근본적인 이유는 천부경(天符經), 삼일신고(三一神誥), 366 사, 단군팔조교등의 원리에 숨어 있다. 그리고 그 원리는 천부경의 일적십거도

에서 유도되는 궁궁을을(弓弓乙乙)에서 간단히 설명된다. 궁을선(弓乙仙)은 그 원리를 다시금 밝히는 인물임을 알 수 있다.

❂　격암유록 칠두가(七斗歌)

천우경전 밭을 갈아 영생지곡 심어놓고
天牛耕田　　　　　　永生之穀

우명성중 제누하야 감로여우 호흡시에
牛鳴聲中　除累하야　甘露如雨　呼吸

하늘의 소로 밭을 갈아 영원히 사는 곡식을 심어놓고 소을음 소리가운데 잡초를 제거하여 감미로운 은혜가 비와같이 내릴 때

　　역경의 설패전에는 천마지우(天馬地牛)라고 하였다. 그런데 여기서는 천우(天牛)라고 하였으니 이는 하늘과 땅이 합체되어 후천에 나타난다는 것을 상징한다. 경전(耕田)은 곧 경전(經典)이다.
　　따라서 천우경전(天牛耕田)이란 하늘과 땅이 합체가 되어 나타나는 경전(經典)을 의미한다. 다시말하면 선천의 시작때 나타나 인류문명의 근원이 되었던 경전이 후천의 시작에 다시 나타나 인류의 정신문명을 여는 근본이된다는 것이다.
　　이는 곧 천부경(天符經), 삼일신고(三一神誥), 366사(事)등의 배달 경전을 말한다.
　　그리고 천부경의 원리가 시작에서 끝을 제거하고 끝에서 시작을 제거하는 것이며 366사의 원리가 시작에서 시작을 제거하고 끝에서

혼돈과
3 1 4 　　파천황

끝을 제거하는 것이니 이는 지구상에 존재하는 영생론(永生論)중 누구나 알수있는 보편타당성을 지니는 것이다. 이것이 곧 영생지곡(永生之穀)이다.

　소울음소리 나는 곳이란 곧 삼일신고(三一神誥)를 공부하는 곳이다. 이곳에서 배달경전과 예언서가 정리되니 이는 수천년간 경전이 버려져 무성하게 자란 잡초를 제거하는 곳이다.;

　이같은 작업이 정리될때 하늘에서 감미로운 은혜가 비가오듯 내린다는 것이다.

　여기서 감미로운 은혜로 사용된 감로(甘露)에서 로(露)는 진사삼변론의 세가지 상징 화우로(火雨露) 삼인(三印)중 마지막 인(印)인 은혜의 인(印)이다.

제 8 부 예언의 끝

예언의 끝

1. 언제가　예언의 끝인가 ?
병진년(丙辰年)--서기 2036년,
정사년(丁巳年)--서기 2037년

2. 예언의 끝의 상징
천인합발 만변정기(天人合發 萬變定基)

3. 예언의 끝을 설명하는 핵심예언은 ?
만주의 단군삼경회복 , 정신문명시대

　하진사에서 이루어진 계룡(鷄龍) 즉 풍뢰익(風雷益)괘가 상징하는
홍익인간이 2036 년에서 2047 년간의 기간에 완성된다.
　이 시기는 진단구변이후 십승(十勝)이 이루어지는 시기이다. 단군
조선의 옛땅에 다시 돌아가는 때이며 , 천부경(天符經), 삼일신고,366
사(事)의 진리로 정신문명이 이루어지는 때이다. 즉 재세이화,홍익
인간이 완성되는 때인 것이다.
　인간과 자연이 공존하며 필연적으로 생기는 불필요한 오차들과
인간이 다루는 도구들에서 필연적으로 일어나는 오차들 그리고 인
간과 인간이 만드는 사회에서 필연적으로 생겨나는 오차들이 극소

화된다면 이는 재세이화(在世理化)가 이루어진 이화세계(理化世界)이다. 이것이 물질문명의 완성이며 동시에 재세이화의 완성이다.

필요한 만큼의 물질을 얻을 수 있다면 누가 더 질 높은 정신세계로 삶을 살아가는가로 경쟁하는 단계에 접어들게 될 것이다. 인간의 정신세계는 무한하기 때문에 이를 위해 사로 다툴 필요는 없다. 누구나 욕망만큼 가져갈 수 있기 때문이다.

인간의 정신세계의 만족은 종국적으로는 인간을 통해 얻어진다. 그를 위한 최선의 방법론은 곧 홍익인간이다.

홍익인간이 생활화되고 상식화되는 때가 곧 정신문명의 시대인 것이다. 이 단계의 혜택을 누리기 위해 우리는 4320년이라는 장구한 세월이 필요했으며 또 진단구변지오의 60년이라는 사상 대의 시련이 필요하다는 것이다.

이미 4320년 전 단군께서 전해 주신 홍익인간의 정보는 세상에 그 모습을 드러내고 있다. 천부경, 삼일신고, 366사(참전계경), 단군팔조교, 중일경등 십수권의 경전이다.

예언서의 예언은 모두 이 정보들의 원리에서 응용되었다. 그리고 이 모든 정보들의 핵심은 재세이화,홍익인간이라는 배달민족 출발 당시의 국시인 것이다

그 재세이화,홍익인간이 완전히 이루어지는 단계가 예언의 종착점이다.

제 1 장　병진(丙辰), 정사(丁巳)

진단구변지오(震檀九變之五)의 60년간 다섯번 변화하는 진사년에서 마지막 진사년이 병진(丙辰), 정사(丁巳)년으로 2036,2037년이다.

이 기간은 단군조선이래 4320년이라는 장구한 시간이 진정으로 꽃을 피우는 보람을 찾는 시대이다.

음부경(陰符經)에서 말하는 천인합발 만변정기 (天人合發 萬變定基)의 시대로서 하늘과 인간이 함께 발동하여 만가지 변화를 주도하여 근본과 기초를 정하는 시기이다.

❂   신교총화 자하선생훈몽(紫霞先生訓蒙)   ❂

> 신성지도 필복어 칠정양병 삼회지운 오귀지월
> 神聖之道 必復於 七丁兩丙 三回之運 五歸之月

칠정양병(七丁兩丙):
용도구서(하도낙서)수에 의하면 정(丁)은 7 ,병(丙)은 2 이다. 양(兩)은 곧 2 가 된다. 즉 7정2병인 것이다. 따라서 칠정양병은 병년과 정년이 된다.

9000 년 역사의 한민족의 신성한 도(道) 다시 말해 재세이화, 홍익인간은 병정(丙丁)년 오월에 반드시 회복된다.

예언의 종착점인 병진,정사년에는 단군께서 전해주신 신성지도(神聖之道)가 반드시 회복되며 동시에 단군께서 전해주신 드넓은 국토도 회복되는 시기이다. 즉 단군삼경(檀君三京)을 중심으로한 만주의 국토이다.

❂   격암유록 생초지락(生初之樂)   ❂

병정신조 정대수토 부모환정
丙丁神鳥　正大水土　父母還定

병진,정사년의 신성한 새(日中之君)는 물과 땅이 정대(正大)해
지는 때 진정한 부모(父母)로 돌아오셔서 자리를 정한다.

❂　　격암유록 말운론　❂

三年工夫無文道通　肇乙矢口氣和慈慈　二七龍蛇是眞人
삼년공부무문도통　조을시구기화자자　이칠룡사시진인

이칠화룡(二七火龍)
이칠(二七)은 불(火)의 오행으로 병정(丙丁)이다. 룡(龍)은 진(辰)으로
서 병진(丙辰), 정사(丁巳)년을 말한다.

　삼년 공부 끝에 무문 도통을 하니 을사년에 계룡이 시작하
고 병진,정사년에 진인일세

삼년공부끝에 단군께서 전해주신 모든 경전을 한번에 관통하는 일
적십거도(一積十鉅圖)의 이치를 깨치니 이것이 무문도통이다.
　이 진리가 상진사와 중진사에 배달민족에게 확고히 뿌리를 내리
고, 하진사와 병진,정사년에 정신문명을 여는 바탕이된다.

❂　격암유록 새 사일(賽四一) ❂

| 열방제인 함구무언 화룡적사 대륙동방해우반도 천하일기재생신 |
| 列邦諸人 縅口無言 火龍赤巳 大陸東邦海于半島 天下一氣再生新 |

화룡적사(火龍赤巳): 병진(丙辰),정사(丁巳)년

　각국의 모든 사람들이 입을 다무니 병진,진사년의 일이다. 이때가 우리나라에 천하를 하나로 하는 기운이 다시 새롭게 일어난다.

　위의 내용에 의하면 진사삼변의 36년간의 기간이 지난다 해도 여러 나라는 그대로 존재하며 각국의 국민들도 존재한다.
　그리고 병진,정사년이 되어야 비로소 천하의 일기가 다시 출현한다는 것이다. 국내외의 종말론자들은 대체로 2000년을 그때로 하지만 결코 그렇지 않다는 것을 말해 주는 것이다.
　그리고 진사삼변의 36년간의 기나긴 우여곡절을 거쳐야 비로소 완전한 후천으로 들어선다는 것이다.

❂　　신교총화 팔공진인총담 ❂

| 후천정 유 만이천도 만이천인 |
| 後天井 有 萬二千道 萬二千人 |
| |
| 인능일행만리 비양천지여연비처처생 불야성 |
| 人能一行萬里 飛揚天地如鳶飛處處生 不夜城 |

연후진정대교주출의
然後眞正大教主出矣

정(井):

우물. 정괘(井卦)에서 주거지는 옮겨도 우물은 못 옮긴다는 내용에서 물(水)과 법(法)을 상징, 28 숙가운데 하나인 정(井)도 같은 뜻 .여기서 물은 1.6 수(水)로서 예언서에서 상징되며 1.6 수(水)는 북극성(北極星)을 상징한다. 즉 우주 삼라만상의 혼돈의 중심이 되는 존재, 진리 등이다.

연(鳶): 소리개,연 날리는 연

후천에 접어들 무렵 세상의 법도는 일만이천개의 도(道)를 주장하는 일만이천명이 출현한다. 이때는 한번에 만리를 가며 곳곳에 소리개가 천지를 나르듯 하늘과 땅을 날며 살아가며 밤이 없는 성을 이룬다. 이러한 연후에 참되고 올바른 대교주가 출현한다.

물질문명을 선천으로 보고 정신문명을 후천으로 본다면 선천과 후천을 연결하는 연결고리는 정보화시대인 지금이다.

지금 이 정보화시대야말로 12,000 개의 종교와 12,000 명의 교주가 나타나는 때라는 것이다.

이미 정보화시대에 들어선 1996 년 현재로 볼때 우리나라에서만도 이미 팔공진인이 말하는 또 일만이천명의 교주와 일만이천개의 종교와 12.000 명의 교주의 숫자는 거의 채워졌거나 채워지고 있는 도

중으로 보인다. 그리고 예언서에서 말하는 물질문명이 최고조에 달한 때의 문명의 이기 또한 사용되고있다.

물질문명의 극성기에 12,000 명의 교주가 생긴다는 것은 진리의 상품화가 이루어진 다는 말이며 그만큼 종교의 질이 상대적으로 세속화된다는 점일 것이다. 또 기존종교가 그만큼 주어진 역할을 못하고 있다는 말도 될 것이다.

이러한 시대를 필자는 혼돈의 시대라고 정의한다. 혼돈의 시대는 새로운 질서가 생겨나는 과도기이다. 따라서 정신적인 혼돈이 극치를 이루는 바로 이 시기가 만세불변의 대진리(大眞理)가 부활의 기회를 맞고있는 결정적인 시점이라고 말할 수 있다. 그것은 새로운 것이 아니라 무한한 근본인 무진본(無盡本)이 다시는 움직이지 않는 부동본(不動本)이 됨을 말한다. 그리고 그때가 우리 민족이 아홉번 변하고 열번째 승리를 얻는다는 예언이 완성되는 때이다.

[1] 노스트라다무스

> 아무리 기다려도 다시 유럽에 나타나는 일은 없다
> 그것은 아시아로부터 나타나리라
> 동맹의 하나가 위대한 헤르메스에서 생긴다
> 그는 동양의 모든 왕들을 넘으리라.

헤르메스:

다른 신(神)들에게 전령관(傳令官),사자(使者)역할을 하는 신(神).
또한 과학,웅변 및 상업,저승 사자의 역할을 하는 신.

혼돈과
322   파천황

　위의 예언이 구세주의 출현을 설명한다는 것은 쉽게 알 수 있다. 그리고 그 구세주는 다시는 유럽에 나타나지 않고　아시아에서 출현한다는 것이다.

　'헤르메스'는 그리이스 신화의 신으로서 다른 신(神)들에게 우주 삼라만상의 유일한 신(神)의 뜻을 전달하는 전령관(傳令官),사자(使者)를 의미한다. 아시아의 국가에서 우주 삼라만상의 유일한 신의 뜻을 전달할 역할을 하는 위대한 헤르메스가 출현한다는 것이다.

　그가 동양의 모든 지도자를 넘어서는 존재가 되리라는 것이다. 이같이 직역을 하면 종교적인 의미가 된다. 헤르메스를 현대적으로 의역해 보면 내용이 다시 바뀌게 된다. 헤르메스는 정보 통신의 신으로 의역될 수 있다.

　그리고 지금 이시대는 이미 정보 통신의 시대로 단정지을 수 있다. 정보 통신의 주체는 초기에는 정보 통신을 가능케 하는 하드웨어적인 요소가 되겠지만 결국은 정보 통신의 소프트웨어적인 질(質)에 달려 있다고 볼 수 있다.

　다시 말해 가장 높은 질(質)의 정보를 생산하여 유통시키는 국가가 곧 헤르메스인 것이다. 인간 사회의 정보 가운데 가장 가치 있는 정보는 언제나 인간을 위한 정보임은 만세불변의 진리일 것이다.

　인간을 위한 정보를 한마디로 줄이면 곧 홍익인간(弘益人間)에

관한 정보이다. 노스트라 다무스가 말하는 동양에 나타나는 미래의 위대한 헤르메스는 홍익인간(弘益人間)에 관한 정보를 생산하여 전 세계에 유통시킴으로서 인류를 보다 높은 질의 세계로 이끄는 주체일 것이다.

그리고 우리는 정보 통신의 수단으로서 한글이라는 세계에서 가장 효과적인 수단을 가지고 있다. 또 홍익인간(弘益人間)에 관한 정보는 우리 민족이 이미 9000년이라는 장구한 세월 동안 전해진 많은 경전을 통해 무궁무진하게 축적되어 있다.

헤르메스를 상업의 신으로 의역해본다 해도 결과는 마찬가지일 것이다. 모든 상품이 인간을 이롭게하는 홍익인간(弘益人間)을 바탕으로 만들어진다면 그 경쟁력은 이미 아무도 따라 올 수 없는 것이다. 언어와 피부색은 달라도 홍익인간(弘益人間)이라는 개념만은 인간이라면 누구나 공감하는 언어이기 때문이다.

[2] 타고르

일찌기 아시아의 황금 시기에 빛나던 등불의 하나인 코리아
그 등불 다시 한번 켜지는 날에 너는 동방의 밝은 빛이 되리라
진실의 깊음 속에서 말씀이 솟아나는 곳
내 마음의 조국이여 깨어나소서 깨어나소서

아시아의 황금시대를 밝히던 등불인 코리라는 과거의 한국이다. 그리고 그 등불이 꺼졌던 암흑시대를 기점으로 장차 다시금 그 등불이 켜지는 미래의 시점을 설정하여 노래하고있다. 참으로 짧지만 한없이 긴 내용을 담은 시인 것이다.

' 진실의 깊음 속에서 말씀이 솟아나는 곳'이라는 내용이다. 이는

한국이 진리의 원천이 되는 나라라고 해석할 수 있는 내용이다. 궁
금한 것은 그가 어떻게 그같은 내용을 알고 말할 수 있었는가이다.

제 9 부   추한 꽃잎 ' 666 '

꽃이 피어나는 모습이 아름다운 것은 열매를 맺기 위해 벌나비를 부르기 위함이다. 이미 벌나비를 통해 수분(受粉)을 마친 꽃은 역할을 다하고 점차적으로 추해지며 땅으로 떨어질 날 만을 기다리게된다. 인류가 수천년간 노력하여 피운 물질문명의 꽃은 정보화시대라는 벌나비를 맞아 새로운 정신문명이라는 열매를 만들면서 그 역할을 다하고 점차적으로 추한모습을 드러내며 땅으로 떨어지기를 기다리게 될 것이다.

그리고 잉태한 눈에 안보이게 작은 정신문명의 열매는 하루가 다르게 자라게 될 것이다. 이제 역할을 다하게될 물질문명의 추한 꽃잎의 모습이 우리의 주위에서 어떻게 나타나고 있나를 살펴봄으로서 이 시대에 대한 이해의 폭을 넓혀보자.

[1] 물질문명의 상징 666

물질문명은 유한한 물질을 갖기위한 치열한 경쟁을 필요로한다.그리고 그 경쟁은 노골적이든 교묘한 방법이든 약육강식의 형태로 나타난다. 여기서 약육강식의 선천 문명을 건지책(乾之策) 216ㄱ 으로 상징한다면 홍익인간의 정신문명을 곤지책(坤之策) 144 로 상징할 수 있다.   건지책(乾之策) 216 은 $6 \times 6 \times 6 = 216$ 으로서 이것이 곧 666 임을 천부경 개정판에서 설명했다. 또 곤지책(坤之策) 144 가 곧 요한계시록에서 나오는 천국의 궁전

의 치수 (12,000×12,000 스타디온=144,000,000 평방 스타디온)와 천국에 들어갈 선택 받은 사람의 숫자 144,000명에서 사용되었음도 역시 천부경 개정판에서 설명했다.

추한 모습으로 떨어지는 꽃도 한때는 아름다운 모습으로 사람들의 마음을 흔들던 때가 있었고 그 역할이 없었다면 열매가 맺어지기가 불가능했다. 마찬가지로 물질문명이 없이는 정신문명이 이루어지기가 불가능하다. 물질문명이 물질에 대한 인간의 욕구를 만족시켜줄때 비로소 정신문명의 문은 열린다.

물질문명의 상징인 666도 그 역할이 절대적으로 필요하던 때가 있었으나 이제 그 역할을 다하고 사라져야하는 존재에 불과하다.

필자는 666을 악마의 숫자라고 말하는 것을 반대한다. 왜냐하면 그같은 흑백논리의 단순한 해석으로는 우주삼라만상의 그 어떤것도 설명되어지지 않기 때문이다.

필자로서는 666이 한때는 절실하게 필요했던 존재였고 이제는 그 역할을 다하고 사라지지 않으면 안돼는 존재, 사상등이라고 생각한다. 따라서 이들을 미워할 필요도 ,배척할 필요도 없으며 가만 놔두면 자연히 사라질 수 밖에 없는 불쌍한 존재로 생각한다.

가치를 다한 꽃도 아직은 꽃인 것처럼 물질문명은 진사삼변동안 외형은 그대로이다. 또 사람들은 역할을 다한 꽃을 보지 그 꽃이 만들어낸 열매가 자라고있는 미세한 움직임을 보는 사람은 드물다. 마찬가지로 장차 세상을 이끌 정신문명이 자라고 있음을 정확하게 인식하고 대비하는 사람은 극소수인 것이다.

그러나 그 미세한 혼돈(混沌)스러운 움직임이 파천황(破天荒)의 시대를 여는 엄청난 움직임이다. 이 차이는 매우 중요하다. 예언서가 말하는 '알면 살고 모르면 죽는다(有知覺者生 無知覺者死)'라는 말은 바로 이 미세한 차이를 두고 하는 말이기 때문이다.

제 1 장   예언서에서 말하는 말세의 어지러움

1.광신도(狂信徒)   2. 짐승(獸)   2.가정(假鄭), 팔정(八鄭)   3.종귀자
(從鬼者)   4..선입자(先入者)   5.배금자(拜金者)   6. 불륜자(不倫者)

예언서에서는 물질문명의 말기에 떨어지는 꽃잎과같이 무의미한
일에 집착하는 혼돈스러운 사람들을 위와같이 정리했다.

이 내용들은 대체로 진사삼변론의 시대상에서 설명되는 내용의
것이다. 특히 상진사(上辰巳)의 기간 동안인 2000년에서 2011년 사
이에 집중되고 있다. 이들은 사실상 물질문명의 가장 큰 피해자들이
다. 물질과 자신의 가장 중요한 것을 바꾼 사람들이기 때문이다.

이들의 특징은 한마디로 이기적이라 할 수 있다. 인간이 이기적일
수 있다는 것을 다른 말로 바꾸면 착취할 대상이 어디엔가 있다는
말이다. 바꾸어 말하면 착취할 대상이 없어지면 자체적인 약점이 자
신을 물어뜯어 붕괴할 수 밖에 없는 결정적인 취약점을 가지고 있
는 사람들이다.

제 1 편 광신도(狂信徒)

광신도(狂信徒)의 사전적 의미는 ' 덮어놓고 미칠 정도로 믿는 사
람' 이다. 실제로 누가 광신도인지 아니면 열정적인 종교인 또는 신
자인지를 구별하는 것은 대단히 애매하다. 그러나 광신도(狂信徒)는
일반적으로 맹신자(盲信者)와 통한다는 단서가 있어 이를 구별할 수
있다.

맹신자(盲信者)의 사전적 의미는 '이성을 잃고 아무 분간 없이 덮

어놓고 믿는 사람.'이다.

　광신자나 맹신자는 원시시대부터 지금까지 줄 곳 존재해 왔다. 그
리고 그들에게서 종교의 종류는 전혀 의미를 지니지 않는다. 왜냐하
면 맹목적이기 때문이다.

　　　　　　그럼에도 불구하고 이들 광신도, 맹
신자들은 자기 종교 이외는 결코 인정
하려 하지 않는 특징이 있다. 이는 아
무리 이해할려고 노력해도 이해가 되
지 않는 괴이한 습성인 것이다.

　　　그 경우 자기 종교의 진리를　모르
는 만큼 남의 종교의 진리가 무엇인지
애당초 알 까닭이 없다. 자기 종교의
진리를 알려 하지 않는 사람이　남의
종교에 대하여 알려고 할 이유가 애초에 없는 것이다.

　진리(眞理)는 불변하는 것으로서 시간의 구속 받지 않는다. 그리고
진리(眞理) 눈에 보이지도 않고 ,소리도 없고 ,그 자취도 없다. 이러
한 진리(眞理)가 세상을 이끌지 못할 때 쓸데없이 외형만 화려해지
고 거창해지는 경향을 보이는 것은 인류 역사이래 계속 되풀이되어
온 현상일 것이다.

　이러한 현상이야말로 진리가 무엇인지도 모른 채 덮어놓고 미친
듯이 또는 분간 없이 믿는 광신자를 대량생산하는 배경이 될 수 있
을 것이다. 이같은 배경은 자신의 종교에서 말하는 진리가 무엇인지
구체적으로 설명하지도 못하는 신자나 직업 종교인이 생기게 한다.
그리고 단지 외형적인 종교의식이나 종교 행사를 위한 서비스가 종
교인 줄 아는 신자나 직업 종교인도 생기게하는 것이다.

　자신의 종교에서 말하는 진리가 구체적으로 무엇인지 인식 못하

는 신자(信者)는 단지 종교 서비스를 돈을 주고사는 고객에 불과하며 직업 종교인은 단지 서비스의 생산업자에 불과한 것으로 생각할 수 있을 것이다.

세상을 어지럽히는 일은 매우 쉽다. 이런 광신자와 맹신자가 모인 종교가 단지 몇 개만 있으면 세상은 간단히 어지러워지는 것이다. 이것이 인류 앞에 놓인 피하기 어려운 비극중 가장 심각한 것의 하나일 것이다.

그러나 진리(眞理)앞에서 종교의 종류는 무의미하다. 모든 종교에서 내세우는 진리가 따로가 아니며 하나이기 때문이다. 따라서 진리(眞理)는 모든 종교가 서로를 이해할 수 있게 하며 모든 인간을 화합하게 하며 궁극적으로는 모두를 행복에 다다르게 한다.

자신의 종교의 진리를 진정으로 이해할 수 있다면 다른 종교의 진리도 어렵지 않게 이해할 수 있기 때문이다. 이것이 바로 인류에게 주어진 희망 중 하나일 것이다.

정신문명으로 넘어가기 전 물질문명은 그동안 가지고 있던 모든 문제점 모두가 적나라하게 드러나며 광신도와 맹신자가 여기저기서 득실거릴 것 이라고 예언서는 경고하고 있다.

진리가 가장 약해졌을 때야말로 모든 진리를 하나로 포함하는 대진리가 등장할 수 있는 가장 완전한 조건일 것이다. 그 조건이 무르익었는지 여부는 이러한 광신도, 맹신도 들이 얼마나 철(哲)없이 날뛰는가를 보면 미루어 알 수 있을 것이다.

❂ 신교총화:팔공진인총담 ❂

後世人心 多邪故逕入邪道 不知眞僞奈何
후세인심 다사고경입사도 부지진위내하

三朝鮮九壬后人 多鬼魔所使而如狂也.
삼조선구임후인 다귀마소사이여광야.

三朝鮮九壬后人(삼조선구임지후): 단군조선 이후 4320년 후 진사삼변의 시기 동안의 사람들

후세의 인심은 많이 사악하여 잘못된 사도(邪道)에 들어서게 되니 어찌 참다운 도(道)가 무엇인지 알겠는가? 우리 배달민족이 나라의 이름이 아홉번 바뀌고 열번째 바뀌기 직전에 접어들때 많은 귀신과 마귀들이 사람들을 부리게 되니 그들은 마치 미친 사람들 같으리라.

삼조선 구임지후란 우리나라의 예언론의 주제인 십승(十勝)의 시기이다. 즉 십임(十壬)에 들기 전 60년간이며 그중에서도 진사삼변의 36년간이며 특히 상진사(上辰巳)인 2000년부터 2011년까지이다. 진사삼변의 기간에는 성인이 출세하는 때이지만 반면에 성인이 출세하지 않으면 안될 정도의 대격변의 시기이며 특히 수많은 마귀와 귀신이 날뛰는 시기이기도 하다.

이미 지금 이 시점에서도 신교총화에서 말하는 귀신과 마귀들에 사역되어 마치 미친 것과 같은 사람들을 주변에서 찾는 일은 극히 쉬운 일에 속한다.

굳이 '사이비 종교'라는 딱지가 없어도 일반인이 보기에는 정상적이 아닌 사람들이 이미 여기저기 아주 흔하게 널려 있는 것이다.

이 같은 사람들이 만들어 내는 문제는 어제 오늘일이 아니다. 최근 일본의 '옴 진리교'사건은 광신도들이 갖는 문제점의 단면을 잘

보여 준다. 모든 사이비교의 성립조건인 종말론, 세뇌, 가족과 분리, 기부 강요, 탈퇴 불허 등을 다 갖춘 이 종교는 독가스를 제조하고 살포하여 세계를 놀라게 하였다. 참으로 놀라운 사건이 아닐 수 없는 것이다.

그리고 그 교주 '이시하라'는 말하기를 "금생에서는 구제에 실패했으니 후생에서 구제 활동을 계속하자."고 했다. 혹시 그가 말하는 후생에 재수 없게 태어나 그에 의하여 구제 (?) 되는 큰 은총을 받지 않으면 안될 처지에 놓일지도 모르는 사람들은 이제 마음놓고 죽기도 겁나는 세상이 된 것이다.

이러한 종교와 신도들이 일본에만 있고 우리나라에는 없는 것일까 ? 진정 삼각한 문제는 전혀 그렇지 않다는 점에 있을 것이다.

❂   격암유록 조소가   ❂

無聲無臭無現跡	何理見而狂信徒	愚者信去天堂人	今時滿員不入矣
무성무취무현적	하리견이광신도	우자신거천당인	금시만원불입의

정법(正法)은 소리도 냄새도 모습을 나타내지도 않으니 그 이치를 광신도(狂信徒)가 어찌 볼 수 있겠는가 ? 어리석은 자들은 믿으면 천당(天堂)간다 하지만 지금 천당(天堂)은 만원이니라.

차(茶)를 제대로 마시는 과정은 다소 복잡하며 인내력을 필요로 한다. 필자의 경우 불도저와 포크레인을 끌고 다니며 땅 파고 콘크리트를 치던 사람으로서 냉수나 보리차면 그만이다. 하지만 때에 따

라서 제대로 된 차(茶)를 대접 받는 경우도 가끔씩은 있다.

그래서 알게 된 것이 소위 군자탕(君子湯)이라는 것이다. 찻잎을 서너 번 우려낼 때 그 횟수마다 차의 맛과 향기가 각각 다르다. 그리고 나서 마지막에 군자탕(君子湯)이라고 하는 것이 나온다. 군자탕(君子湯)이란 참으로 묘한 것이어서 그때까지 서너 차례 우려내며 각각 달랐던 차의 맛과 향기가 한꺼번에 나타나게한다. 참으로 현묘한 맛과 향기가 있는 것이다. 그런데 놀랍게도 군자탕(君子湯)의 재료는 맹물 그 자체이다. 그야말로 색깔도 냄새도 자취도 없는 맹물이다. 그러나 그것이 그때까지 마셨던 모든 차의 맛과 향기의 중심이 되어 한꺼번에 나타나게한다. 군자탕(君子湯)이라는 이름에 걸 맞는 차가 곧 맹물인 것이다.

마찬가지로 복잡다단한 이 세상에서 가장 귀하여 모든 것의 중심이 되는 것은 색깔도 냄새도 자취도 없는 맹물과 같은 것이다. 인간에게 가장 소중한 진리(眞理)의 모습도 그러한 것이다.

그러나 미친 듯이 덮어놓고 믿는 자가 진리가 무엇인지 알리 없다. 이들은 눈에 보이는 거창한 신전과 신상의 외형에 현혹되지만 이러한 물질적인 것과 진리는 전혀 상관이 없는 것이다. 과연 진리가 무엇인지 모르는 상태에서 미친 듯이 덮어놓고 믿는다고 하늘나라의 궁전에 들어갈 수 있을까 ?

사람들이 모이는 지하철에 종종 이같은 광신도, 맹신도들이 출현하여 무언가를 목이 쉬도록 외쳐댄다. 그러나 열심히 무언가를 주장하는 그 사람을 제외한 모든 사람들은 그들의 주장과 다른 것에 관심이 생기기 시작한다. 그들은 마음속으로 도대체 저 사람 말이 언제 끝날것이며 언제 저소리를 듣지 않게 되는가 만을 마음조리며 기다리는 외엔 관심이 없는 것이다.

이들이 그 사람들에게 제발 좀 조용히하라고 말을 안하는 것은

동방예의지국의 국민답게 그 사람이 무안할까봐 차마 말은 못할뿐이다. 그런데 그런 종류의 사람들이 모두 집결하여 있는 곳이 하늘나라의 궁전이라면 죽는다는 것 조차 끔찍하고 또한 무서운 일이 아닐 수 없다.

제 2 편   짐승

여기에서 말하는 짐승은 바이블의 요한 계시록에서 말하는 666 의 모습을 포함하며 동시에 보다 더 자세하고 깊은 설명을 한다. 즉 진사삼변의 시점에서 이들이 일으키는 문제를 구체적으로 설명하는 것이다.

✪   격암유록 말운론(末運論) ✪

해아자 사수비수 난국지노예 속탈수군 우자가일
害我者 似獸非獸 亂國之奴隷 速脱獸群 牛者加一

지탈수군자 위지가액
遲脱獸群者 危之加厄

만물지령 실륜수종자 필사 인의석복 배면필사
萬物之靈 失倫獸從者 必死 人衣夕卜 背面必死

우자가일(牛者加一): 牛＋一＝生

혼돈과
파천황

334

인의석복(人衣夕卜):人＋衣＝依.　夕＋卜＝外
　　　　　즉 외국에 의지하는 자.

　　나를 해치는 자는 짐승 같으면서도 짐승이 아니니 난국(亂國)을 맞아 노예(奴隸)가 된 사람들이로다. 속히 이 같은 짐승들 즉 난국의 노예들로부터 벗어나는 자는 살아난다. 그러나 머뭇거리다 시기를 놓친 자는 위험한 가운데 액(厄)이 있으리라. 인간은 만물의 영장이거늘 인간이 지켜야 할 윤리(倫理)를 어기고 짐승을 따르는 자는 반드시 죽으리라. 또한 외국에 의지하여 그 쪽으로 얼굴을 돌리는 자도 반드시 죽으리라.

　　말세에 나를 해치는 자들은 난국(亂國)을 맞아 노예가 된 사람들이라 했다.

　여기서 말하는 노예란 무엇인가 ? 물론 고대 세계의 노예처럼 발에 쇠고랑을 차고 주인이 시키는 대로 하는 노예는 아닐 것이다. 이는 정신적인 노예를 말하는 것이다. 정신적 노예의 특징은 자존심이 없다는 것이다.

　　그저 주인에게 맹목적으로 복종하는 노예와 같은 사람들이다. 그런 사람들은 사리를 주체적으로 판단하고 말고 할 필요가 없다. 단지 주인이 시키는 대로 또는 많은 사람들이 하면 그대로 따

라 하면 그만이다.

한편 노예는 잔인하다. 노예들은 자신이 노예가 아니라는 것을 무척 증명하고 싶어 호시탐탐 그 기회를 노린다. 그리고 그것을 증명하는 유일한 수단은 저항할 힘이 없는 자신보다 힘없는 사람들을 잔인하게 짓밟는 것이다. 그럼으로서 노예들은 위안을 받는다.

이런 사람들이 곧 나를 해치는 사람들이니 속히 그들의 무리에서 벗어나라는 것이다. 때를 놓치면 위험하다는 것이다.

또 외국에 의지하는 사람은 반드시 죽는다 했다. 신라 이후 지금까지 우리 역사의 특징은 외국에 의지하면 사는 것이며 부귀영화를 보장받는 이른바 엘리트 코스였다. 그러나 이러한 오래된 자랑스러운 전통(?)이 가까운 미래에는 철저히 무너짐을 예언하고 있다.

나라의 형편이 좋을 때는 온갖 부귀영화를 누리며 이웃들에게 위화감을 조장하던 사람들이 나라가 위태로운 기미가 보이면 가장 먼저 외국으로 도망가려 한다. 그리고 이러한 사람들은 늘 주변의 이웃보다 잘 살고 안전했다. 그러나 예언서는 장차 이런 사람들은 반드시 죽는다 했다.

✪   격암유록 성산심로(聖山尋路)   ✪

速脫獸群 罪人得生　　遲脫獸群 善人不生
속탈수군 죄인득생　　지탈수군 선인불생

萬物靈長 從鬼何望　　鬼不知覺 勿犯世俗
만물영장 종귀하망　　귀부지각 물범세속

| 夜鬼發動 罪惡滿天 | 善者得生 惡者永滅 |
| 야귀발동 죄악만천 | 선자득생 악자영멸 |

　속히 짐승들의 무리로부터 벗어나면 악인도 삶을 얻지만 짐승들의 무리로부터 벗어남을 주저하여 늦으면 선한 사람도 살지 못한다.
만물의 영장인 인간이 귀신(鬼神)따위를 따라서야 되겠는가 ? 귀신(鬼神)은 알지 못하는 것이다. 세상의 규범을 범하지 말라. 야귀(夜鬼)가 발동하니 죄악(罪惡)이 하늘에까지 가득하다. 선(善)한 자는 삶을 얻고 악(惡)한 자는 영원히 멸(滅)함을 받는다.

　악한 사람도 때를 알아서 짐승의 무리들로부터 벗어나면 산다고 했다. 죽고 사는 문제는 짐승이냐 인간이냐라는 점이 가장 큰 조건이라는 것을 말해 주는 것이다.
　여기서는 짐승의 조건을 귀신을 따르는 자로 설정되고 있다. 귀신이 알아야 무엇을 알겠는가 ? 또 안다 한들 그것을 어디에서 무엇을 하는데 사용하겠는가 ? 그러나 후천의 입구에는 만고에 쓸모없는 귀신들에게 사역 당하는 사람들이 즐비하게 나타날 것으로 예언하고 있다.

❁　격암유록 새 65(賽 六五)　❁

獸從之人 窄於火獄 善行之人 歲歲彈琴

수종지인 천어화옥 선행지인 세세탄금

짐승을 따르는 무리들은 불 지옥(火獄)에 갇힐 것이요 선(善)한 행동을 하는 사람들은 대대로 가야금을 타며 지내리라.

이 내용 역시 삼일신고의 진성선무악[ㄱ](眞性善無惡)을 설명한다. 즉 인간의 본성은 선(善)하여 악(惡)함이 없으니 본성대로 살면 복(福)이오고 본성을 벗어나면 화(禍)가 온다는 것이다.

✪   격암유록 생초지락(生初之樂)   ✪

> 世上惡毒腐病人 世上獸爭種滅時
> 세상악독부병인 세상수쟁종멸시

세상의 악독하고 썩은 인간들과 세상의 짐승들이 싸움에서 그 종자(種子)가 멸해질 때가 있다.

악독하고 부패한 인간들은 그네들끼리의 싸움에서, 짐승들은 짐승들끼리의 싸움에서 대부분 멸망하리라는 예언이다.

✪   격암유록 세론시(世論視)   ✪

> 弓弓矢口 入於極樂 乙乙矢口   無文道通

[ㄱ] 삼일신고 '제 5 장 인물' 65- 157p 최 동환 해설 하남출판사

궁궁시구 입어극락 을을시구 무문도통

仁人得地 近獸不參
인인득지 근수불참

  궁궁을 알면 극락에 들어가며 을을을 알면 무문도통을 하니 이는 어진 사람이 얻는 경지로서 짐승은 가까이 있더라도 참여할 수 없느니라.

  궁궁(弓弓)은 64 괘로서 필변하는 시간의 변화로서 이를 알면 시간의 변화를 극복하여 영원한 삶을 얻는다. 을을(乙乙)은 태극으로서 영원 불변하는 하나님이요 영원불멸하는 대진리이므로 이를 알면 도를 통하는 것이다.
  이는 천부경(天符經)의 기본 진리로서 오직 어진 사람만이 얻게 되니 짐승은 손에 쥐어 주어도 의심하고 그 가치를 알지 못하는 것이다.
  그리고 당장 두 손에 가지고 있는 하찮은 것을 버리지 못해 진정으로 중요한 것을 보고도 망설이며 결국 얻지 못하는 것이다.

❀   격암유록 남사고예언서(南師古豫言書) ❀

궁궁지만무일실입자생 유지무지분별시 화인악적불면옥

> 弓弓地萬無一失入者生　有智無智分別時　禍因惡積不免獄
>
> 인수분별량단일　　비화락지혼돈세
> 人獸分別兩端日　　飛火落地混沌世

　　궁궁의 경지에 들면 사는 것은 만에 하나도 잃음이 없다. 이를 아는 자와 모르는 자가 분별되는 때가 오면 악(惡)을 쌓은 것이 화(禍)의 원인이 될 것으로서 재앙을 면치 못할 것이다. 이때가 인간과 짐승이 분별되는 때이니 하늘에서 불이 날라와 땅에 떨어지는 혼돈의 세상이로다.

　　궁궁을을이 의미하는 불변의 진리와 필변의 진리를 안다면 하늘이 무너져도 반드시 먼저 벗어난다ᄀ. 이는 믿는 것 이전에 반드시 아는 것이 선행되어야 하며 알고 나서는 실천하는 것이 곧 생사를 결정짓는 길이 된다는 것이다. 실천이 없는 믿음과 단지 아는 것은 전혀 의미가 없는 것이다.

제 3 편 종귀자(從鬼者)

　　귀(鬼)란 시작과 끝을 영원히 극복 못하는 존재이다. 즉 시간의 구속에서 영원히 벗어나지 못하고 시시각각 필변하는 미물이다.

ᄀ 천부경 개정판 '단군팔조교'　340-342p　최 동환 해설 삼일
　천부경의 예언론 제 1 권 '단군팔조교' 56-77p 최동환지음 삼일

따라서 귀신(鬼神)은 아는 것이 없다고 예언서에서는 누누이 강조
한다. 반면 인간은 만물의 영장(靈長)으로 삼라만상 가운데 가장 귀
하고 위대한 존재로서 하나님과 합일(合一)이 되는 존재이다.

그럼에도 불구하고 인간은 스스로의 존재가 위대함을 깨닫지 못
하고 한 낱 미물에 불과한 귀신(鬼神)따위에게 사역 당하여 귀신
(鬼神)의 노예가 되고 그 삶을 너절한 쓰레기로 만든다는 것이다.

물질문명과 정신문명의 전환기는 곧 혼돈의 세상이며 이는 귀신
세상이다. 이러한 때에 귀신의 노예가 되어 귀신에게 부림을 당하

는 종귀자(從鬼者)가
무수히 많으리라는 예
언이 현묘지도의 예언
론 곳곳에서 설명된다.

귀신(鬼神)의 가장
큰 특징은 절대로 책임
지지 않는다는 점에 있
다. 귀신에게 노예가
된 사람들도 귀신과 마
찬가지로 자신의 말이
나 행동에 대하여 전혀
책임을 지지 않는다.

그들이 하는 말이나 행동은 자신의 이익과 연결되는 것이되 그에
대한 책임은 철저하게 귀신에게 미룬다. 그러나 그 귀신은 무책임을
본분으로 한다. 또 귀신은 이것도 아니고 저것도 아닌 애매모호한
것을 추구하는 혼돈의 상징이다. 귀신이 책임지지 않을 때 피해는
일절 인간의 부담으로 돌아온다.

또한 귀신은 단편적인 것을 간혹 알지 전체적인 것은 결코 모른

다 . 책임을 지는 것은 만물의 영장인 인간의 특징이다. 스스로의 중심에 하나님을 발견한 사람들이 책임이 무엇인지를 안다. 또한 아는 것도 만물의 영장인 인간만의 영역이다. 따라서 모든 인간이 모두 아는 지식사회가 될 때 비로소 성인(聖人)이 세상을 이끈다는 것이다.

다시말해 귀신을 극복할 능력이 있는 사람들만이 정신문명을 향유할 수 있다는 것이다.

  그 이전에는 성인(聖人)과 성인(聖人)을 따르는 사람들이 이 세상에 있어도 귀신에게 사역 당하는 사람들에 의해 온갖 박해를 당한다는 것이다.

❂   격암유록 성산심로(聖山尋路)   ❂

만물영장 종귀하망 귀부지   萬物靈長 從鬼何望 鬼不知

  인간은 만물의 영장(靈長)으로 적어도 귀신(鬼神)의 노예나 머슴이 될 수는 없는 존재이다. 하지만 하잘것없는 귀신(鬼神)을 숭배하고 따르니 도대체 귀신에게 무엇을 바랄 것인가 ? 귀신(鬼神)따위는 모르는 것이다.

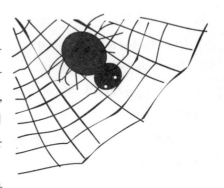

귀신(鬼神)따위는 모른다는 말은 참으로 명언이다. 시간에 지배당하는 귀신 따위가 이화세계(理化世界), 홍익인간(弘益人間)를 알리 없으며 안다 해도 전혀 귀신과는 관계 없는 일이다.

아는 것은 오로지 우주 삼라만상의 중심이신 하나님이며 그 하나님과 합일(合一)이 되는 각각의 인간이다. 그러나 인간은 땅위에서 살아가며 혼미하여져 스스로를 다듬지 않는 한 스스로의 신성(神性)이 외부로부터 침투하는 귀성(鬼性)에 위협을 받을 수 있다. 다시 말해 인간은 하나님과 합일이 되는 위대한 존재이지만 스스로 그것을 깨닫지 못하고 스스로를 다듬지 않는다면 자칫 귀신에게 속아 살아 있는 귀신(生鬼)이 될 수도 있는 존재이기도 한 것이다.

귀신이 알아야 무었을 알겠으며 귀신에게 바랄 것이 도대체 무엇인가 ? 귀신이 아는 것은 단지 흉내내고 훔친 것에 지나지 않는 것이다.

또 귀신이나 귀신을 따르는 무리들은 그들의 손에 들려 있는 너절한 쓰레기를 버리기가 불가능하니 안다는 것은 단지 참담한 느낌이 들 뿐 알아도 아무런 소용이 없는 것이다.

하지만 그들도 자기 자신에게 정직할 수 있는 참다운 용기를 회복할 수 있다면 ,넓은 탄탄대로를 외면하고 이욕에 눈이 어두워 구태어 어두운 골목길을 가지 않아도 될 것이다.

✪ 격암유록 성운론(聖運論) ✪

從鬼者는	負戌水火	眞逆者는	禾千里
종귀자	부술수화	진역자	화천리

부술수화(負戌水火):戌＋삼수변＋火＝滅
화천리(禾千里): 禾＋千＋里＝種

　종귀자(從鬼者)와 진법(眞法)을 거역하는 자는 선후천 대전환기에 멸종(滅種)하게 된다.

　인간이면서 귀신에게 속아 노예가 된 자들과 만고불변의 진리인 정법을 거역하는 자는 깨닳은 사람인 철(哲)이 되지못하고 도태된다는 것이다.
　당연한 것이 이 시대는 혼돈이 정리되고 불변의 시대로 가는 과정이다. 혼돈은 곧 음양이고 귀신이다. 즉 귀신 세상인 것이다. 그러나 새로 오는 시대에는 귀신이 존재하지 않으니 귀신과 귀신의 노예들이 멸종하는 것은 당연하게 정해지는 이치이다. 귀신은 물질문명에서는 살아갈 수 있지만 지금의 물질문명과 전혀 다른 정신문명의 시대에는 설 자리가 없기 때문이다.

❁　　격암유록 은비가(隱秘歌)　　❁

小頭無足	飛火理	化在其中	從鬼死
소두무족	비화리	화재기중	종귀사

　소두무족(小頭無足)이 날라 와 땅에 떨어질 때 하늘의 이치

혼돈과
3 4 4   파천황

가 그 불덩어리에 있으니 귀신을 따르던 자는 그때 죽는다.

소두무족(小頭無足)이 하늘에서 떨어진다는 것은 상진사(上辰巳) 기간이다.따라서 2000년에서 2011년 사이에 귀신을 따르는 무리들은 멸종한다는 것이다.

✪   격암유록 가사요(歌辭謠) ✪

> 太古以後 初仙境 前無後無之中原鮮
> 태고이후 초선경 전무후무지중원선
>
> 從鬼魔嘲笑盡
> 종귀마조소진

우리나라가 태고 이후에 처음으로 신선들이 사는 땅이 되니 전무후무한 중원이 되며 이때에 이르러 귀신과 마귀를 따르는 사람들의 비웃음이 다할 때이니라.

물질문명에서 정신문명으로의 대전환과 해양세력의 주도권이 대륙세력으로의 대전환이라는 두가지의 천시와 지리가 새로오는 시대에 우리나라가 사용할 핵심 도구이다.
이를 사용하는 사람은 과거 고구려의 조의,백제의 수사,신라의 화랑과 같은 인물들이다.
이들은 처음부터 귀신과 마귀를 따르는 사람들에 의하여 온갖 비웃음을 다 받지만 그 비웃음 소리가 끝날때 천시와 지리와 인화가 하나가 될때이니 우리나라가 세계의 중심이되며 아직까지 없었던

지상천국이 세워지는 때라는 것이다.

❂   격암유록 농궁가(弄弓歌) ❂

> 성신거역 조소시 천재지변 병지시
> 聖神拒逆 嘲笑時 天災之變 幷至時
>
> 생사문지 생사로 만일생문 불입시
> 生死門之 生死路 萬一生門 不入時
>
> 사문지중 돌입시 마왕지전 종귀멸
> 死門之中 突入時 魔王之前 從鬼滅

성(聖)스러운 신(神)을 거역하고 비웃을 때가 천재지변이 연달아 일어날 때로서 생사문(生死門)의 생사로(生死路)에서 만일 생문(生門)으로 들지 않고 사문(死門)으로 돌입하면 마왕(魔王)앞의 종귀자(從鬼者)는 모두 멸(滅)하게 된다.

혼돈과
3 4 6   파천황

우리민족의 장구한 역사에서 과거 우리민족을 이끌었던 주체들은 성신(聖神) 즉 한인,한웅,왕검할아버지의 가르침인 천부경(天符經), 삼일신고(三一神誥),366 사(事),단군팔조교(檀君八條敎등의 가르침을 따랐다.

마찬가지로 우리민족의 장구한 역사에서 가장 중요한 시점에 이들과 똑같은 인물들이 다시금 부활하여 일을 하게된다. 이때에

마왕(魔王)앞의 종귀자(從鬼者)들의 비웃음소리가 들리게된다.

그러나 그 비웃음소리가 곧 천재지변으로 변하여 잇달아 일어나며 결국 종귀자(從鬼者)들은 모두 멸종한다는 것이다.
결국 종귀자들의 비웃음소리는 눈물로 변하고 , 정도를 가는 사람들의 눈물은 끝에가서 웃음으로 변한다는 것이다.

✪   격암유록 격암가사(格菴歌辭)   ✪

날이새니 야귀발동夜鬼發動 주저주저
마귀魔鬼야 어디가니 회개 자책自責 사람되라
지공至公무사 하나님은 불고죄악 다오라네
칠칠절량기사경七七絶糧飢死境에

> 곡종삼풍선경穀種三豊仙境일세
> 삼년불우불경지三年不雨不耕地에
> 무곡대풍십승無穀大豊十勝일세
> 마귀魔鬼야 어딜가니 간곳마다 흉년흉자
> 무곡천지 아표無穀天地 餓표로다.

(단어정리)

칠칠절량(七七絶糧):

7 × 7 = 49 즉 4와 9에 해당하는 때로서 오행으로 금(金)인 경신 (庚辛)의 해. 또 역경의 49번째 괘인 택화혁(澤火革)의 시기 즉 진 사삼변중 상진사(上辰巳)의 기간

아표(餓표):굶어죽은 송장

때가 다가오니 야귀발동 주저주저 마귀야 어딜 가니 회개자 책 사람 되라. 사사로움 없으신 하나님(一神)은 죄 지은자도 오라하네 경신(庚辛)의 때를 만나 굶어 죽을 때에 삼풍에서 곡 식이 나니 선경이로다.

삼년간 비가 안와 흉년일 때 곡식 없는 대풍으로 십승이로 다. 마귀(魔鬼)야 어디 가니 가는 곳마다 흉년 흉자. 곡식이 없 으니 천지에 굶어 죽은 송장이로다.

✿   격암유록 도부신인(桃符神人)   ✿

> 귀신세상鬼神世上되었으니 신귀神鬼라고 할수업고
> 남양여음男陽女陰分明분명치만 음귀발동차세고陰鬼發動此世故로
> 남부여승탈권男負女勝奪權으로 귀승신부鬼勝神負할일없어

양음陽陰이라못하고서 음양 陰陽으로 되었으며
남외여내분명男外女內分明치만 내외內外라고 칭호稱號로세
음성양쇠陰盛陽衰되옴으로 흔천마세사지권 天魔勢死之權을
이러므로 인하야서 선탈십자귀세先奪十字鬼勢오니
선입자 先入者는 음기 陰氣바다 종귀자從鬼者가 될것이요
중입자中入者는 양기陽氣바다 종신자從神者가 될것이니
팔음선동신지八陰先動愼之하고 삼양중동三陽中動찾아들소
삼양신三陽神은 삼신三神이요 팔음귀八陰鬼는 팔마八魔라

귀신(鬼神)이 지배하는 혼돈의 세상이 되었으니 신귀(神鬼)라고 할 수 없고, 남자가 양이요 여자가 음이 분명하지만 음귀(陰鬼)가 발동하는 세상이라 남자가 지고 여자가 이겨 그 천리를 빼앗으니 귀신이 이기고 신이 져서 할 일이 없어 양음이라 못하고서 음양으로 되었다네.

남녀 내외 분명하지만 내외라고 부른다네. 음이 힘을 갖고 양이 힘을 잃으니 마귀가 고개를 치켜들고 사람 죽이는 천리를 가짐으로 해서 먼저 십자를 빼앗는 자는 귀신의 세력으로 이들이 곧 선입자이니 선입자는 음기를 받어 종귀자가 될 것이요, 그 다음에 진리를 찾아가는 중입자는 양기를 받어 종신자가 될 것이다.

부디 팔음(八陰)이 먼저 나와 움직이는 것을 신중하게 관찰하고 그 다음에 출세하는 삼양신(三陽神)의 중입을 찾아 들어가소.

삼양신(三陽神)은 삼신(三神)이요, 팔음귀(八陰鬼)는 팔마(八魔)라. 선동(先動)하여 수도하는 자는 음십자(陰十字)요, 중동(中動)하여 수도하는 자는 양십승(陽十勝)이라. 음귀십(陰鬼十)

은 흑십자(黑十字)요, 양신십(陽神十)은 백십승(白十勝)이다. 이러한 음양(陰陽)의 나뉨을 모르고서 십승선도(十勝仙道)를 찾을 수 있겠느냐?

혼돈은 음양이며 음양은 귀신이다. 따라서 귀신 세상에서 팔마(八魔), 팔정(八鄭)같은 마왕(魔王)들이 세상을 호령하는 것은 당연하다. 그러나 무릇 혼돈이란 잠시 동안 존재하는 특성이 있다. 그리고 질서의 세계로 가는 중간 과정이다. 태아가 신생아가 되는 과정의 진통은 신생아가 살아가는 평생에 비하면 찰라의 순간에 불과하다.

마찬가지로 혼돈의 시대에 먼저 나타나는 팔마(八魔), 팔정(八鄭)같은 마왕(魔王)들은 잠시만 존재하는 물거품과 같은 존재들로서 이들이 잠시동안 갖는 외형적인 모습을 믿고 따르면 반드시 죽는다는 것이다.

또 이 같은 혼돈의 시대는 새 시대를 위한 참다운 기운이 움직이기 시작하는 때이다. 그 참다운 기운은 새로 만들어진 것이 아니라 만고불변의 진리이니 이를 따르는 자는 산다는 것이다.

이를 삼양신(三陽神)이라했으니 곧 삼신(三神)으로서 우주삼라만상의 무한한 근본인 무진본(無盡本)이며 움직이지 않는 근본인 부동본(不動本)인 것이다.

✿ 신교총화(神敎叢話):자하선인훈몽 ✿

선생왈 생이충효사역충효 신금세속 평일불수도덕이사이욕위영신공도

先生曰　生而忠孝死亦忠孝　神今世俗　平日不修道德而死以欲爲靈神空禱

산천차지어도 인작지석인토목지우칭불유령 역가괴야
山川且至於禱 人作之石人土木之偶稱佛有靈 亦可怪也

근일 소위수도자 왕왕욕취인재물　왈도불즉 환화전복지담 고동일세
近日 所謂修道者 往往欲取人財物　曰禱佛卽 換禍轉福之談 鼓動一世

우부우부부지이설지오 기인자지죄 난도천주　피기자역불무기책
愚夫愚婦不知理說之誤 欺人者之罪 難逃天誅　被欺者亦不無其責

　　삶이 곧 충성과 효도이며 죽음 또한 충성과 효도인 것이 신(神)께서 세상을 다스릴 때의 풍속이다.

　　요즈음 도와 덕을 닦지는 않고 죽어서 영신(靈神)의 안락을 위해 기도하거나 또한 헛되이 산과 냇물에 기도하니 인간이 만든 돌 사람과 흙과 나무로 만든 우상을 불(佛)이라 하여 영(靈)이 있다 하니 역시 괴이한 소리인 것이다.

　　근일 소위 수도를 한다는 사람들이 왕왕 남의 재물을 빼앗기 위해 불전(佛殿)에 기도하면 화(禍)가 변하여 복(福)이 된다는 소리들이 한 세상을 고동친다. 이는 어리석은 남녀들이 우주 삼라만상의 불변하는 이치를 모르고 저지르는 오류인지라 남을 속인자는 하늘로부터 주살(誅殺) 당함에서 도망치지 못할 것이며 속은 사람 역시 책임이 없다 못할 것이다.

인간은 만물의 영장으로서 그 자체가 신적인 존재라는 것은 어느 종교에서나 찾아볼수있는 보편적인 진리이다. 그러나 물질에 신격을 부여하여 기도하면 복(福)이 온다는 말로 남을 속여 남의 재물을 빼앗는 사람은 하늘을 속이는 죄이니 그 벌이 가장 크다는 것이다.

제 4 편 가정(假鄭)

구세주 또는 예언자를 참칭하는 자들로서 말세의 마왕(魔王)을 가정(假鄭)이라고 설명하고 있다. 말세에 출현하는 여덟명의 마왕(魔王)을 팔마(八魔),팔정(八鄭)이라 한다. 이들은 여덟명의 가짜 구세주이며, 여덟 명의 짐승의 왕(王)인 것이다.

가정(假鄭)에 대한 설명은 신삼국설에서 설명했다. 그러나 그 외에도 종교적인 색채도 매우 강하게 나타나고 있다.

❂   격암유록 궁을론(弓乙論) ❂

渴川之魚 八鄭之中   갈천지어 팔정지중

팔정지중(八鄭之中)이란 가정(假鄭) 여덟 명이 세상을 어지럽히는 때로서 이때 백성들은 마른 냇가의 물고기 같은 신세가 된다. 팔정(八鄭)은 가짜 구세주 또는 가짜 예언자가 여덟 명이라는 의미이다.

말세에 출현하는 가짜 구세주 여덟 명은 반드시 세상을 어지럽히

며 이들이 출현함으로 해서 백성들은 물을 잃은 물고기처럼 가련한 상태로 된다는 것이다.

현재에도 자칭 구세주라는 사람들은 수없이 많지만 예언서에서 말하는 가짜 구세주 여덟명은 이들과는 비교가 안되는 힘을 지니고 있다. 또 그 중에는 신통력과 능력으로 인간의 판단을 현혹할 것을 알 수 있다. 이들이 출현할 가장 큰 조건은 눈에 보이는 것을 주로 믿는 현대인들의 어리석음 때문이다.

마른냇물의 물고기가 되는가 아니면 영원한 행복을 찾는가를 가늠하는 중대한 선택이 이를 아느냐 모르느냐에 달려있는 것이다.

❁   격암유록 격암가사(格菴歌辭)   ❁

八人登天火燃中에　道路不通엇지갈가
팔인등천화연중　　　도로불통

가짜 구세주 여덟 명이 천한을 쥐고 세상을 어지럽힐 때 불타고 독한 연기가 자욱하여 도로가 불통이니 이때는 진정한 구세주를 따르는 궁을인(弓乙人)들에게 가고 싶어도 때가 늦는다.

가짜 구세주 여덟 명이 각기 강력한 힘을 동원해 서로가 서로를 죽일 때는 진법(眞法)을 실천하는 사람들에게 합류하면 살게 되겠지만 막상 상황이 벌어지면 도로가 막히니 합류하기엔 이미 때가 늦는다 했다.

제 5 편 선입자(先入者)

물질문명적인 사고방식에 젖은채로 영원한 세계를 찾으려하는 태도는 역사이래 계속되어온 인간의 어리석음이다. 그러나 이같은 구태의연한 자세가 물질문명과 정신문명의 전환기에는 엄청난 혼돈에 휩싸이게된다.

시간이 거꾸로 가지 않듯 이 결정적인 전환기에는 정신문명적 사고방식을 가진 사람이라야 정신문명의 세계로 넘어갈수있다.

예언서에는 말세에 자칭 구세주라고 주장하는 팔정(八鄭)의 무리가 먼저 세상에 나타나며 이들을 따르는 사람들을 선입자(先入者)라고 한다. 이는 종귀자(從鬼者)와 같은 내용으로 물질문명적인 수직적 사고방식을 그대로 답습하려는 사람들이다.

그리고 이들 자칭 구세주들이 모두 다 나타난 다음에 최종적으로 진정한 구세주의 진리가 나타나며 이를 따르는 사람들을 중입자(中入者)라고 한다. 그리고 진정한 진리를 보고도 따르지 않다가 선입자 즉 종귀자들이 사라지는 결정적인 시기에 때를 놓치어 종귀자들과 함께 멸하는 사람들을 말입자로 설명한다.

❂   격암유록 갑을가(甲乙歌)   ❂

先動者反中入運 時至不知無知者 後悔莫及可憐生
선동자반중입운 시지부지무지자 후회막급가련생

節不知而先入者 世界萬民殺害 殺害生先入者.
절부지이선입자 세계만민살해자 살해인생선입자.

선입자는 때를 너무 일찍 택한 사람들로서 중입운(中入運)에 되돌아 나오는 사람들이다. 이들은 때를 모르는 무지한 사람들로서 후회막급한 가련한 인생이다. 그리고 이들 선입자는 절제를 몰라 말세에 세계 만민을 살해하는 사람으로 이들 선입자들은 인간을 살해하는 살인자들이다.

　　지나치게 끔찍한 내용으로서 믿고 싶지 않은 내용들이다. 그러나 격암유록과 신교총화에서 전달하고저 하는 내용은 이들 선입자(先入者)들이야말로 가정(假鄭)을 따르는 무리들이며, 팔정(八鄭)을 따르는 무리들이며, 마왕(魔王)을 따르는 종귀자(從鬼者)이며, 짐승의 무리들(群獸)이며, 광신도(狂信徒)들로서 장차 말세에 대혼란을 일으키며 세계 만민을 살해하는 살인자들이라는 것이다.

　　격암유록과 신교총화에 따르면 이 선입자들이야말로 선(善)을 가장한 살아 있는 악(惡)의 덩어리로서 선량한 사람들을 유혹하여 귀신과 마귀의 노예가 되게 하거나 살해하는 무서운 무리들로 표현되었다. 또한 세계 만민을 살해하는 살인자라는 말은 요한계시록의 666(六六六)에 대한 설명과 일치한다.

❀　　격암유록 말운론　　❀

忍不耐而先入運 愚者貪利目前禍

인불내이선입운 우자탐리목전화

선입자들은 참고 견디지 못하리니 어리석은 인간들이 이익만을 탐하여 눈앞에 화가 닥친 것을 모른다.

선입자가 물질적 이익만을 쫓다가 눈앞에 호가 닥친 것을 모른다는 것은 선입자는 산업사회의 물질문명에 안주하려는 사람들임을 잘 말해 준다. 이들은 장차 정신문명이 도래함을 깨닫지 못하고 기득권을 잃지 않으려다 화를 당한다는 것이다.

제 6 편   배금자(拜金者)

배금자(拜金者)란 황금이 전지전능한 힘을 가졌다고 우상으로 경배하는 광신도이다. 즉 돈을 신(神)처럼 숭배하는 사람들이다. 물질인 돈을 신(神)처럼 경배한다면 인간의 정신은 돈보다 훨씬 하위개념으로 전락한다. 따라서 이들에게는 돈이 신(神)이다. 또 돈 없는 사람은 노예처럼 멸시한다.

자본주의의 장점보다는 단점만을 골라서 수용하는 소위 천민 자본주의자들 중 적지 않은 사람들이 이에 해당할 것이다.

과거 찢어지게 가난하던 사람들이 졸지에 부자가 된 경우가 우리 사회에는 많이 있다. 이러한 사람들은 과거 자신의 처지와 같은 사람들에게 잘해 주며 도와줄 것 같지만 현실에서는 이와 반대로 나타나는 경우가 흔한것은 무엇인가 ? 그들은 마치 조상 대대로 못살아 본 적이 한번도 없는 사람처럼 행동을 하며 못사는 사람들을 인간 이하로 깔보려 든다. 참으로 이상한 것이 인간의 마음인 것이다.

이들이야말로 진정한 물질문명의 피해
자들이다.

　과거에는 돈 있는 사람들은 자식들
의 장래를 위하여 인재를 보살펴 주는
일에 투자하거나 주위에 고통 받는 사
람들을 도와주는 선(善)과 덕(德)을 쌓
는 일을 게을리하지 않았다.

　그들은　대대로 부귀를 누리기 위해
무엇을 해야 하는가하는 지혜를 알고
실천했었다. 이러한 미풍양속은 우리 사회를 밝게 하는 밑거름이 되
어 온 것이다. 그러나 선천 세계의 말기에 이르면 그야말로 돈만 있
으면 무었이든 다되는 줄 아는 천박(賤薄)하기 이를데없는 사람들까
지 돈을 가지게 되면서 그에 따른 수많은 문제점을 드러낸다는 것
이 예언서의 경고이다.

❂　　감결(鑑訣)　❂

> 부자다전재 고 부신입화야 빈자무항산지치 안왕이부득빈천재
> 富者多錢財　故　負薪入火也　貧者無恒産之致　安往而不得貧賤財

　부자는 돈과 재물이 많으므로 화약을 지고 불에 뛰어드는
것 과같다. 가난한 사람은 일정한 직업이 없으니 가난하게 사
는데 어디 간들 살지 못하겠는가 ?

❂　　운기구책(運奇龜策)　❂

유재자 부지유신   有財者 不知有身

재물이 있는 사람들은 몸이 있는지 알지 못한다.

참으로 명언이다. 자신의 몸을 재물보다 가볍게 볼 때, 남의 몸이야 안중에 있을 리 없다. 더구나 자신과 남의 정신이야 말할 것도 없을 것이다. 그러나 어려울 때 필요한 것은 돈이 아니라 사람이다. 그것도 자신을 극진히 생각해주는 사람인 것이다. 그러나 자신이 극진히 생각한 것이 오직 돈이라면 그 돈은 정말로 어려울 때는 쓸모가 없다는 것이다.

✪ 격암유록 남사고 예언서 ✪

兩白三豊眞理 眼赤紙貨人不睹
양백삼풍진리 안적지화인부도

양백삼풍진리는 9000년 전에 천부경과 함께 출현한 영원불멸의 대진리이다. 그러나 말세에 돈과 재물에 눈이 빨갛게 될 사람이 무척 많으니 그들은 영원불멸의 대진리가 출현하여도 결코 보지 못한다.

만고불변의 대진리가 말세에 돈과 재물에 눈이 빨간 사람들의 재물을 불려 주는 수단이 되지는 못할 것이다. 그러나 말세의 혼란에도 대진리를 따르는 사람들은 마치 태풍의 눈처럼 잔잔하고 고요한 평화를 누린다.

혼돈과
파천황

❂ 격암유록 세론시(世論視) ❂

伯夷探薇 由父洗耳 莫貪富貴 非命橫死 久陰不晴 下必謀上

백이채미 유부세이 막탐부귀 비명횡사 구음불청 하필모상

　말세에는 백이 숙제가 고사리를 캐어 먹던 절개가 요긴한 것이다. 유부 즉 허유(許由)에게 요 임금이 천하를 물려주겠다 할 때 허유는 은자(隱者)의 본분을 따르겠다고 거절한 뒤 더러운 말을 들었다고 귀를 씻었다. 이러한 고사를 거울삼아 부귀를 탐하지 마라.

　부귀(富貴)는 비명횡사의 지름길이 된다. 음기(陰氣)가 멈추어 깨끗치 않은 세상에 하필이면 출세 길을 가려 하는가 ?

　부귀(富貴)는 한때 지나가는 바람과 같아 잠시 머무를 뿐 영원한 것이 될 수 없다. 그것을 인위적으로 잡으려 할 때 부귀(富貴)는 부귀(富貴)대로 놓치고, 자신이 가지고있는 부귀(富貴)보다 더 소중한 것을 잃게되는 것이다. 난세가 아닐때도 이렇거늘 난세에 부귀를 탐한다는 것은 곧 비명횡사의 지름길이 된다고 까지 경고하고있다.

❂ 정북창비결 ❂

吝財之人 先死於家 無術之士 自亡於路

인재지인 선사어가 무술지사 자망어로

　재물에 인색한 자는 먼저 집에서 죽음을 맞고 , 재주 없는 자는 저절로 길에서 죽음을 맞는다.

　난세에 가장 소중한 것과 가장 무서운것은 모두가 사람이다. 사람
보다 재물을 소중히 한다면 난세를 맞아 사람이 무서운 것을 알게
될 것이며 ,재물보다 사람을 소중히 했다면 난세를 맞아 사람 고마
운 것을 알게되는 것이 또한 역사의 교훈일 것이다.

❀　　격암유록 말중론(末中論)　❀

> 맹치인민살아자氓蚩人民殺我者는 부요귀권富饒貴權아니든가
> 부귀재산혼천세 富貴財産혼天勢로 활인적덕活人積德하고서
> 자기자기불각自己自欺不覺하야 인명살해人命殺害 네로구나
> 래일 來日모레두고봐라 천지반복운天地反復運來하면
> 선악량단 善惡兩端되는 날에 하의모何意謀로 감당堪當할고
> 천신하강종말일天神下降終末日에 암극방황岩隙彷徨네로구나

　어리석은 백성을 죽이는 사람들은 부족함 없이 풍요롭게 사
는 사람들과 귀한 사람, 권력을 가진 사람들이 아니던가 ? 부
귀 재산과 하늘 높은 세력으로 사람을 살리는 덕을 쌓지 못하
고, 자신이 자신을 속이고 있음을 깨닫지 못하니 네가 바로 살
인자(殺人者)로구나

　내일 모레 두고 봐라. 천지가 반복하는 운이 돌아와서 선과
악이 분별되는 때에 무슨 꾀로 감당하겠는가 ? 천신(天神)이
내려오는 종말일에 바위 틈새로 숨어다니며 방황하는 자 바로
너로구나.

✿ 신교총화(神敎叢話):팔공진인 총담 ✿

人情多私空費 良金虛鑄偶像者多矣 比不過是誤落虛影子
인정다사공비 양금허주우상자다이 비불과시오락허영자

　　사람들은 사사롭게 헛된 비용을 들여 좋은 금(金)으로 우상
을 만드는 자가 많으나 이는 잘못된 타락한 사람들이 헛된 그
림자를 따르는 것이다.

　　좋은 금(金)으로 우상을 만들어 경배하는 것은 문자 그대로 배금
자(拜金者)이다. 그러나 금덩이를 귀하게 생각하는 것은 물질문명을
살아가는 속스러운 인간들의 물질적인 관점에 불과하다.　신(神)의
관점에서는 금 덩어리가 즐거운 것은 결코 아닐 것이다.
　　어느 신(神)이든 받들어야 할 가치가 있는 신(神)이라면 금덩이로
자신의 우상을 만드는 것이나 ,불필요하게 거창한 신상과 신전을 만
드는 것 보다는 그것을 만드는 데 들어가는 재화로 자신의 분신인
인간의 고통을 덜어 주는 홍익인간을 하는 곳에 사용되는 것을 진
실로 기뻐할 것이다.

제 7 편 불륜자(不倫者)

　　불륜자(不倫者)란 인간이 지켜야 할 떳떳한 도리에 어긋난 행동을
하는 사람들이다. 예언서에는 말세에 이같은 사람들이 많아지며 이

들은 인간이 지켜야할 최소한의 선까지도 넘는다 했다. 그 원인이 되는 문화는 태방(兌方) 즉 미국쪽에서 온다고 했다.

그리고 인간의 윤리가 돈에 의해 위기를 맞고 돈 문제로 부모와 자식간에도 다툰다 했다. . 그런데 실제 상황에서는 예언서보다 한술 더 떠서 부모 자식간에 돈으로 다투는 정도가 아니라 부모를 돈때문에 죽이는 상황이 벌어졌다.

단군팔조교(檀君八條教)에 의하면 부모는 곧 하나님이다. 부모의 재산을 빼앗기 위해 부모를 죽였다면 그는 하나님의 재산을 빼앗기 위해 하나님을 죽인 것이다.얼마전 미국에서 박사학위를 따온 대학 교수가 돈때문에 아버지를 죽이는 사건이 세상을 놀라게했다

또 1994 년 5 월 27 일 전국의 각 신문은 미국에서 유학을 하고 돌아와 양친 부모를 50 여 차례 칼로 찔러 죽이고 집을 불태워 증거를 없애고 부모의 막대한 재산을 유산 받으려 한 사건으로 가득 메워졌다. 그는 부모를 50 여 차례 찔러 죽인 이유를 인터뷰에서 천연덕스럽게 말하기를 폭력 영화를 본떠 살해 계획을 짰다고 했으며 그리고 부모의 재산을 상속 받아 미국이나 국내의 조용한 곳에서 살려고 했다 한다.

동서고금을 통해 인간으로서 과연 얼마나 악(惡)에 물들 수 있나는 여러 가지로 나타나고 표현되었지만 부모를 한꺼번에 제정신으로 죽이는 일은 인간에게 일어났던 실제 상황이나 상상력을 극도로 동원한 소설에서도 본일이 없다.

부모가 하나님이라는 내용은 인간으로서는 굳이 표현 안해도 무의식적으로는 누구에게나 공통적으로 받아 드려지고 있는 내용이다.

그러나 이미 우리는 인간이 하나님을 죽이는 세상에 살고 있다. 그것도 맨 정신으로 부모를 50 여 차례나 칼로 찔러 죽이는 세상에 살고 있는 것이다.

혼돈과
파천황

3 6 2

　이러한 사건은 사건이 일어난 자체보다는　일어날 수 있는 사회
환경이 주어졌다는 점이 선(善)하게 살아가는 대다수의 사람들에게
충격을 주는 것이다. 격암유록 생초지락에서 "삼강오륜이 영원히 사
라진 세상에　단군팔조교가 출현하여 세상을　밝게 한다"는 내용이
더 이상 예언으로 머물 수 없는 때가 지금으로 보이는 것이다.

　인류를 금수로 만드는 미국 문화의 대표격은 또 있다. 소위 프리
섹스와 동성애이다. 미국 문화의 천박함을 대표하는 프리섹스는 절
제에 대한 도전이며 동성애는 자연스러운 성적 질서의 도전이다.

　그리고 이 자기 도착적인 도전을 감행했던 어리석은 사람들은 이
미 하늘의 무서운 저주인 '에이즈'에 의하여 지구상에서 사라졌거나
사라지고 있는 중이다. 그러나 이들로 인해 아무 죄없음에도 피해를
받는 선의의 피해자들도 도매금으로 저주를 받았거나 받고 있는 중
이다.

　진리(眞理)가 가장 어두운 때야말로 진리(眞理)의 가치가 무엇인지
알게 해주는 때가 된다. 이 시대는 인류의 경전 중 가장 오래된 우
리의 경전이 고전쯤으로 머물러야 하는 한가한 시대가 아니라 우리
를 실제로 지켜 주는 절박한 필요를 느끼게 해주는 시대인 것이다.

❂　정북창비결　❂

> 인인호주위춘 가가시음위상
>
> 人人呼酒爲春　家家指淫爲常

❋ 사람들마다 술을 찾아 대니 봄이 되고 ,집집마다 음란한 행
위를 보통의 정도로 여긴다.

언론은 우리나라 성인남자의 30%가 알코올 중독위기에 처해있다고 말한다. 또 요즈음은 가정부인들은 애인을 갖는 것이 공공연한 유행이라고 한다.

❁   격암유록 은비가(隱秘歌)   ❁

節不知 靑春男女老少間 虛火亂動節不知
절부지 청춘남녀노소간 허화난동절부지

절도를 모르기는 청춘 남녀,노인,소년을 막론하고 마찬가지로 허깨비 사랑 놀음으로 난동을 부리는 철없는 짓을 한다.

처용가를 비롯한 우리 민족의 고대국가의 기록들은 남녀관계가 놀라울 정도로 자유로웠음을 말해 준다. 그러나 그와 동시에 지구상에서 가장 세련된 윤리도 생활화되어 있었다. 즉 366 사(참전계경), 단군팔조교와 삼륜 구서 등에서 볼 수 있는 만세 표준의 윤리가 그것이다.

우리 민족 고대국가의 윤리는 중일경에 명문화된 자유와 평등을 근거로 하는 것이다. 이러한 사회윤리는 조선조의 수직적인 사회윤리와 대단히 다른 것이다. 조선조에서는 남녀간의 수직적인 윤리를 극도로 강조하여 일반 백성들은 질식할 정도로 숨막히게 만들어 놓아 예외조차 만들어두지 않았다.

지배 계층은 부인 외에도 별당아씨와 첩과 기생 등에 묻혀 사는 특권을 누리며 윤리의 중심이 되는 정신을 지켜야 할 장본인들이 그것을 스스로 짓밟고 있다. 그러나 조선에서 더 올라갈수록 중심이 되는 불변하는 윤리가 더욱더 명확하고 그와 동시에 선의의 피해자를 구제하는 예외도 폭 넓게 수용했다. 오래된 역사나 옛이야기에서 조선조의 비인간적인 내용과 상반되는 여러 가지 인간적인 내용들이 전해지는 것으로 이를 알 수 있다.

자유롭고 평등하되 중심이 흔들리지 않는 윤리야말로 직선적이 아닌 곡선적인 것으로서 우리의 초가집 지붕과 같이 부드러운 것이다. 이러한 우리 민족의 세련된 윤리와 현재 여기저기서 벌어지는 바다건너온 괴이한 윤리와는 근본적으로 다른 것이다.

예언서에서는 말세에는 남녀노소를 막론하고 이성(異性)에 대하여 인간으로서 최소한의 예의와 절도마저 잃는다는 것이다. 남자가 여자에게,여자가 남자에게 서로를 인간으로 대우하기 위해서는 서로간에 인간으로서의 예의와 절도가 반드시 필요하다. 그러나 이성을 단지 성적인 대상으로만 여긴다면 서로를 인간으로 대우하는 예의와 절도가 전혀 필요 없다.

단지 개나 말처럼 서로 좋으면 교접하고 새끼를 낳고하는 것으로 충분하다. 현실적으로 전세계적인 흐름인 남녀간의 도덕의 파멸은 인간 스스로가 스스로의 위치를 개나 말과 같은 짐승으로 설정하는 것이다.

우리나라의 현실도 이러한 문제가 서양의 철(哲)없는 문화의 파급으로 인해 사람들이(衆) 그 정도를 지나치고 있는지 오래라고 보여진다.

❂　　격암유록 조소가　❂

불고가사 광부녀 일일삼식하처생　不顧家事 狂夫女 一日三食何處生

　집안일을 살피지 않고 탐욕에 눈이 어두워 미친 사람처럼 헤매는 남녀들이 하루 세 끼 먹는다고 말세에 살아 남을 수 있겠는가 ?

　　단군팔조교에서 "부모는 곧 하나님이다."는 내용을 부연하면 "자식은 곧 천사(天使)다." 라는 말을 포함하고 있다고 보여진다. 하나님과 천사들의 전당인 가정은 인간에게 그 이상 없는 평화와 안락을 주는 신전(神殿)이다. 따라서 가정의 일이란 곧 하나님과 천사가 계신 신전(神殿)을 돌보는 가장 성(聖)

스러운 일이다.　이러한 가정을 돌보지 않고 집 밖으로 미쳐 돌아다니는 남녀는 하루 세 끼 밥만 먹는다고 말세에 살아남을 수 없다는 것이다. 우리 민족의 윤리는 가정에서 시작하여 사회로 국가로 세계로 향한다. 그 시작점인 가정이 부실하다면 아무것도 시작될 수 없는 것이다.

❁　　격암유록 은비가　❁

> 末世愚盲蠢고몽롱 視國興亡如草芥
> 말세우맹준고몽롱 시국흥망여초개

　말세에 사람들은 어리석어서 눈이 있어도 못보고 몽매하여

귀가 있어도 듣지 못한다. 말세에는 사람들이 나라의 흥망을
보기를 초개와 같이 가볍게 안다.

가정이 하나님과 천사가 사는 신전(神殿)이라면 그러한 가정들이
모여서 이루어진 것이 나라이다. 따라서 나라가 없으면 가정이라는
신전(神殿)도 없고 부모라는 하나님도 자식이라는 천사도 존재할 수
없다. 이 같은 개념은 삼륜구서에서 '내가 있고 나라가 없느니 보다
는 내가 없고 나라가 있는 것이 낫다.' 라는 는 내용으로 잘 표현되
어 있다.

✵   팔공진인총담   ✵

後世滅乾坤大德 端始於現兌方之人
후세멸건곤대덕 단시어현태방지인
只呼父而不之母之恩 忘誕之說道也
지호부이부지모지은 망탄지설도야

世豈有 有天無地 有父無母之理
세개유 유천무지 유부무모지리

兌人之 可謂尊天父 無地母 將來人類皆 禽獸之兆
태인지 가위존천부 무지모 장래인류개 금수지조

태방(兌方): 서쪽으로 미국의 방향.

후세에 하늘과 땅의 큰 덕이 멸하게 되는 것은 현재의 태방 사람들 에게서 시작된다. 단지 아버지를 부를 뿐 어머니 ⊠의 은혜를 모르니 이는 망령된 도이다. 세상 어찌 하늘만 있고 땅이 없거나 아버지만 있고 어머니가 없는 이치가 있을 수 있겠는가 ?

태방의 사람들이 하늘의 아버지를 높이고 어머니가 없음은 장래의 인류가 모두 금수가 될 조짐이다.

역경의 설괘전에 아버지를 건(乾),어머니를 곤(坤)이라 했다. 건을 선천으로 본다면 곤은 곧 후천이다. 팔공진인은 이 원리를 적용하여 아버지를 선천, 어머니를 후천이라 했다.

미국인들은 아버지만 부르고 어머니를 부르지 않으니 이는 곧 대자연의 법칙을 무시한 것으로 장차 인류가 금수가 될 징조라 했다. 그리고 이 논리는 선천 시대에는 통하지만 후천 시대에는 통하지 않는 논리로서 후천시대가 되기 전 금수를 멸함이 미국에서부터 시작된다 했다.

생각해보면 팔공진인이 말하는 내용에는 대단히 깊은 뜻이 있다. 미국인이 아버지를 부를 뿐 어머니를 부르지 않으니 인간이 금수가 될 징조라는 말은 미국인은 어머니의 위치를 가볍게 본다는 의미로 볼 수 있다.

생각해보면 미국 여자들은 여자로서 대우받는 것을 절대로 포기하지 않으려고 한다. 만일 여자로서의 대우와 어머니로서의 대우중 선택을 해야 한다면 어머니로서 대우 받는 것을 포기하려는 경향이 두드러져 보인다.

대통령 부인이 대통령이 사망하자 어머니로서의 위치를 외면하고 다른 나라의 사업가에게 재혼하는 것이 별로 이상하지 않은 풍

습이 그것이다. 어머니의 위치보다 여자로서의 위치가 강조되는 사
회는 여자의 아름다움만이 모든 것에 우선하는 가치를 지니게 된다.
'헬레나'라는 예쁜 여자 하나로 그리이스 연합군과 트로이가 전쟁을
벌린일에서 헬레니즘이라는 이름이 나왔다. 그리고 그 헬레니즘이
서구문명의 바탕이다.

이러한 문명에서는 여자들은
다른 무엇보다도 아름다움을 가
지기 위한 치열한 경쟁을 벌리게
된다. 그러나 이는 원천적으로
불평등한 경쟁이며 또한 가장 비
생산적인 경쟁이 아닐 수 없다.

불치의 병인 에이즈보다도 더
무서워 백약이 무효라는 이른바
'공주병'도 이같은 소모적인 경
쟁의 산물인듯하다. (물론 이는
우스게 이야기지만 '공주병'은
매우 치사율이 높은데 , 그 이유는 실속없이 잘난체하다가 결국은
사람들에게 몰매 맞아 죽기 때문이라 한다.)

이같은 점이 우리의 배달문명과 근본적으로 다른점이다. 우리나라
의 여자들은 어떤 일이 있어도 어머니로서의 지위를 포기하려 하지
않으려는 기본적인 심성을 가지고 있다. 만일 여자와 어머니 중 선
택하라고 하면 차라리 여자로서 대우 받는 것을 기꺼이 포기하는
것이 우리 민족의 여성이 가진 두드러진 특징이다.

생각 해보면 여자에게 아름다움이란 긴 인생에서 잠시 동안 머무
르는 손님에 불과하다. 그래서 열흘 이상 피는 꽃 없다는 속담까지
있다. 그러나 어머니의 위치는 영원히 지속되며 어떤 경우라도 불

변하는 절대적인 지고한 지위이다.

잠시 동안의 즐거움을 위하여 영원한 가치를 버리는 것을 유치하고 어리석다고 말한다.

서양의 경우처럼 여자가 나이가 들어서도 최고급 향수와 짙은 화장과 비싼 옷을 입고서 여자로서 대우 받으려고 안간힘을 쓸 때 그건 추하다는 느낌보다는 불쌍하다는 느낌이 먼저 들것이다.

반면에 아침에 아이들을 깨우며 엄마와 아이들간에 주고 받는 무언의 대화에서부터 시작하여 밤에 아이들을 재우는 눈빛에서 나타나는 어머니로서의 모습은 참으로 자연스럽다. 그리고 자연스러운 만큼 사랑스러움과 아름다움이 진하게 배여 나온다.

이 세상 남자들에게 여자들이 그보다 더 큰 감동을 매일같이 주기는 쉽지 않을 것이다.

서양의 유치하고 어리석은 풍습은 이미 전세계로 퍼졌다. 그리고 배달문명의 종주국인 우리나라까지도 예외가 아닌듯하니 인류가 금수가 될 징조라는 예언은 이미 예언이 아닌 것이다.

✸　　팔공진인총담　✸

天地變易之時 先滅其種者 兌人乎
천지변역지시 선멸기종자 태인호

태방(兌方):미국

　하늘과 땅이 뒤바뀔 때 먼저 태방(兌方) 사람들의 종자가
멸종(滅種)하게 된다.

　미국인 예언가 에드가 케이시는 1901 년에 태어나 1945 년 죽을
때까지 1 만 4 천 여건의 예언하여 직관을 통한 예언으로는 금세기
최고의 예언가로 알려진 인물이다.
　그는 말하기를 "수 십년 내에 세인트 로렌스강을 통해 흘러 들어
가는 오대호의 물이 멕시코만으로 흘러들어 갈 것이다."라고 예언을
한바 있다.
　에드가 케이시의 예언이 실현된다는 것은 역사상 한번도 없었던
어마어마한 천재지변이 일어남을 말하는 것이다. 그리고 그가 말한
수 십년 내라는 말은 지금도 유효한 기간이다.
　행여나 말세의 어지러움을 보고 미국으로 도피하려는 돈과 권력
을 가진 사람들이 있다면 이야말로 화약을 지고 불에 뛰어드는 형
국이 될 가능성이 크다는 것을 팔공진인은 말하고있다.
　이 경우는 여우를 피하려다 호랑이 만나는 격이 되는 것이다.

❂　노스트라다무스　❂

> 볼스크들의 괴멸은 너무나 처참하다.
> 그들의 거대한 도시는 썩고 치명적인 질병으로 넘치리라.
> 태양과 달은 빼앗기고 그들의 사원은 붕괴되어
> 두 강은 흐르는 피로 빨갛게 물드리라.

볼스크: 미국과 유럽인의 조상인 반달족을 말한다.

노스트라다무스는 미국과 유럽인 전체의 괴멸을 말하고 있다. 그들의 도시가 썩고 치명적인 질병이 넘치리라는 예언은 이미 지금의 현실에서도 이해될 수 있는 내용이다.

그러나 태양과 달을 빼앗긴다는 말은 무엇인가 ? 또한 그들의 종교의 전당인 사원이 붕괴된다는 것은 무엇인가 ? 두개의 강이 피로 물든다는 것은 무었을 말하는가 ? 참으로 무서운 예언이 아닐 수 없다.

제 10 부   중입론(三入論)

진사삼변론 (辰巳三變論) 이 예언서의 핵심부분이라면 그 시기를 평범한 사람들이 어떻게 극복하는가 하는 부분은 그에 못지않은 중요한 부분이라 할 것이다. 그 내용이 곧 중입론(中入論)이다.

✪   감결(鑑訣)   ✪

> 가가급제 인인진사 세인해지 후유현인
> 家家及第 人人進士 世人解知 後 有賢人

집집마다 급제요 사람마다 진사로서 세상 사람들이 모두가 함께 지식을 공유하게 된 연후에 어진 사람이 비로서 출현한다.

모든 사람이 함께 안다는 것은 모든 사람이 함께 지식을 공유하는 것이며 나아가 모두가 깨닮음을 얻는 단계이다. 이는 현재의 물질문명이 정보화시대라는 연결고리를 거쳐 정신문명사회의 도래를 말한다. 모두가 물질문명의 혼탁에서 벗어나 모두가 아는 정신문명으로 접어든다는 말을 예언서는 모두가 알때 비로서 인류가 수천년간 기다려온 성인(聖人)시대가 열린다는 말로 표현했다.

인간은 알면 믿지 말라고해도 믿게된다. 지나온 물질문명시대는 인간의 기초적인 본능인 알권리보다는 알기전에 믿으라는 수직적인 권위와 복종의 규율을 앞세웠다. 모두가 아는 시대는 수평적인 정신적 평등의 시대이다. 모든 인간의 중심에 하나님이 계시므로 모두가 절대적으로 평등하다는 정신적평등의 시대가 열리는 것이다.

✿ 팔공진인 총담 ✿

> 신조고역 필복이후 신인지도 대명어세 오덕관 천하의
> 神祖古域 必復而後 神人之道 大明於世 五德冠 天下矣

오덕관 (五德冠) : 안시성(安市城)

　단군조선의 옛영토는 반드시 회복이 되며 그후 단군왕검께서 전해주신 가르침이 세상을 크게 밝히는 때가된다. 그때는 대륙의 안시성(安市城)이 그 중심이 된다.

　우리나라 예언서의 양대 주제는 물질문명에서 정신문명으로의 전환과 해양세력의 활력이 대륙세력으로 넘어간다는 것이다. 그리고 우리 배달민족은 이 두가지의 대혁명의 주체가되어 세계사의 흐름을 주도한다는 것이다.　대항해시대이래 유럽이 가지고있던 세계적인 활력이 미국으로 넘어가고 그것이 다시 일본으로 넘어갔다. 이제 이 해양세력들의 주도권은 대륙으로 넘어가는 중이며 그 중간에 해양과 대륙에 걸쳐있는 우리한반도에 활력이 머물게됨은 당연한 이치일 것이다.　팔공진인은 장래의 국도(國都)가 충청도 계룡산이라는 말은 천리(天理)를 모르는 자들이 망녕된 소리로 사람들을 유혹하는 말에 불과하다고 잘라 말했다.　장차 우리민족의 국도(國都)는 만주의 혼춘(渾春)과 양평(壤平)사이에 있다고 말한다 . 그곳이 홍익인간이 이루어지는 진계룡(眞鷄龍)이라는 것이다. 이는 곧 단군조선의

───────────

 천부경의 예언론 제 1 권 '신지비사' 172-238p　최동환지음 삼일
 천부경의 예언론 제 1 권 '신지비사' 205-208p　최동환지음 삼일

옛영토의 중심이다.

　혼춘(渾春)은 두만강 하류의 북한,러시아,중국의 삼각교차점에 가까운 곳으로 U.N.D.P 에서 지으려는 공업지구로서 대륙의 관문이다. 양평(壤平)은 북경북쪽의 창평(昌平)임이 밝혀지고있으나 이는 더욱 더 서쪽일 가능성도 있다.

새시대는 단군조선의 영토를 회복하고 수도는 단군삼경(檀君三京)을 중심으로 정해지며 그곳이 계룡(鷄龍)이다.

아사달(하얼빈

안시성

평양

표시된 세곳이 단군삼경

　따라서 새시대의 우리나라 국도(國都)는 만주의 중앙에 위치했던 과거의 단군삼경(檀君三京)을 그대로 회복한다는 것을 말하고 있는 것이다. 단군삼경(檀君三京)은 지금의 하얼빈인 아사달과 평양 그리고 안시성이다. 팔공진인이 말하는 오덕관(五德冠) 은 곧 안시성(安市城)이다. 안시성(安市城)은 중국대륙과 몽고고원,시베리아를 통제

하는 위치이다. 미래의 통일 한국이 이곳을 주축으로 한다면 만주를 회복한 후 본격적으로 중국대륙으로 진출한다는 의미가 내포되어 있는 것이다. 결국 예언서가 말하는 것은 우리민족이 왔던곳으로 다시 돌아간다는 것이다. 그리고 떠날때의 정신인 천부경(天符經) 사상을 회복하고, 전세계의 모든 사상을 그 종주국보다 더 분명히 이해하고 설명할수있는 보다 광대한 포용력을 갖추어 돌아간다는 것이다. 그리고 현재의 대륙세력인 중국은 티벳트와 중앙아시아의 국가들이 떨어져나가고 또 남북으로 분열하며, 러시아는 동서로 분열하는 와중에서 그 주도권을 받을 여유가 없게될 것이다.

이같은 기회는 고려말 원나라가 중국대륙에서 명나라에게 밀려나며 만주를 명나라보다는 우리에게 넘겨주려했던때 있었다. 당시에는 깃발들고 만주에 가기만하면 우리의 옛땅 만주를 회복할 수 있는 상황이었다. 그러나 재세이화,홍익인간이라는 우리고유의 강력한 힘을 쓰지 못했던 우유부단한 고려는 기회를 놓치고 이성계에게 나라까지 빼앗겼다.

그리고 재세이화와 홍익인간에 관해 수천년전부터 축적해온 가장 확고한 기초가있는 우리민족에게 다시금 결정적인 기회가 온다는 것이다. 우리는 그동안 이룬 경제적능력 즉 재세이화(在世理化) 를 토대로 모두에게 모두 이로운 홍익인간(弘益人間)의 정치철학으로 과거 단군조선이 전쟁없이 천하를 통일했듯이 단군조선의 과거 영토를 무력이 아닌 평화로 승계한다는 것이다.

이같은 관점으로 볼때 만주에 살고있는 한인교포 200 만명은 새역사를 여는일에 대단히 중요한 역할을 담당할 보배로운 존재들이 아닐 수 없다. 또 그분들은 대부분 우리민족이 가장 암울했던 시대인 일제때 과감하게 무장독립투쟁을 벌렸던 자랑스러운 독립투사들의 자손들이니 더욱더 소중한 분들인 것이다.

생각해보면 만주독립군이 없었다면 우리민족은 남의 총칼에 짓밟혀도 변변한 무장투쟁한번 못해본 한심스러운 민족이 될뻔 한 것이다. 그런데 이 시대의 우리들은 노동일이라도 해서 낫게 살아보겠다는 그분들에게 얼마나 사기를 쳤던지 200 만중 10%인 20 만명이상이 피해자라고한다. 그리고 얼마나 원한이 맺혔던지 남한 사람을 상대로 테러단을 만들겠다고 말할 정도라고한다.

참으로 부끄러워 무어라 할말을 잊게하는 일이 아닐 수 없다. 누가 이분들에게 우리가 통일을 이루겠다고 말할 수 있겠는가 ?

우리가 쓰라린 댓가를 치루어야할 혼돈의 시대는 이제부터 시작이며 파천황의 시대는 아직도 멀다는 탄식이 저절로 새어 나온다.

❂　　감결(鑑訣)　❂

정왈 경모세 모년 유지각자생 무지각자사

鄭曰 經某歲 某年 有知覺者生 無知覺者死

정이 말하기를 모년이 지나 모년에 이르면 지각이 있는 사람은 살고 ,지각이 없는 사람은 죽는다.

인간을 살리는 것은 언제나 천기(天機)와 지리(地利)와 인화(人和)를 아는가 모르는가이다. 인간을 죽이는 것도 마찬가지로 이 셋을 아는가 모르는가에 달려있다.

❂　　감결(鑑訣)　❂

선입자환 중입자생 후입자사

先入者還 中入者生 後入者死

때를 일찍 택한 사람은 되돌아오고 , 때를 중간에 맞춘 사람
은 살며, 때를 늦게 맞춘 사람은 죽는다.

　물질문명과 정신문명의 대전환과 해양세력과 대륙세력의 주도권
이 전환되는 인류역사상 가장 거대한 대변혁기를 맞아 정확한 때에
정확한 정보로 때를 맞추어 용기를 내어 위험부담을 기꺼이 감수하
고 　기회를 포착한 중입자는 산다. 그러나 물질문명식 사고방식과
시대에 맞지않는 정보에 집착하는 사람은 머물곳이 없으니 되돌아
온다.

　후입자는 눈으로 보고 알면서도 용기가 없어 때를 놓친 사람들로
서 죽는다.

❁　　경주 이 선생 가장결　　❁

혹유선란 혹유후란 부지선후이신입 즉필견불측지화 가불신재
或有先亂 或有後亂 不知先後而信入 則必見不測之禍 可不愼哉

　혹은 먼저 어지럽고 혹은 나중에 어지러울 수 있다. 따라서
선후를 알지 못하고 들어가면 반드시 예측하기 어려운 환란을
당하리라. 이러한즉 어찌 신중하지 않을 수 있으랴 ?

제 1 장　 중입(中入)이란 ?

예언서는 선입(先入), 중입(中入), 말입(末入)이라는 기회 포착의 시

기를 말한다. 여기서 중입에 대한 일반적인 해석은 이른바 십승지(十勝地)를 찾아 들어갈 때를 말한다. 십승지(十勝地)는 전란을 피해 살아남을 수 있는 장소라고 말해지는 곳이다.

예언서마다 조금씩 다르지만 대체로 풍기와 예천,안동과 화곡,개령과 용궁, 가야, 단춘, 공주와 정산과 마곡의 골짜기, 진천과 목천, 봉화, 운봉의 두류산이라고 감결(鑑訣)에서 말한다.

그러나 예언서에서 말하는 십승지(十勝地)는 움직일 수 없는 땅으로서 시시각각으로 상황이 바뀌는 세상의 변화와 관계없이 태고적부터 그 자리에 움직이지 않고 있는 장소이다. 십승지(十勝地)가 비록 좋다고 해도 천시(天時)와 인화(人和)가 뒷받침되지 않는 다면 오히려 다른 곳보다 못한 궁벽한 산골에 불과한 것이다.

그리고 십승지(十勝地)에 들어가고 싶다고 해도 부귀를 누리는 사람은 부귀가 아까워 십승지(十勝地)에 들어가지 못한다. 또 부자가 십승지(十勝地)에 들어가는 것은 짚단을 지고 불길에 뛰어드는 것이라고 했다. 가난한 사람은 생계를 꾸리기에 급하여 십승지(十勝地)에 들어가지 못한다. 직장 생활하는 봉급자는 더더욱 직장에 매여 십승지(十勝地)에 들어갈 수 없다.

이러 저러한 현실적인 어려움을 뒤로하고 혹 십승지(十勝地)에 들어간다 해도 정혈(正穴)을 찾기는 건초 더미에서 바늘 찾기와 같으니 역시 만에 하나도 제대로 십승지(十勝地)에 들어가기가 어려운 것이다.

또 정혈(正穴)을 찾았다 하더라도 천시(天時)와 인화(人和)를 얻지 못하면 그 곳이 곧 무덤이 된다. 멀리 볼 것도 없이 6.25 때 지리산과 소백산, 태백산을 비롯한 여러 십승지가 병화(兵禍)를 피해 살아남을 수 있는 장소이기는 커녕 다른 곳에는 평화가 찾아왔어도 십승지(十勝地)는 병화(兵禍)의 한 가운데였다.

따라서 천리(天理)와 천시(天時)를 얻지 못한 상태에 십승지(十勝地)를 찾을때 어떤 위험이 닥치는가를 알 수 있다. 이런 이유로 동차결(東車訣)에서는 "나를 죽이는 자 깊은 산의 궁벽진 곳의 십승지이다.(殺我者 十勝 其深山窮谷)"라고 극단적으로 잘라서 말했다. 또 정북창 선생은 말하기를 소위 십승지라는 곳이 먼저 혹독한 화를 당한다.(名勝界 先被酷禍)라고 했다.

따라서 중입(中入)이라는 개념을 풍수지리적인 지리개념만으로 보는 것은 지극히 어리석은 방법이다. 이는 십승지를 찾아헤멘 십승지 비결파들이 첩첩산중의 십승지를 찾아와 화전민으로 살아가며 고생하다 다시 빨지산에게 고초를 당하는 등의 쓰라린 아픔을 기억해내지 못하는 바보스러운 일에 불과한 것이다.

따라서 예언서에서는 천(天理)와 천시(天時)를 강조하여 천십승(天十勝)을 먼저 알고 지십승(地十勝)을 다음에 알라고 했다.

예언서는 삼일신고(三一神誥)가 가르쳐지는 곳을 가라는 말로 소울음소리가 나는 곳을 찾아가라고 했다. 이말은 배달민족 고유의 경전인 천부경, 삼일신고, 366사(참전계경)이 가르쳐지는 곳에서 천리(天理)와 지리(地理), 인화(人和)를 한꺼번에 얻을 수 있다는 말로 압축할 수 있다. 바로 그곳이 진정한 십승지(十勝地)인 것이다.

제 2 장   궁을인(弓乙人)

우리나라 예언서의 내용은 우리나라의 역사와 경전과 밀접한 관계가 있다. 그점에서 볼 때 궁을인(弓乙人)은 새로운 개념의 인물들이 결코 아니다. 이들은 과거의 역사 속 공동체 인물들의 부활로 보는 것이 타당할 것이다.

혼돈과
파천황

　우리나라가 동북아를 호령하던 강력한 힘을 가지고 있었던 시절의 고구려와 백제와 신라에는 그 국가를 지탱하던 인재들이 모인 공동체가 있었다. 고구려에는 조의,백제에는 수사, 신라에는 화랑이다. 이들의 원형은 모두 부여의 천왕랑(天王郞)에서 찾아진다.

　이들의 특성을 설명하는 기록으로는 신라를 강력한 나라로 만들어 삼국 통일의 바탕을 이룬 진흥왕이 "나라를 왕성하게 하려면 먼저 풍월도(風月道)를 일으켜야 한다."는 삼국유사의 기록에서 찾을 수 있다.

　이 풍월도(風月道)가 곧 풍류도(風流道)이며 현묘지도(玄妙之道)로서 우리 민족의 고유한 경전인 천부경, 삼일신고, 366사, 단군팔조교등의 이상을 실현하려는 공동체의 주체들로 설명된다.

　과거 대영제국의 상류층을 이루며 대영제국을 이끌었던 이튼학교 출신들은 그 대부분이 전쟁터에서 전사했다한다. 살아남은 나머지 가 대영제국을 이끌었다.

　그리고 미국의 케네디가의 형제들은 2차대전이 일어나자 다투어 입대했고 그 전쟁에서 전공을 세우려고 목숨걸고 경쟁했다. 그중 장남은 그 전쟁에서 사망하고 차남은 대통령이되었다. 이들은 국민의 존경을 받을수있는 가장 큰 기회는 목숨을 담보로하는 전쟁터에서 찾아진다는 미국의 건국이래의 역사의 교훈을 잘 알고 있었던 것이다.

그리고 이튼학교 출신이나 케네디가의 형제들과 같은 사람들을 수십명이나 수백명이 아니라 항상 수만명에서 수십만씩이 보유하고 있었던 불가사의한 나라들이 동북아에 있었다.

그 나라들이 바로 고구려, 백제, 신라이다. 인류역사상 그 누구도 따라오기 어려운 문무(文武)를 갖추고 동북아를 종횡무진하며 재세이화,홍익인간하던 고구려의 조의, 백제의 수사, 신라의 화랑들인 것이다.

이들이야말로 세계인을 외경스럽게하는 대영제국의 이튼학교 출신들이나 케네디가의 형제들을 무색(無色)하게 만드는 존재들인것이다. 일본의 무사도는 이들을 흉내내려고 노력은 했지만 경전이 없어 문무(文武)의 균형을 잃어버렸다.

우리나라의 역사서들은 과거 고구려의 조의, 백제의 수사, 신라의 화랑같은 인물들이 지금 자라나는 배달민족의 새싹들 가운데에서 다시금 부활하여 장차 우리 배달민족을 배달민족답게 만든다는 것이다. 이것이 예언서가 말하는 위기와 희망이다.

동서고금에 많은 성인이 있다. 그러나 살아있는 동안 도와 덕을 국가적으로 체계화시켜 사람들을 행복하게 만든 성인은 없다. 대부분 사후에 제자들이 성인들의 가르침을 경전으로 엮어 교단으로 성장하여 오늘에 이른것이 소위 고등종교일 것이다.

우리민족의 시조인 한인할아버지는 중앙아시아의 천산에서 한국(桓國)을 일으켰고. 한웅할아버지는 중국대륙의 중심인 태백산에서 배달국(倍達國)을 일으켰으며, 왕검할아버지는 만주의 백두산에서 단군조선(檀君朝鮮)을 일으켰다.

이 세나라의 세분 성인(聖人)은 모두 천부경(天符經)이라는 만교(萬敎)의 진리를 포함하는 경전으로 현실에서 직접 나라를 나스렸다는 공통점이 있다. 그리고 삼일신고(三一神誥) , 366 사(참전계경)라는

경전으로 이어지며 지금까지 전해지는 경전만도 십수권에 이른다.

동서고금에 나라와 민족은 많아도 우리와같이 성인(聖人)이 살아 있는 동안 도와 덕을 국가적으로 체계화시켜 재세이화,홍익인간의 철학으로 장구한 세월을 정신문명(精神文明)의 표본이 되는 국가를 이어온 민족은 단연코 없다.

고구려의 조의, 백제의 수사, 신라의 화랑같은 인물들이 배달민족이 다시 일어서는 결정적인 시기에 부활하여 장차 우리 배달민족을 배달민족답게 만든다는 것은 바로 이같은 오랜 전통이 있기에 가능하다는 것이다.

이들은 인간사회 전체의 구원과 , 인간 개개인의 구원을 동시에 이루는 더이상 더할수없고 뺄수도없는 완전무결한 경전의 내용을 현세에서 이루는 인물들이다. 조의, 수사, 화랑이 역사의 인물이라면 여러 예언의 직접적인 주체인 궁을인(弓乙人)은 미래의 인물들이다.

역사와 예언이 하나되는 우리나라 예언서의 특징이 가장 분명히 나타나는 부분이 바로 이 대목인 것이다.

생각해보면 고구려, 백제, 신라 이후에 이들은 간혹 부활한 바가있다. 임진왜란때 관군이 모두 도망간 적진에서 일어난 곽재우 장군이 바로 현묘지도의 인물이다. 또 구한말 이완용을 비롯한 민족 반역자 다섯명인 오적(五敵)을 총살하려 시도했던 인물 중 두분인 나철선생과 이기선생이 또한 현묘지도의 지도자들이었다⌐. 특히 만주에서 무장 독립투쟁을 절리던 분들의 다수가 현묘지도의 인물들이다.

이분들은 모두 고구려의 조의, 백제의 수사, 신라의 화랑의 부활이

⌐ 366 사(참전계경) '336 사의 기초정보와 전래경로' 68-74p
최동환 해설 도서출판 삼일

라 해도 전혀 과장이 아닐 것이다. 이분들이 곧 과거의 궁을인(弓乙人)으로 보아도 무리가 없을 것이다.

조의,수사,화랑이래 궁을인들의 생애를 생각해보면 우리 민족의 고유한 종교의 중요한 특징이 발견된다. 그것은 아무리 무능하고 악정(惡政)을 펼치는 정부라 해도 절대로 반기를 들지 않는다는 것이다.

조의,수사,화랑이래 궁을인들은 우리나라 역사상 한번도 불만세력으로 존재한 적이 없는 것이다. 다만 그 정부가 외국에게 위협을 받거나 망했을 때는 그 자세가 돌변하는 것이다. 평소에는 그런 사람들이 존재하는지조차 모르지만 나라가 위급에 빠졌을 때는 일제히 일어나 가장 먼저 목숨을 던지며 가장 강력한 무장투쟁을 벌리는 전통이 있는 것이다.

또 한가지 특징은 우리 민족 고유의 종교는 다른 종교와 다툼을 하지 않는다는 것이다. 우리에게는 수천년간을 천부경,삼일신고,366 사등의 세련되기 이를데 없는 경전과 조의,수사,화랑과 같은 정신적인 단체가 존재해 왔다. 그리고 외래 종교가 들어와 주인의 자리를 빼앗아도 그것 때문에 다툼이 있었다는 기록이 없다.

이 두가지 특징은 무엇을 말하는가 ? 주인은 어떠한 일이 있어도 주인끼리 싸울 수 없다는 대원칙을 말한다. 그리고 주인이 손님에게 불평을 하거나 싸운다면 이미 주인의 지위를 스스로 포기한 것이다. 따라서 주인은 손님과 달리 어떠한 일이 있어도 불만세력이 될 수 없다는 원칙을 말

한다.

진정한 주인은 역사의 무대에서 주역이냐 아니냐 하는 배역이 중요한 것이 아닐 것이다. 중요한 것은 스스로가 스스로의 주인이냐 아니냐 일 것이다.

이것이 바로 고구려의 조의, 백제의 수사, 신라의 화랑들이 가지고 있었던 기본적인 정신자세라고 생각한다. 비록 외래 정신에게 자리를 내주고 역사의 무대에서 사라졌다 해도 그 품격높은 의연한 자세는 오히려 오늘날까지 이어져 수천년동안 한번도 흐트려 본 적이 없는 놀라운 전통을 가지고있는 것이다.

이 같은 우리 정신의 굳건한 주인의식이야말로 우리 민족 고유의 경전인 천부경,삼일신고,366사,단군팔조교,중일경,삼륜구서 등에서 발견되는 기본 정신이다.

이제 그 모습을 만천하에 드러낼 궁을인(弓乙人)들의 모습 또한 이와같은 인물들임을 미루어 알 수 있다. 미래에는 나라를 이끌 인재를 이들에게서 찾는다는 예언서의 말이 바로 이러한 배경을 두고 하는 말인 것이다.

미래에 그 모습을 드러낼 궁을인(弓乙人)들과 과거의 궁을인(弓乙人)들과 다른 점이 있다면 단지 남녀의 비율 정도일 것이다. 과거의 궁을인(弓乙人)들에게는 이름을 남긴 여성이 전무(全無)에 가깝다. 물론 나타나지 않고 큰 역할을 한 여성은 부지기수로 많을 것이다. 그러나 미래의 궁을인(弓乙人)에게서는 역사에 이름을 남길 여성의 숫자도 크게 늘어나리라고 생각한다.

제 3 장 궁을인(弓乙人)

✪ 격암유록 새삼오(賽三五) ✪

> 만민지중 봉명천어 궁을지인순순교화
> 萬民之衆 奉命天語 弓乙之人諄諄教化

천어(天語):천부경, 삼일신고, 366사, 단군팔조교, 삼륜구서

궁을인이 삼성(三聖)의 가르침으로 순순 교화하니 만민이 그 가르침을 받든다.

천부경, 삼일신고, 366사, 단군팔조교는 삼성(三聖)께서 직접 전해 주신 경전으로 이는 곧 하늘의 말씀이다. 궁을인은 이를 배우고 익혀서 세상의 만민에게 교화를 하니 그 가르침을 세계만민이 받들어 모신다는 것이다.

✪ 격암유록 도부신인(挑符神人) ✪

> 세인조소기롱   최후승리궁궁
> 世人嘲笑譏弄이나 最後勝利弓弓일세

세상 사람들은 후세에 궁을이치 즉 천부경의 재세이화, 홍익인간의 진리가 출현할 때 이 이치를 따르는 궁을인에게 비웃고 조롱을 하지만 최후의 승리는 필변과 불변의 진리를 알고 있는 궁을인에게 있다.

예언서에서는 대도(大道)가 다시 출현할 때 아무 것도 모르는 사

람들이 이를 비웃으며 조롱한다는 내용이 자주 눈에 띈다.

또 그 대도(大道)의 주인공을 도부신인(挑符神人)이라고 하여 소제
목에 사용했다. 도부신인(挑符神人)에서 도부(挑符)의 의미는 복숭아
나무의 판자 위에 신상(神像)을 그려서 문 옆에 붙여 악귀를 쫓던
부적이다. 도부신인(挑符神人)이란 말세에 악귀(惡鬼)들을 쫓아내는
주체이다. 이는 우리나라 대부분의 예언서에서 말하는 말세에 출현
하는 구세주이다.

❂ 채지가 칠월식과(七月食瓜) ❂

> 肇乙矢口 左弓右弓 弓乙　　　入道
> 좋을시구 좌궁우궁 궁을보고 입도하소

조을시구(肇乙矢口):

조(肇)는 조국(肇國)으로 사용될 때 처음으로 나라를 세움을 말한
다. 肇乙에서의 乙은 곧 태극(太極)으로서 처음으로 태극이 출현하
여 나라가 열림을 말한다. 다시 말하면 수출서물(首出庶物)을 말하며
개천(開天)을 말한다. 그것이 을(乙)의 해라는 것이다.

시구(矢口)는 知로서 을(乙)의 해에 열리는 새시대를 알라는 것이
다. 따라서 조을시구는 새시대가 열리는 사실을 알면 '좋을시고'라
는 곡조가 저절로 나온다는 것이다.

칠월식과(七月食瓜):

참외(오이)가 익을 무렵이 곧 7월로서 한족의 춘추시대에 제양공
(齊襄公)이 연칭(連稱)과 관지부(管至父)에게 규구(葵丘)의 수비를 맡
겨 보낼 때 오이가 익을 무렵 돌아오겠다고 한 고사를 인용한 것이

다. 그리고 제양공(齊襄公)이 칠월식과(七月食瓜)를 말한 것은 역경의 천풍구괘의 구오(九五)에 대한 비유일 것이다. 이괘는 만난다는 의미를 지니고 있으며 특히 구오(九五)에는 이기포과(以杞包瓜)라하여 버드나무로 참외를 싼다는 내용이 있기 때문이다.

그리고 이 예언서의 저자는 다시 또 이 내용을 예언에 인용하여 임금과 신하가 다시 만난다는 의미를 함축하고 있는 단어를 소제목으로 삼았다. 이 예언서의 저자가 도달했던 학문의 깊이를 엿볼 수 있게 하는 대목으로 특히 역경(易經)에 대한 해박한 지식을 말해 준다.

후천의 지상천국이 열리니 천부경의 궁을(弓乙)의 진리가 펼쳐지는 곳으로 가서 입도(入道)하라.

❂　　격암유록 은비가(隱秘歌)　❂

> 말세성군 용천박 궁을지외 수지인
> 末世聖君 容天朴 弓乙之外 誰知人

용천박(容天朴):
한웅할아바지의 별칭인 용천백(龍天伯)과 같은 말. 한웅할아버지는 한단고기와 역경 등에서 용(龍)으로 묘사되었다. 또 태백산의 별칭이 곧 대박산(大朴山)으로 박(朴)이란 성씨가 아니라 한웅할아버지의 상징중 하나인 대박산(大朴山) 즉 태백산을 말한다.

말세에 출세하시는 성군 용천백(龍天伯)을 궁을인 외에 누가 알겠는가?

　위의 내용은 '능지삼신 구세주 우명재인 궁을선 (能知三神 救世主 牛鳴在人 弓乙仙)' 과 같은 말이다. 삼신이 구세주인 것을 아는 사람이 말세성군 용천박이 누구인지를 안다는 것이다.

　한인, 한웅, 왕검할아버지를 민간에서 삼신(三神)으로 불렀다. 그중 한분인 한웅할아버지의 상징이 대박산(大朴山) 즉 태백산이며 동시에 용(龍)이다.

　따라서 용천백은 곧 삼신(三神)중 한분인 한웅할아버지를 말하는 것이다. 또한 이 말은 역경의 설괘전에서 제출호진(帝出乎震)으로 설명되는 말과 일맥상통하는 말이다. 설괘전에서 진(震)은 곧 용(龍)이라 했으니 용천백(龍天伯)은 제출호진(帝出乎震)의 주체로서 역시 한웅할아버지를 일컫는 말이 된다. 격암유록에서 용천박(容天朴)으로 사용될 때는 두 가지가 있다.

　하나는 밝달 나라 밝달 임금이신 한웅할아버지를 의미한다.이 경우 박(朴)은 밝달로서 빛을 상징하며 인간의 성씨와 관계가 없다. 예언서의 저자는 후세 사람들이 이분을 어찌 알겠느냐라고 말한다. 둘째로는 수도선출 용천박(修道先出 容天朴)이라 하여 선천시대말에 나타나 후천의 길목에 들기 전에 활동하다 죽는 사람이다. 즉 선입(先入)하는 박씨성(朴氏姓)의 사람이다. 용천백(龍天伯)이란 말은 속담에도 나타난다. '길 닦아 놓으니까 용천백이 지나간다.'는 말이다. 이 말은 용천백을 문둥이로 표현한 말로서 '삼신상제를 맞기 위해 수 천년간 길을 닦았더니 결정적인 순간에 엉뚱한 문둥이가 길을 더럽힌다.' 는 우리민족 특유의 기묘한 비유법이다.

　이는 우리 민족이 아리랑 고개를 넘기 위해 수천년을 기다려 오며 준비해왔지만 결정적인 시기에 엉뚱한 인간들이 수천년 닦아 놓은 길을 자기 길처럼 먼저 지나가려 하는 상황을 예언한 절묘한 표현이기도 하며 이는 오늘날의 현실을 적절히 설명하는 속담이기도

하다.

❀   격암유록 송가전(宋家田) ❀

> 천계지중 유일봉에 어느성이 진성인고
> 千鷄之中 有一鳳에 어느聖이 眞聖인고
>
> 진성일인 알려거든 우성입중 차자드소
> 眞聖一人 알려거든 牛聲入中 차자드소
>
> 함지사지 조소중에 시비많은 진인일세
> 陷地死地 嘲笑中에 是非많은 眞人일세

봉(鳳): 예언서에서 말하는 봉(鳳)은 단군왕검을 말함.

우성(牛聲):

소울음소리--牛+口+言= 고(誥) . 단군조선 시대에 고(誥)는 삼일신고
의 준말로 사용되었다.

   천 마리의 닭 중에서 단 한 마리의 봉황이 있는 것처럼 수
많은 성인 중에서 어느 성인이 진짜 성인인가 ? 진정한 단 한
명의 성인이 누군지 알려거든 삼일신고(三一神誥) 외우는 소리
들리는 곳을 찾아가라. 혼란한 세상 속에 시비 많은 진인일세.

   삼일신고 외우는 곳이면 단군을 모시는 곳이니 송가전에서 말하
는 성인,진인은 곧 단군왕검임을 알 수 있다. 대체로 용(龍)은 한웅
할아버지, 봉(鳳)은 왕검할아버지를 상징한다.

   그러나 1996 년 현재에도 일부에서는 단군조선의 역사를 신화라고

하여 역사 속에서 제외시키는 실정이다.

천부경,삼일신고,366사를 비롯한 여러 경전이 단군조선을 통하여 전해져 그 진면목이 드러난지 오래지만 아직도 단군조선의 역사가 곰이니 호랑이니 하는 신화시대로 머물러야만 자신의 가지고 있는 이익을 지킬 수 있다고 생각하는 한국인들이 있다.

한국인이라면 누구도 감히 시비할 수 없는 성인이 이 시대에는 가장 시비 많은 성인이 되고 있는 것이다.

❀　　　격암유록 농궁가(弄弓歌)　　❀

천변만화궁궁도　불아종불천하통
千變萬化弓弓道　㐀亞宗仸天下通

불(㐀): 64괘가 의미하는 필변의 원리.
아(亞):을을의 이치로서 천부경 일적십거도의 중앙 36궁에서 출현하는 태극으로 불변의 원리.

종불(宗仸):
불(仸)은 人+天으로서 천인(天人)을 나타내니 신교총화의 불(市)로서 신불(神市)를 나타내며 이는 곧 한웅할아버지를 말하며 한웅할아버지께서 전해 주신 천부경,삼일신고,366사 등의 진리가 모든 진리의 종(宗) 즉 꼭대기임을 말함.

궁궁(弓弓)은 64괘의 필변하는 원리로서 천변 만화하는 도이며 그 중심이 되는 을을(乙乙)은 태극의 불변하는 원리이다. 이는 이 세상 모든 진리의 조종(祖宗)으로서 천하(天下)의 그 어떤 진리에도 통하지 않음이 없으며 과학,철학,종교 등 우주

삼라만상의 모든 이치와 인간사의 모든 이치가 설명된다. 그
주체가 곧 종불(宗市)로서 우리 민족의 시조(始祖)이시다.

제 1 절 시림(枾林)

시림(枾林)은 천부경,삼일신고,366 사의 밝달 이치를 닦으며 박달
이치를 알리는 사람들로서 궁을인과 같은 의미이다. 유림(儒林)과 같
은 용법으로 사용되었다.

❂   격암유록 성운론(聖運論) ❂

시장목   득운 市場木이 得運하여

시장목(市場木)은 곧 시목(市木)이며 시목(市木)을 한 단어로 만들
면 시(枾)자가 된다. 또한 시장이라는 내용에서 장소적 의미가 되어
신시(神市)가 되며 시장목이라는 의미에서 신단목(神檀木)이 된다.
시장목이 득운한다는 말에서 신시의 신단목 아래에서 개천을 이루
신 즉 일시무시일의 주체인 한웅할아버지께서 일종무종일의 주체
가 된다는 것을 설명한다.

[1] 시(枾)와 중(衆)

❂   산록집설(散錄集說)   ❂

| 시모자생 중모자사 | 柿謀者生 衆謀者死 |

밝달진리를 따르는 자는 살고 시류를 따르는자는 죽는다.

  격암유록 내패예언육십재 ✿

| 시모인생 세모인사 | 柿謀人生 世謀人死 |

이 내용은 현묘지도의 삼일신고와 366사의 구성 원리를 설명한다. 즉 삼일신고와 366사는 가르침을 전하는 주체는 철(哲)이라 했고 가르침의 대상은 중(衆)이라 했다.

이는 다시 천부경의 일적십거도에 중앙 36이 설명하는 불변의 진리와 불변의 진리를 전하는 주체가 곧 철(哲)이며 외부의 64괘가 설명하는 64민(民)을 중(衆)으로 본 것이다.

즉 배달민족의 출발을 태극인 한웅할아버지와 64민(民)인 중(衆)으로 보는 한단고기와 같은 내용으로서 시(柿)는 곧 불변의 진리와 불변의 진리를 전하는 주체이며 한웅할아버지 또는 한웅할아버지의 가르침을 의미하며 중(衆)은 64민(民)이 의미하는 배달민족을 가리킨다.

우리가 흔히 중이라고 말하는 이 어휘는 우리 민족이 배달국이래 전해진 삼일신고와 366사의 어휘임을 알아야 할 것이다. 삼신(三神)이 철(哲)로 표현될 때 그 분들의 가르침을 따르던 고구려의 조의,백제의 수사,신라의 화랑들은 곧 중(衆)이 되는 것이다..

♣ 천부경의 일적십거도를 간략히 한 위의 그림의 모양이 또한 회(回)자가 되며 회문촌(回文村)이란 바로 이러한 도형을 사용하는 사

람들이 모인 곳이다. 즉 궁을촌이 또한 위의 그림으로 설명되는 것
이다.

♣ 소위 "철들었다."는 말은 바로 위의 그림에서 말하는 철(哲)을 말
한다. 천부경의 36 궁이 의미하는 우주 삼라만상의 불변하는 이치를
깨닭은 것이 우리말의 '철(哲)들었다.'이다.철(哲)은 곧 '밝음'으로서
'밝달'과 같은 말이다.즉 '배달'과 같은 말인 것이다. '철학(哲學)'이
란 곧 '광명의 가르침', '밝달의 가르침', '배달학' 으로 설명되는
말이다.

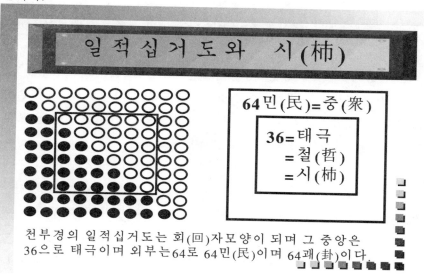

천부경의 일적십거도는 회(回)자모양이 되며 그 중앙은
36으로 태극이며 외부는64로 64민(民)이며 64괘(卦)이다.

삼일신고와 366 사 공히 철(哲)과 중(衆)이 대비되어 설명된다. 여
기서 중(衆)이란 64 괘가 의미하는 필변하는 시간에 구속되는 존재로
서 삼일신고에서는 인물(人物)이다. 즉 인간과 만물을 모두 함께 중
(衆)이라고 하는 것이다.

혼돈과
파천황

우리말의 '짐승'이란 곧 이 중생을 가르키는 것으로서 아직 철(哲)이 되지못한 인간이며 철(哲)이 되어야만 하는 사람들이다. 또한 민족으로 따질 때는 배달민족의 시작이 곧 64민이며 그 중심에 철(哲)인 한웅할아버지가 계시다. 중(衆)과 철(哲)이야말로 우리 민족이 최소한 6000년을 써온 말이지 결코 외래어가 아닌 것이다.

❀   격암유록 세론시(世論視) ❀

삼신산하 우명지 우성랑자 시출천민 인개성취   무문도통 인인득지
三神山下 牛鳴地 牛聲浪藉 始出天民 人皆成就 …無文道通 仁人得地

삼신상제의 가르침인 삼일신고를 읽는 소리가 낭자하게 울려 퍼지는 곳에서 개천(開天)을 이룩한 한웅할아버지의 자손이 모두가 도통을 성취할 것이니 이른바 무문도통(無文道通)으로 어진 사람만이 그 곳에 들 수 있다.

우리 민족의 고유한 경전인 천부경,삼일신고,366사(참전계경),단군팔조교를 비롯한 십 수권의 경전과 역경 등은 모두가 천부경의 원리 안에서 설명된다. 특히 천부경의 일적십거도(一積十鉅圖)라는 한 장의 도형으로 이모든 경전의 핵심진리를 단번에 이해할수있게한다.
일적십거도(一積十鉅圖)는 우리나라의 모든 예언서의 가장 중요한 열쇄로서 이를 모르면 우리나라 예언서를 해독하기는 불가능하다. 단한장의 도형으로 우리 민족의 지적재산인 경전과 예언서를 모두 알 수 있는 것이다. 예언서의 저자는 이 일적십거도(一積十鉅圖)를 통해 이 모든 것을 아는 것을 무문도통(無文道通)이라고 말했다. 이는 글자가 아닌 도형이기 때문이다.

❂　　격암유록 새삼오(賽三五)　❂

서기동래구세진인　천생화시말세성군　　천인출예민구지
西氣東來救世眞人　天生化柿末世聖君　　天人出豫民救地

　서양의 기운이 동양으로 돌아올 때 세상을 구하는 진인은 하늘에서 태어나 밝달 진리를 펴시는 말세의 성군으로 화현하신 분이다. 이분은 천인(天人)으로 출현하시어 예정(豫定)된 백성을 구하기 위해 땅에 내려오신다.

　이 예언은 서양의 해양세력이 동양의 대륙세력으로 교체되는 시기가 우리민족에게 결정적인 기회가 온다는 것을 말하고 있다.

❂　　격암유록 세론시(世論視)　❂

시목부인 개지시목지림　　柿木扶人 皆之柿木之林

시목(柿木). 즉 밝달 진리를 밝힌 성인을 따르는 사람들이 곧 시림(柿林)이다.

　백두산 밝달나무 아래에서 한웅할아버지로부터 전해진 천부경,삼일신고,366사의 진리를 펴는 사람이 곧 시목(柿木)이니 이는 궁을선(弓乙仙)이며 그로부터 진리를 전해 듣고 따르는 사람들이 곧 시림(柿林)이며 궁을인(弓乙人)인 것이다.

❈ 격암유록 도부신인(挑符神人) ❈

> 평화상징감시자 시모자생 전했다네
> 平和相徵橄柿字 柿謀者生 傳

감시자(橄柿字): 市＋木인 시(柿)자는 감나무를 뜻하는 시(柿)자이다.

평화를 상징하는 밝달 진리를 따르는 시림(柿林)들은 산다.

우리 민족의 세분의 성(聖)스러운 분인 한인,한웅,단군님은 그 정치에 있어서 공통점이 있다. 즉 전쟁(戰爭)을 통하지 않고, 한 방울의 피를 흘리지 않고, 구한(九桓)을 통일했다는 점이다.

오직 천부경,삼일신고,366사,단군팔조등의 성(聖)스러운 가르침으로 현실세계를 지상천국으로 이끌었다는 점이 큰 특징이다. 격암유록은 바로 이 점을 강조하여 평화(平和)라는 말을 자주 썼다. 간단히 표현하면 재세이화,홍익인간이라 할 수 있는 가르침이다.

❈ 격암유록 궁을론(弓乙論) ❈

> 시목출성동서교주　　　柿木出聖東西教主

다시 세상에 나타난 밝달 진리를 처음으로 밝히신 세분이 곧 성인이며 동양과 서양의 종교를 통합하는 교주(敎主)이시다.

한국 고유의 정신은 종교라는 이름을 사용할 필요도 없다. 이는 생활 그 자체이다. 군이 종교라는 이름을 붙이자면 그 교주는 한인,

한웅,한검할아버지임은 영원 불변이다.

❂　　팔공진인총담　❂

> **인불변 진불가불지리　人不辨 眞市假佛之理**

사람들은 진불(眞市)과 가불(假佛)의 이치를 모른다.

　　팔공진인은 진불(眞市)과 가불(假佛)을 명확히 구분하고 있다. 팔공진인이 말하는 진불리(眞市理)란 신불천황(神市天皇)의 가르침인 천부경,삼일신고,366 사 등을 말한다. 그리고 자하선인과 팔공진인이 말하는 진불(眞市)의 불(市)자는 격암유록에서는 시목(市木)이라는 말로 사용하여 한웅할아버지와 신단목(神檀木)을 상징했다. 시와 목을 합하면　市＋木＝시(枾)라는 말이 된다. 결국 격암유록과 자하선인훈몽과 팔공진인총담은 하나의 내용을　말하고 있음을 알 수 있다. 따라서 이 세분은 하나의 원리를 공유(共有)하였던 인물들로 보인다. 또한 철(哲)과 중(衆)이 의미하는 진정한 뜻을 설명하는 것이다.

❂　　동차결의 숭불(崇佛)　❂

> 구반복고연고반반거상　상인반거반
> 舊斑復古然古斑反居常　常人反居斑
>
> 취용인재숭불지중　당차지시　구인종어양백
> 取用人才崇佛之衆　當此之時　求人種於兩白

구곡종어삼풍
求穀種於三豊

예전에 행세하던 양반이 복고하며 여러 대를 두고 내려오던 양반은 상사람이 된다. 상사람은 오히려 양반이 되며 인재는 숭불하는 무리에서 취용한다. 이때에 이르러 인간의 종자는 태백과 소백사이에서 구하며 곡식의 종자는 삼풍에서 구한다.

동차결에서 말하는 예전에 행세하던 양반이란 한국,배달국,단군조선, 고구려,대진국을 이어 천부경,삼일신고,366 사의 가르침으로 국가를 경영하던 주체이다. 이들이 다시 양반으로 복고한다 했고 여러 대를 내려오던 양반은 상인이 된다 했다. 숭불이란 숭불(崇市)로서 인재를 숭불하는 무리에게서 구한다 함은 한웅할아버지의 경전인 천부경, 삼일신고, 366 사의 가르침을 따르는 무리에서 인재를 취함을 의미한다. 요약하면 한웅할아버지의 천부경, 삼일신고, 366 사의 가르침을 따르는 시출천민(始出天民)이 다시 복고하며 국가의 인재를 이들에게서 구한다는 것이다.

이때에 이르러 인간의 종자는 태백과 소백사이에서 구한다 함은 천부경의 일적십거도의 흑점 45(소백)와 백점 55(태백)의 사이에 중앙 36 궁에서 출현하는 불변하는 진리인 태극의 진리, 삼천신(三天神)을 따르는 사람들에서 사람을 구하고 곡식의 종자는 삼풍(三豊) 즉 성통광명, 재세이화, 홍익인간을 모아 일신(一神)으로 돌아가는 진리에서 구한다는 것이다.

제 2 절   박활인(朴活人)

박(朴)은 역시 밝달로서 밝달 이치가 다시 세상에서 생명을 갖도록 천부경, 삼일신고, 366 사의 이치를 세상에 전한 분이며 박활인(朴活人)은 사라졌던 그 진리를 말세에 부활시켜 다시 이를 세상에 알리는 사람이다.

✿   격암유록 은비가(隱秘歌) ✿

> 진인출세박활인 궁궁합덕말세성
> 眞人出世朴活人 弓弓合德末世聖

밝달 진리 즉 배달의 진리가 다시 세상에 부활하니 그 진리에서 말하는 성인이 궁궁합덕의 말세 성군이다.

✿   격암유록 농궁가(弄弓歌) ✿

> 천지운승단당인 궁을합덕박활인
> 天地運乘但當人 弓乙合德朴活人

하늘과 땅의 운으로 중(衆) 즉 64 민(民)인 배달민족을 후천 지상천국으로 이르게 하는 가르침을 담당하는 분은 궁을합덕의 밝달진리를 펴는 분이다.

제 2 장 궁을촌(弓乙村)

궁을촌(弓乙村)은 예언서에서 말하는 공동체의 명칭이다. 예언서에서는 궁을촌(弓乙村)이라 하여 궁궁을을(弓弓乙乙)의 이치가 가르쳐지는 곳으로 급히 가라 했다.

'입생출사 궁을촌(入生出死 弓乙村)'이라 하여 궁을촌에 들어가면 살고 나오면 죽는다는 대단히 강력한 어조로 설명하고 있다. 다른 말로는 '삼신산하 우명지(三神山下 牛鳴地)'라하여 삼신일체의 가르침으로 삼일신고가 가르쳐지는 곳으로 가라 했다.

이는 천부경, 삼일신고, 366사(참전계경)등 십수권의 배달경전을 배우고 익히는 곳이 곧 천시, 지리, 인화가 하나가 되는 곳이라는 말이다. 또 이 서구(李書九)선생은 채지가(菜芝歌)에서 이 말을 다른 말로 바꾸어 '찾아가세 찾아가세 회문촌(回文村)을 찾아가세'라 했다. 진정한 십승지(十勝地)란 바로 궁을촌, 회문촌임을 알 수 있는 것이다.

제 1 절 궁을촌(弓乙村)

❂ 격암유록 말운론 ❂

> 입생출사 궁을촌 천정인심환정가 리매발불탈인심
> 入生出死 弓乙村 天定人心還定歌   魅發不奪人心

들아 가면 살고 나오면 죽는 궁을촌에는 하늘이 주신 인심을 되돌려 정하는 노래가 불려지니 괴상한 도깨비들이 인간의 마음을 빼앗지 못한다.

　말세의 극히 어려운 시기에 궁을촌에 들어가면 살고 나오면 죽는다. 궁을촌에는 삼신(三神)께서 인간에게 부여해 준 삼진(三眞)인 선청후(善淸厚)를 되돌리는 노래 즉 삼일신고(三一神誥)가 가르쳐지는 곳이다.

✿　격암유록 세론시 ✿

> 삼신산하 우명지　　우성낭자 시출천민
> 三神山下 牛鳴地　　牛聲浪藉 始出天民
>
> 인개성취 궁궁시구　입어극락 을을시구
> 人蓋成就 弓弓矢口　入於極樂 乙乙矢口
>
> 무문도통 인인득지
> 無文道通 仁人得地

　삼신산 아래 소 울음 소리가 나는 곳은 6000년 전 개천이래 천손들에 의하여 전해진 삼일신고(三一神誥) 외우는 소리가 낭자하게 들리며 사람마다 모두 이루리라. 궁을을 아니 신국의 천궁에 이르고 을을을 아니 무문도통을 이루니 어진 사람이라야 얻을 수 있는 땅이다.

　시출천민(始出天民)은 배달민족의 출발이 한웅할아버지께서 개천(開天)을 하시고 천부경, 삼일신고,366사로서 교화하신 육십사민(六十四民)을 말한다. 이 혈통과 가르침을 말세까지 그대로 가지고 있는 백성이 곧 시출천민이다. 삼신산하 우명지(三神山下 牛鳴地)란

시출천민 즉 궁을인이 모여서 한웅할아버지께서 하신 말씀인 삼일
신고를 외우는 곳이다.

❊   격암유록 새삼오(賽三五)   ❊

> 종지궁을 영무실패 아국동방 만방지피란지방
> 從之弓乙 永無失敗 我國東方 萬方之避亂之方
>
> 민견종시천수대복 부실기시 후회막급의
> 民見從柿天受大福 不失其時 後悔莫及矣

궁을 이치를 따르면 영원히 실패가 없으며 우리나라야말로
전세계를 통틀어 피란할 유일한 땅으로서 일반인들이 궁을 이
치,밝달 이치,천부경(天符經) 이치를 보고 따르면 하늘에서 복
을 받지만 때를 놓치면 후회해도 소용이 없다.

궁궁은 64괘의 원리로 시시각각 변화하는 필변의 이치를 설명하
고,을을은 태극으로 불변하는 원리를 설명한다.
이 궁궁을을은 이 두 가지의 원리를 모두 사용하는 사람들의 상
징이다. 따라서 이러한 사람들이 있는 곳에서는 영원히 실패가 없다
는 것이다. 따라서 전세계에서 환란이 피해 가는 유일한 장소라는
것이다.

제 2 절   회문촌(回文村)

회문촌의 회(回)자는 천부경의 일적십거도에 중앙 36궁을 싸는 모

양으로 현묘지도의 천부경,삼일신고,366 사.한역,중일경,천지인경,삼신
일체경등 모든 현묘지도 경전의 가장 기본적인 도형이며 격암유록
에서 말하는 '무문도통(無文道通)'이 바로 이것이다. 따라서 이 서구
선생이 말하는 회문촌도 궁을촌과 마찬가지로 선후천 변혁기에 천
부경,삼일신고등의 배달 경전의 가르침이 전해지는 곳으로 급히 찾
아가라는 말이 된다. 회문촌의 회(回)자는 천부경의 일적십거도에 중
앙 36 궁을 싸는 모양이다.

❂   채지가 ❂

> 들어가세 들어가세 용화도장(龍華道場) 들어가세
> 많고 많은 그 사람 중에 몇몇이나 참예(參禮)턴가
> 시들부들하던 사람 후회한들 어찌하며
> 한탄한들 무엇하리 탄식 줄이 절로 난다.
> 어렵더라 어렵더러 이배 타기 어렵더라
> 찾아가세 찾아가세 회문촌(回文村)을 찾아가세

용화⌐ (龍華):

  미륵불이 용화수(龍華樹)밑에서 세번 행해지리라는 설법으로서 용
화삼회(龍華三會)를 말함. 여기서는 삼신(三神)께서 신단목(神檀木)아
래서 천부경,삼일신고,366 사의 가르침을 베푸신 일이 다시 재현된다
는 의미.

  366 사(事)에 밝혔듯이 미륵이 출세한다는 56 억 7 천만년은 천부경

⌐ 366 사(참전계경) 미륵사상 119-123p 최 동환 해설 삼일

의 글자수인 81과 역경의 복(復)괘의 7일래복을 곱한수이다. 즉 81×7×10,000,000 =56억 7천만년이다. 미륵사상은 우리의 천부경과 결코 둘이 아닌것이다.

회문촌(回文村):

　천부경의 일적십거도. 중앙 36궁과 외부의 64를 그리면 정확하게 회(回)의 모양이 된다. 이 도형으로 가르침을 베푸는 곳을 회문촌이라 했다. 천부경의 일적십거도에서 궁을(弓乙)의 이치가 나오는 것과 같다. 즉 궁을촌(弓乙村)과 같은 말이다. 한편 단군의 단(檀)자에도 역시 회(回)자가 있다.

　천부경의 일적십거도는 무문도통(無文道通)이라고도 한다. 채지가는 회문(回文)이라 했다. 이 원리가 가르쳐지고 있는 곳을 회문촌(回文村)이라 했다.이 원리는 만세의 표준이 되는 원리이지만 사람들은 이를 보고도 시들부들하며 이 원리가 가르쳐지는 곳을 찾는 사람이 극히 드물다고 했다.

　이는 무성무취한 정법이기 때문에 자극을 좋아하는 말세의 사람들에게 아무런 감동을 주지 못하기 때문일 것이다. 따라서 회문촌에 들어가기가 어렵고도 어렵다는 것이다. 그러나 때에 이르러서는 후회한들 한탄한들 소용없는 일이 일어난다는 것이다.

참고 문헌

1. '한단고기' 임승국해설 , 정신세계사 1986 년 재판.

2. '단기고사' 발해국 대야발지음.신채호 해설.1980 년 개마서원

3. ''조선상고사' 신채호지음. 일신서적출판사 1992 년중판

4. '단군교 부흥경략' 정 진홍 지음.계신당 1937 년 [송원홍 제공]

5. ''신교총화' 단군교소장본 .[송원홍 제공]

6. ' 삼일철학'역해종경합편 .대종교출판사.[우원상,부진석제공]

7. '대종교 한얼글' 대종교 출판사.1992 년.[우원상,부진석제공]

8. '대종교 요감' 온누리.[우원상,부진석 제공]

9 ''꿈하늘' 신채호저 .동광출판사 [강병해제공]

10. '한국사상의 신발견' 최인 지음 .을지사

11. '정 감록' 김 용주 .한성도서주식회사 1923 년
    [국립중앙도서관 소장 1496-5]

12. '정감록집성' 안춘근 .아세아출판사 1981 년.
    (원본 정감록비결집록 1933 년 한성도서주식회사,자유토구사)
    [국립중앙도서관 소장 1496-30]

13. '정감록 원본해설' 창신문화사 .1955 년 [국립중앙도서관소장]

14. ' 격암유록' 1944 년 이 도은 복사본
    [국립중앙도서관 소장 古第 3749 號 古 1496-4]

15. '부도지' 박제상지음 김은수 해설 기린원 1989 년

16. ''뉴에이스 漢韓사전' 금성출판사 1989 년

17. '한글 우리말 큰사전' 한글과 컴퓨터사

18. '우리가 처음은 아니다' A. 토마스 지음.전파과학사

19. '초자연' 라이언 왓슨 지음 인간사

20. '알타이 신화' 박시인 지음 청노루

21. '한밝문명론' 김상일지음 [각천스님 제공]

22. '마리산' 고동영지음 한뿌리 출판사

23. '잃어버린 고대문명' 알렉산더 고르보프스키 도서출판 자작나무

24. '우주.물질.생명' 전파과학사 권영대역 1973 년

25. '지구의 극이동을 예측한다' 존 화이트저 드리이브사(박표 제공)

26. The Mayan Factor Jose Arguelles Bear& Company (송순현제공)

27. '집안고구려고분벽화' 조선일보사 1993 년 (강병해 기증)

28. "종말론 그 5000 년의 역사' 김진경 ,허 영주역 명경출판사 1992

29. '노스트라다무스의 최후의 예언' 도서출판 하늘 .1991 노스트라다무스 예언연구회

30. "세계의 대예언' 윤철모역 가나출판사 1988 년

31. '세계 독재자와 666' 문진당.메어리 s.렐프지음.장인순역

32. '천부경 개정판' 최동환해설 하남출판사.1995 년

33. '삼일신고' 최동환해설 하남출판사 1991 년

34. "한역' 최동환 지음 강천출판사 1992 년

35. '천부경의 예언론 제 1 권' 최동환지음 도서출판 삼일 1993 년

36. '366 사(참전계경)' 최동환 해설 1996 년

후 기

집 주인이 안방을 잃고 객과 머슴들이 주인행세를 하는 이상한 전통은 지난 천년이 넘는 세월동안 계속되어왔다.

집 주인이 집 주인인 것은 집문서가 있기 때문이다. 마찬가지로 우리가 주인 것은 배달민족 고유의 경전들과 예언이 있기 때문이다.

필자는 이 경전과 예언들은 원래의 주인에게로 돌려주어야 한다는 당연한 작업을 지난 십년간 해왔다.

특히 예언서들은 암호로 겹겹이 가려져있어 그동안 아무나 목소리 큰사람이면 누구나 예언서의 주인공이 될 수 있었다. 필자의 작업은 예언서의 진정한 주인공을 사심 없이 밝히고 예언서의 내용을 원래 모습대로 회복하는 것이었다.

이제 필자는 지난 십 여년간 두문불출하고 작업해 온 배달민족의 삼대 경전과 예언서들을 정리하는 작업에 일단락을 짓게 되었다.

천부경, 삼일신고, 366사(참전계경) 그리고 한역 또 천부경의 예언론 제 1권과 본서 제 2권이 그것이다.

필자는 천부경에서 유도된 하나의 이론으로 이 모든 경전들과 예언서들까지 일관되게 설명했다. 따라서 필자가 세운 이론은 필자만의 독창적인 것이 아니라는 것이 밝혀졌다. 이는 지난 천년이상의 세월동안 잊혀진 배달정신의 보편적인 이론을 이 시대에 다시금 회복한 것임이 분명히 증명된 것이다.

그러나 이 작업에 부족함이 많다는 것을 누구보다 필자가 가장 잘 알고 있다. 그나마 현묘지도 시리즈가 이 정도로 모습을 갖추게 된 것은 필자의 노력이라기 보다는 좋은 시절에 태어나는 우연에 힘입어서이다.

그동안 배달민족의 장구한 역사 속에서 배달 정신을 위해 평생을 바쳐 온

수많은 철인(哲人), 현인(賢人)들께서 남긴 저서들이 이 시대에 쏟아져 나왔기 때문이다.

다시 말하면 지난 천년 이상 배달 정신의 암흑기 동안 배달 정신을 후세에 전하기 위해 노력하시되 이름 석자조차 남길 수 없었던 수많은 의인(義人)들의 눈물겨운 노력의 결정을 너무도 쉽게 만날 수 있었기 때문이다.

그리고 이 시대에도 배달 정신의 계승과 발전을 위해 정성을 다하고 계신 강호(江湖)의 어른, 선배님들의 보이지 않는 큰 정성이 없었다면 건설현장에서 땅파고 콘크리트치던 필자가 어찌 이 정보들을 만날 수 있었겠는가?

또 그동안 현묘지도 시리즈를 아껴 주신 여러 독자 제현이 없었다면 짧지 않은 세월동안 해온 필자의 작업은 지금까지 지속되지 못했을 것이다.

생각해보면 배달 정신은 글로 전해진지 6,000년의 역사를 지닌다 그러나 지난 1000년 이상은 실로 배달정신의 암흑기라해도 과언이 아니다. 따라서 그것을 제대로 회복하는 일에는 100년도 오히려 지나치게 짧은 시간일 것이다. 또 배달정신을 중심으로 모든 외래정신을 존중하는 바탕을 마련하는 일역시 100년은 짧은 것이다.

정말로 하고 싶어서 하는 일을 가진 사람은 행복하다. 배달정신을 회복하고 또 그것을 효율적으로 보급하는 일은 진실로 필자를 행복하게 한다. 필자가 부족하여 작은 힘밖에도 도움이 안된다해도 그일에서 얻는 즐거움은 그 어디에서도 얻을 수 없는 큰 것이다. 따라서 이제 필자는 삼일신고의 개정판을 내는 일을 기쁜 마음으로 시작한다.

끝

혼돈과 파천황 (천부경의 예언)

초판 1쇄 발행 : 2000년 3월 14일

저 자 : 최동환
발행인 : 이의성
발행처 : 지혜의 나무
등록번호 : 제1-2492호
주소 : 서울 종로구 관훈동 198-16 남도빌딩 3층
전화 : (02)730-2211
팩스 : (02)730-2210

ISBN 89-950526-9-4
ⓒ 최동환 2000

1997년 1월 초판 발행(도서출판 삼일)